改訂版

日常の口腔外科

病診連携 SMART & SMOOTH

◆編著

古森　孝英　神戸大学大学院医学研究科外科系講座口腔外科学分野
　　　　　　神戸大学医学部附属病院歯科口腔外科　教授

◆共著者一覧

梅田　正博　長崎大学大学院医歯薬学総合研究科展開医療科学講座
　　　　　　口腔腫瘍治療学分野　教授

横尾　聡　　群馬大学大学院医学系研究科口腔顎顔面外科学講座・形成外科学
　　　　　　講座　教授

渋谷　恭之　名古屋市立大学大学院医学研究科感覚器・形成医学講座
　　　　　　口腔外科学分野　教授

古土井春吾　神戸大学医学部附属病院歯科口腔外科　准教授

南川　勉　　神戸大学医学部附属病院歯科口腔外科　講師

鈴木　泰明　神戸大学医学部附属病院歯科口腔外科　講師

綿谷　早苗　神戸大学医学部附属病院歯科口腔外科　元助手

藤岡　学　　神戸大学医学部附属病院歯科口腔外科　元助手

立石　千鶴　神戸大学医学部附属病院歯科口腔外科　矯正班主任

明石　昌也　神戸大学医学部附属病院歯科口腔外科　助教

長谷川巧実　神戸大学医学部附属病院歯科口腔外科　助教

榊原　晶子　神戸大学医学部附属病院歯科口腔外科　助教

松本　耕祐　神戸大学医学部附属病院歯科口腔外科　助教

永末書店

はじめに

　本書の前身である『日常の口腔外科　はじめから』は、日常診療で頻繁に行われている患者さんの紹介において、紹介元の歯科開業医と紹介を受ける大学あるいは病院口腔外科との病診連携をよりスムーズに進めていくことを目的として2004年に出版されました。

　「たとえばAという疾患はどこまでなら開業医で診ることができて、どういう状態になったら専門医に紹介したらよいのか」という開業医の先生からたびたび受ける質問に答える形で、口腔外科を専門とされずに開業されている先生方が共通して知りたいと思っておられる口腔外科的事項、また逆に口腔外科専門医の側からは開業されている先生方に知っておいていただきたい事項」を中心に記述して作成されました。

　作成にあたっては、長年私の心の中に蓄積されていたものを中心とし、直接の共同執筆者以外にも、多くの口腔外科専門医あるいは開業医の先生方から資料の提供やアドバイスをいただき内容を決定しました。そしてできるだけ簡潔な文章表現にとどめ、忙しい臨床の合間にでも気楽に手に取れるものを目指しましたが、幸いにも多くの方々に好評を博してきました。

　しかし、出版から13年が経過し、ビスフォスフォネート系薬剤をはじめとした顎骨壊死や、プラザキサなどの新しい抗血栓薬への対応、また2012年に保険導入された周術期口腔管理に関する記載がなされていない、最近の画像診断の進歩に対応が十分でないなど、最近の口腔外科診療の変化に伴ういくつかの問題点が浮かび上がってきました。

　そこでこの機会に、本書が出版された後の13年間の新しい内容を追加するとともに、本書全体を見直して改訂し、さらによりよいスマートでスムーズな病診連携に貢献できる新たな書籍を作りたいと考えました。

　これまで通り主に歯科開業医の先生方に知っておいてもらいたい口腔外科的事項を中心とし、加えて大学や病院に勤務する研修医を中心とした若手歯科医師にとっても診療上の疑問を即座に解決できる書籍を、さらには医歯学生や歯科衛生士にとっては教科書として使用できる書籍を目指して本書は作成されています。

　記載については前版以上に簡略化し要点を列挙する形で、ビジュアル化した「読むのではなく見る書籍」を目指しました。本書が先生方の日常診療に、また口腔外科の今後の発展に少しでも役に立つことができれば、これ以上の喜びはありません。

　最後に、本書の出版にあたり、いろいろと私の無理を受け入れていただいたうえ、多大なご尽力を賜った永末書店の皆様に心より感謝申し上げます。

2018年3月

神戸大学大学院医学研究科外科系講座口腔外科学分野
神戸大学医学部附属病院歯科口腔外科
教授　古森孝英

目 次

I 編　序説

1. スマートでスムーズな病診連携のために　2

1. 患者紹介の実態とタイミング　2
2. 歯科開業医と口腔外科専門医の役割分担　3
3. 紹介状を書くとき気をつけることは　4
4. お互いに得する病診連携　6

II 編　基礎的項目

1. 解剖学的知識　8

1. 口腔の特殊性を理解していますか　8
2. メスを持つ前にもう一度確認すべき項目は　14
3. 医療事故を防ぐために必要な解剖　17

2. 感染対策としての消毒と滅菌　20

1. 感染対策は患者さんのためか自分のためか　20
2. 手袋の使用で汚染を広げていませんか　25
3. 本当に必要な消毒と滅菌とは　26
4. Ｂ型肝炎・Ｃ型肝炎などの患者さんを診察した後どうするか　29

3. 全身疾患への対応　33

1. 注意すべき全身疾患　33
2. 最低限必要な検査データの読み方　37
3. 専門医に送ったほうがよい場合とは　40
4. 処置の際の具体的な対応　42

4. 薬剤の知識　45

1. 抜歯後の投薬は必ずしも必要ではない　45
2. 常備する抗菌薬は１種類でよいか　46
3. 鎮痛薬の乱用は危険　48
4. ステロイド軟膏の正しい使い方は　50
5. 注意が必要な他科で投与されている薬剤　51

5. 画像検査の読影 　　　　　　　　　　　　　　　　　　　　55

1 パノラマエックス線を読むために必要な解剖 　　　　　　55
2 パノラマエックス線で偶然見つかる疾患 　　　　　　　　58
3 パノラマエックス線で異常像と誤りやすい正常構造 　　61
4 1枚のフィルムだけで診断するのは危険 　　　　　　　　64
5 デンタル（コーンビーム）CT画像の見方 　　　　　　　68
6 その他の画像検査に関する基本事項 　　　　　　　　　　71

Ⅲ 編　臨床診断のポイント

1. 口腔粘膜疾患 　　　　　　　　　　　　　　　　　　　　76

1 確定診断はたいへん難しい 　　　　　　　　　　　　　　76
2 軟膏を中心とした薬剤治療の限界は 　　　　　　　　　　79
3 こすっても取れない白斑は要注意 　　　　　　　　　　　80
4 黒い病変も千差万別 　　　　　　　　　　　　　　　　　83
5 ウイルス感染症もまれではない 　　　　　　　　　　　　84
6 治療対象とならない口腔粘膜症状 　　　　　　　　　　　86
■ 代表的な口腔粘膜疾患診断のフローチャート 　　　　　　87

2. 口腔癌 　　　　　　　　　　　　　　　　　　　　　　　88

1 注意すべき初期病変とは 　　　　　　　　　　　　　　　88
2 鑑別すべき正常構造と疾患 　　　　　　　　　　　　　　90
3 癌化する可能性がある疾患 　　　　　　　　　　　　　　92
4 抜歯窩治癒不全も要注意 　　　　　　　　　　　　　　　94
5 歯周炎と癌の骨吸収の違いは 　　　　　　　　　　　　　96
6 骨髄炎と癌の骨吸収の違いは 　　　　　　　　　　　　　97
■ 口腔癌診断のフローチャート 　　　　　　　　　　　　101

3. 良性腫瘍と囊胞 　　　　　　　　　　　　　　　　　　102

1 顎骨に生じる代表的な疾患 　　　　　　　　　　　　　102
2 エナメル上皮腫は特異な存在 　　　　　　　　　　　　105
3 軟組織に生じる疾患 　　　　　　　　　　　　　　　　108
■ 囊胞および良性腫瘍診断のフローチャート 　　　　　　110

4. 口腔感染症 　　　　　　　　　　　　　　　　　　　　111

1 どの程度の感染症まで歯科開業医で対応可能ですか 　111
2 重症度の評価はどうしますか 　　　　　　　　　　　　114

③ 抗菌薬の内服と点滴の違いは 117

④ 膿瘍切開はどうするか 119

⑤ 感染の原因歯の処置のタイミング 121

⑥ 感染性心内膜炎（IE）への対応は 122

⑦ 歯性上顎洞炎への対応は 125

⑧ 顎骨骨髄炎への対応は 128

■ 口腔感染症診断のフローチャート 137

5．顎変形症 139

① 開業医が行う歯列・咬合の診査 139

② 口腔習癖への対応 144

③ 審美と咬合の兼ね合い 148

④ 顎矯正治療の開始時期について 150

⑤ 顎矯正手術の選択基準は 152

■ 顎変形症診断のフローチャート 156

6．外傷 157

① 歯の外傷はスピード勝負 157

② 変化する外傷歯処置の考え方 159

③ 抜歯の際にも起こる顎骨骨折 161

④ 軟組織損傷への対応は 162

⑤ 関節突起骨折への対応は 163

■ 外傷歯治療のフローチャート 165

7．顎関節疾患 167

① 一般医が対応する顎関節疾患とは 167

② どの程度まで開業医で対応可能でしょうか 169

③ スプリント療法で注意すべきことは 169

④ 歯列接触癖（Tooth Contacting Habit/TCH）とは？ 170

⑤ 顎関節症と全身の症状との関係は 171

⑥ 顎関節脱臼への対処法 172

■ 顎関節症診断のフローチャート 173

Ⅳ 編　基本的手技と小手術のポイント

1．切開と縫合 176

① 必要な器具 176

② 守らないといけない切開の基本事項 179

V

③ 縫合の際の注意事項 180
④ 縫合の際に針を曲げていませんか 181
⑤ 糸結びの基本 182
⑥ 縫合ができないから切開もできない 183

2．止血 184
① 止血の基本は圧迫である 184
② 局所止血薬の使い分けは 185
③ 抜歯後出血への対応について 185
④ 止血困難な患者さんへの対処法 186
⑤ 緊急事態における止血処置 188

3．智歯を中心とした難抜歯 190
① 抜歯すべきか抜歯せざるべきか 190
② 全身麻酔下での処置が勧められる難抜歯とは 192
③ 手際よく抜歯するために 195
④ 抜歯前後に患者さんに説明しておくことは 196
⑤ 抜歯中のトラブルへの対処法 199
⑥ 抜歯後のトラブルへの対処法 200

4．歯根端切除術 203
① 今一度適応症を考える 203
② どこまで歯根を切除したらよいか 204
③ 根管充塡のタイミング 205
④ 実際の臨床術式 207
⑤ 手術後の経過はどうなるのか 210
⑥ 再発時の対応は 211

5．歯の移植と再植 212
① 歯の移植 212
② 歯の再植 215

6．良性腫瘍と嚢胞の手術 217
① エナメル上皮腫などの顎骨良性腫瘍 217
② 線維腫などの良性腫瘍 219
③ 歯根嚢胞などの顎骨嚢胞 222
④ 粘液嚢胞などの軟組織嚢胞 224

7．補綴に関連した手術 228

1. 骨隆起除去術 228
2. 歯槽骨整形術 230
3. 歯槽堤形成術 231

8．その他の手術 235

1. エプーリス切除術 235
2. 口腔上顎洞瘻孔閉鎖術 238
3. 小帯切除 239
4. 唾石摘出術 243

9．生検のポイント 246

1. 生検の基本的事項 246
2. 特殊な生検について 249

10．インプラント関連の手術 251

1. 術前診断 251
2. 骨量が十分でない場合の対処法は 256
3. インプラント植立の問題点 258

11．レーザーを用いた簡単な処置 260

1. レーザーを用いる利点 260
2. 電気メスとの違いは 262
3. 切除と蒸散の使い分けは 266
4. 適応症 267

12．周術期口腔機能管理のポイント 272

1. 目的と意義 272
2. 歯科医師と歯科衛生士の役割分担 274
3. 必要な器具と薬剤の使い方 275
4. 対象患者別の口腔管理の注意点 277

Ⅴ 編　口腔外科専門機関で行われている治療の現状

1．口腔粘膜疾患治療の概要を知る（口腔粘膜疾患患者を診察するために必要な知識） 282

1. 診断するために大事なことは何ですか 282
2. 治療法の概要は 282

2．口腔癌治療の概要を知る（口腔癌患者を診察するために必要な知識）　　284

❶ 診断するために大事なことは何ですか　　284

❷ 治療法の概要は　　284

❸ 問題点は　　287

3．良性腫瘍と囊胞治療の概要を知る（良性腫瘍と囊胞の患者を診察するために必要な知識）　288

❶ 診断するために大事なことは何ですか　　288

❷ 治療法の概要は　　289

4．口腔感染症治療の概要を知る（口腔感染症患者を診察するために必要な知識）　290

❶ 診断するために大事なことは何ですか　　290

❷ 治療法の概要は　　290

5．顎変形症治療の概要を知る（顎変形症患者を診察するために必要な知識）　294

❶ 診断するために大事なことは何ですか　　294

❷ 治療法の概要は　　294

6．外傷治療の概要を知る（外傷患者を診察するために必要な知識）　297

❶ 診断するために大事なことは何ですか　　297

❷ 治療法の概要は　　297

7．顎関節疾患治療の概要を知る（顎関節疾患患者を診察するために必要な知識）　301

❶ 診断するために大事なことは何ですか　　301

❷ 顎関節症に対する治療法の概要は　　303

8．障害者歯科治療の概要を知る（障害者を診察するめに必要な知識）　305

❶ 治療方針を決定するために大事なことは何ですか　　305

❷ 外来治療と入院治療の概要は　　306

索引　　308

I編

序説
Introduction

1 スマートでスムーズな病診連携のために

1 患者紹介の実態とタイミング

❶ 患者紹介の実態（図 I-1-1）

- 口腔外科疾患の多くが大学口腔外科あるいは口腔外科専門機関に紹介されている。
- 200床以上の病院では紹介状なしで受診すると選定療養費が別に徴収されるため、多くの患者さんはかかりつけの診療所で紹介状をもらってから病院を受診する。
- 医学部口腔外科である神戸大学口腔外科では、初診患者全体に占める歯科開業医からの紹介は約40％である。医科の診療科から紹介されるのは周術期口腔機能管理の患者（その他に含まれる）などが多いのに対し、口腔外科疾患の多くは歯科開業医からの紹介となっている。

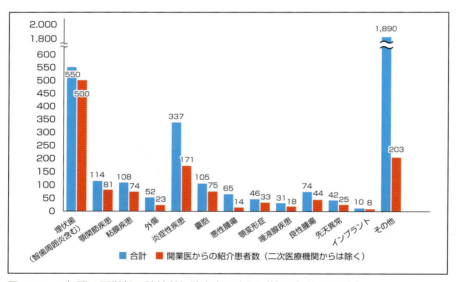

図 I-1-1　1年間の医学部口腔外科初診患者の内訳（神戸大学 2016年）

❷ 専門医に任せたほうがよい状態とは

- 炎症では内服抗菌薬では対応できないとき、または高度の発熱、摂食不良など、全身状態に問題があるときはただちに専門医に紹介する。
- 潰瘍などで癌の可能性があるときは、1～2週間軟膏塗布などで経過をみて、変化がないかあるいは増大するようであれば専門医に紹介する。

- 病理診断の必要性が高い病変はなるべく専門医に紹介する。
- 治療の途中で手におえなくなる症例では、なるべく手をつけずに専門医に紹介する。
- 基本的に紹介のタイミングが早すぎて問題が生じることはない。逆に紹介が遅れて症状が進行し、「どうしてもう少し早く紹介してくれなかったのか」と患者さんが不満をもつことがある。
- 専門機関で「問題なし」と診断されても、無駄な紹介をされたと怒る患者さんはまずいない。
- 自分のところで診療するのが妥当でないと判断したときには、なるべく速やかに専門医に紹介するべきである。

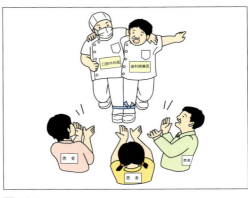

図 I-1-2

2 歯科開業医と口腔外科専門医の役割分担

① 歯科開業医と口腔外科専門医の数と分布

- 厚生労働省の2年ごとの調査では、2016年12月31日現在、医療施設に従事する歯科医師数は101,551人であり、そのなかで診療所の従事者89,166人に対し病院の従事者は12,385人である。
- 医療施設従事者のなかで、主として口腔外科に従事する人は4,087人である。
- 2017年10月2日現在、口腔外科専門医は1,966名である。
- 日本口腔外科学会専門医とは、6年以上の経験を有し、筆記および口述試験を経て認定されている。その後5年ごとに研修内容の審査を経て更新の認定がなされている。日本口腔外科学会指導医は12年以上の経験を有する者が審査を経て認定されている。指定研修機関は、常勤の指導医がいることや所定の条件を満たしている施設が認定されている。
- 日本口腔外科学会専門医は、「医業若しくは歯科医業又は病院若しくは診療所に関して広告することができる事項」（2002年厚生労働省告示第158号）第26号に基づき広告することができる資格として認められている。

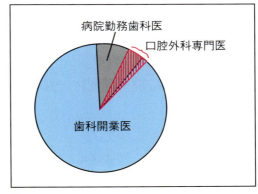

図 I-1-3

❷ 病院歯科の分布と役割

- 日本全国の病院 8,493 施設から精神病院（歯科があっても対象が入院患者のみ）を除いたなかで歯科がある病院は 1,778 施設である（厚生労働省 2014 年）。
- 病院歯科は 2011 年までは減少傾向にあったが、2012 年の「周術期口腔機能管理」導入以降微増傾向にある。
- 病院歯科では約 42% に口腔外科専門医が勤務している。逆に病院歯科でも一般歯科診療を中心にしている施設が約 57% を占めている[1]。このようにすべての病院歯科が口腔外科を専門にしているわけではない。

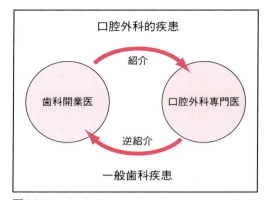

図 I-1-4

- 200 床以下の病院では一般歯科診療が中心となっているところが多く、400 床以上の病院では口腔外科診療が中心となっている傾向がある[1]。
- 以上のように、口腔外科学会の認定する専門医と主として口腔外科を専門とする歯科医師はイコールではないが、主にこれらの施設に歯科開業医から口腔外科的疾患をもった患者さんが紹介されている。

❸ 紹介状を書くとき気をつけることは

❶ 紹介状に盛り込むべき内容

- 紹介状はカルテに保存されるもので、いわゆる公文書となる。
- 何を依頼するのか、はっきりとわかりやすく記載する。
- 特定の医師や歯科医師に紹介状を書くときは「〇〇〇〇先生」宛とし、特に指定しないときは、「初診担当医殿」あるいは「外来担当先生」などとする。
- 紹介状を渡しても患者さんはすぐに受診するとは限らない。実際に 6 カ月前や 1 年前の紹介状を持って受診する患者さんもいることから、紹介状を作成した日付けは必ず記載しておく。

❷ 紹介状に書いてはいけないこと

- 具体的な処置内容まで指定しない。
- 基本的に処置方針の決定は相手に任せるべきであり、抜歯の場合でも、「抜歯をお願いいたします」という表現よりも「抜歯の適応と考えますのでお願いいたします」という表現が適切である。
- 全身疾患などで他科の医師に照会する場合でも、歯科処置適否の最終判断は歯科医師みず

からが行うべきである。
- 患者さんの個人情報に対する配慮も必要であり、FAX の際には第三者の目に触れる可能性もあるので特に注意を必要とする。
- 原則として略語や英語は用いない。

❸ モデルとなる紹介状

- 難しい事柄をわかりやすく書くのが知的でスマートな方法であり、誤解を招かない普通の言葉で礼儀正しい文章を作成するように心がける。

（その 1　口腔外科専門医への紹介例）

○○大学医学部附属病院口腔外科
新患担当医殿
　　　　　　侍史

患者　○○○○殿　昭和○年○月○日生（○歳）男
診断名　舌潰瘍
　本年○月頃より舌右側縁の潰瘍を認め、○月○日当院初診されました。その後ケナログ軟膏塗布にて経過をみておりましたが、改善の傾向を認めません。
　ご多忙のところ恐れ入りますが、ご高診の上、ご処置お願いいたします。

平成○年○月○日
医療機関所在地
医療機関名
電話および FAX 番号
歯科医師名　　　　　　　　印

●紹介状の実例
「侍史」や「机下」は脇付と呼ばれ、「様」や「殿」の敬称をつけた後に、より丁寧なものとするために用いられている。最近では脇付は必要ないとされているが、実際の紹介状では使われている

（その 2　全身疾患に関する医科への問い合わせ例）

○○内科医院
○○○○先生
　　　　　　机下

患者　○○○○殿　昭和○年○月○日生（○歳）について
御依頼申し上げます。

　高血圧および糖尿病にて、貴院に通院中の患者さんですが、局所麻酔下での抜歯を予定しております。
　患者さんの現在の状態について、また当院で処置を行うにあたって、投薬なども含めて何か注意する点がありましたらご教示いただければ幸いです。
　ご多忙のところ誠に恐れ入りますが、どうぞよろしくお願いいたします。

平成○年○月○日
医療機関所在地
医療機関名
電話および FAX 番号
歯科医師名　　　　　　　　印

I

❶ スマートでスムーズな病診連携のために

4 お互いに得する病診連携

❶ 誰に紹介＞どこに紹介

- 紹介先を決めるときに、「○○病院の○○先生を知っているから紹介する」という声をよく耳にする。たしかに相手と信頼関係があり、加えて何を専門としているかがわかっていると安心して紹介できる。
- 逆に近くに口腔外科があっても、どんな専門性をもった先生がいるのかわからないと紹介しづらいといった意見も多い。
- 大学病院では大勢の歯科医師がいて特に問題はないが、その他の病院歯科においては歯科医師数も少なく、必ずしも口腔外科を中心としている施設ばかりではない。
- 病院に勤務する歯科医師の専門は異なるので、それぞれの病院のそれぞれの歯科医師が何を専門としているかを知っておくと、よりスムーズで的確な紹介が可能となる。
- 歯科医師会などが中心となって、地域の病院歯科の専門診療分野について記載したパンフレットなどを作成しているのでそれらを参考にする。
- 最近ではそれぞれの施設の情報がホームページなどでかなりオープンに公開されるようになってきているので、それらも有効に活用する。

❷ 口腔外科専門医の希望

- たとえば大学病院でも、歯学部口腔外科ではほぼ100％口腔外科診療を行っているが、医学部口腔外科では一般歯科を含めた診療を行っていることが多い。
- 医学部口腔外科や病院歯科では、院内他科に入院している患者さんの周術期口腔機能管理や一般歯科治療のほかに、一般歯科治療を希望して受診される患者さんも多い現状にある。これらの施設に対して口腔外科というより歯科というイメージをもっている患者さんも多い。
- 医学部口腔外科や病院歯科では、歯科開業医での治療が望ましいと思われる患者さんでも、患者さんの希望が強いと診療拒否はできないため、診療せざるを得ない状況もある。
- 口腔外科専門医は病診連携を進め、それぞれの役割分担をはっきりさせたい希望をもっている。また歯科開業医からの口腔外科疾患の紹介を増やし、逆に一般歯科疾患は歯科開業医へ逆紹介することにより、口腔外科診療の比率をさらに高めたいと考えている。

■参考文献
1) 寶田　博，他：厚生労働科学研究「病院歯科の地域歯科医療支援等の機能面からみた現状分析と歯科医療提供体制の推進に関する総合的研究」．H12-医療-007　報告書．
2) 加茂君孝　監修，市村恵一　編集：医師のための紹介状・返信の正しい書き方　改訂第2版．金原出版，東京，2002．

（古森孝英）

Ⅱ編

基礎的項目

Basics

1 解剖学的知識

1 口腔の特殊性を理解していますか

1 軟組織と硬組織が入り混じっています（図Ⅱ-1-1）

- 口腔特有の解剖学的構造は歯、歯槽骨（硬組織）と歯肉（軟組織）との関係にある。硬組織と軟組織が狭い範囲で複雑に混じり合っている部位はほかにはない。
- 口腔外科的に最も重要なことは、歯肉や硬口蓋は粘膜下脂肪層や筋層を欠き、骨膜と骨に移行しているという点である。これには、機械的な侵襲に対して抵抗性があり、かつ傷口が開きにくいという利点がある。
- しかし、骨膜まで断裂し開創した傷は、組織の伸展性に劣るため閉鎖しにくいという欠点も同時に持ち合わせている。
- 腸管粘膜のように粘膜固有層と下層を隔てる粘膜筋板は、口腔粘膜には存在しない。

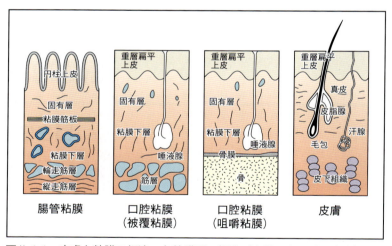

図Ⅱ-1-1　皮膚と粘膜の相違、各粘膜間の相違（文献1より引用改変）

2 粘膜と皮膚の違いは何ですか（図Ⅱ-1-2）

- 口腔粘膜は体表を覆う皮膚に連続しており、基本的には皮膚と変わりなく、口腔上皮と粘膜固有層（上皮下組織）とで構成されている（皮膚は表皮と真皮で構成）。
- 皮膚と口腔粘膜の最大の違いは、表皮に備わる付属器（毛包、皮脂腺、汗腺）が口腔粘膜では一部の発育異常を除いて存在しないことである。そのかわり粘膜に湿り気を与え、咀嚼を助ける唾液を分泌する唾液腺がある。

- 表皮も口腔上皮もケラチノサイトや樹状細胞などの構成要素に違いはないが、上皮の厚さや分化、特に角化の強さには環境に基づく大きな差異がある。
- 一般に表皮が全層としては薄いが表面に多量のケラチン（角質）を作るのに対して、口腔上皮は表皮よりも厚いにもかかわらずケラチンの層は薄いか欠如している。
- 表皮の角質層細胞は核が脱落した正角化であるのに対し、咀嚼粘膜（歯肉、硬口蓋）の角質層細胞は核が残存する錯角化を呈している。
- 被覆粘膜（口唇、頬、舌下面、口底、軟口蓋、歯槽粘膜）と咀嚼粘膜（歯肉、硬口蓋）の違いは角質（ケラチン）層の違いである。被覆粘膜では角質層は欠如していることが多い。
- 咀嚼粘膜は緻密な膠原線維で骨膜に付着している。

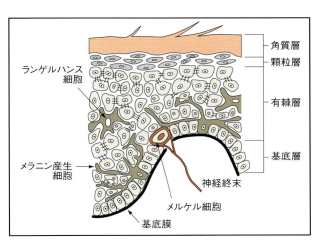

図Ⅱ-1-2 口腔粘膜上皮中の細胞（文献2より引用改変）
角化細胞：粘膜上皮の90％以上を占める。基底細胞、有棘細胞、顆粒細胞、および角質細胞へと分化し、代謝する細胞群をいう
ランゲルハンス細胞：有棘細胞の上部に局在し、樹状細胞で抗原提示細胞として働く
メラニン産生細胞：基底細胞の約1〜8％を占め、メラニンを産生する細胞。樹状細胞であり、抗原提示細胞でもある
メルケル細胞：基底部に局在し、触圧覚に関係する

■ 正常な口腔粘膜の分化勾配と創傷治癒と粘膜色　－これが基本－

　口腔は赤唇（口唇粘膜）、可動部舌、口底、上・下顎歯肉、頬粘膜、臼後三角、硬口蓋に分類される。UICC（国際対がん連合）分類では赤唇（口唇粘膜）は頬粘膜として扱われ、軟口蓋は中咽頭である（図Ⅱ-1-3）。口腔癌を含めた口腔粘膜疾患を理解するためには、粘膜上皮の理解が必須である。口腔粘膜上皮はその分化勾配によって、基底層、有棘層、顆粒層、角質層に分類され、turn over period

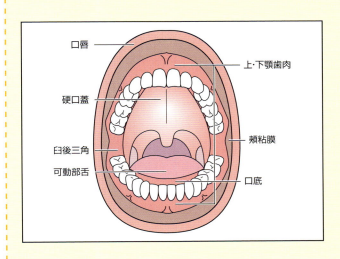

図Ⅱ-1-3 口腔の解剖学的細分類

は平均2週間（1〜4週間）と、皮膚の1〜2カ月に比較して短い（**図II-1-4**）。すなわち、上皮に損傷など何らかの異常があっても約2週間で治癒ないしは治癒傾向の機転をたどるのが正常である。口内炎をはじめとする口腔粘膜の組織欠損の経過観察期間の根拠として、極めて重要である。

　口腔粘膜の正常色は"薄いピンク色"である。これは、上皮下組織の血管内血液が透けて見えるためである。つまり、上皮の厚さ、角化の程度、上皮下組織内の毛細血管の密度と分布により色の変化が現れるのである。

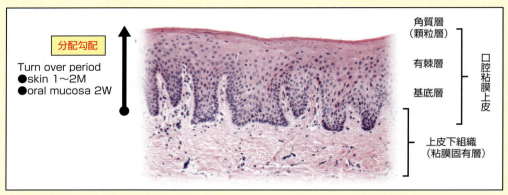

図II-1-4　口腔粘膜（正常歯肉）の分化勾配

③ 骨といっても場所によって異なります（麻酔と抜歯のために歯槽骨の解剖を理解しましょう）

① 上顎頬側の浸潤麻酔は効きやすいが口蓋側が効きにくい（図II-1-5）
- 上顎歯槽突起部は、唇頬側、口蓋側ともに多孔性であるため、総じて麻酔は効きやすい。
- 唇頬側は口蓋側に比べ皮質骨が薄く、歯槽窩までの距離も短いため（大臼歯はほぼ同距離）浸潤麻酔が奏効しやすい。

② 下顎の浸潤麻酔は臼歯部が前歯部より効きにくい（図II-1-6）
- 臼歯部歯槽骨には小孔が乏しく、特に舌側にはほとんど認められない。
- 下顎骨外側から歯槽窩までの距離は、臼歯部は前歯部に比べて著しく大きい。
- 下顎骨外側から歯槽窩までの距離は、中切歯より第一小臼歯までは0.5mm程度であるが、第二小臼歯部、第一大臼歯までは1.2mm前後、第二大臼歯4mm前後と大臼歯部では前歯部の2〜8倍の距離である。また、下顎唇頬側皮質骨の厚径は前歯部と比較し臼歯部では2〜3倍厚い。

③ 歯間乳頭部の麻酔は効果が期待できる（図II-1-7）
- 上下顎とも槽間中隔は多孔性で、多数の小孔がある。特に大臼歯で著明である。

④ 暴力的な抜歯によって歯槽骨骨折が起こりやすい部位
- 上顎では大臼歯の口蓋側を除いた全歯槽部と智歯の遠心部、下顎では前歯、小臼歯の唇頬側と智歯の舌側の骨がひ薄である。
- これらの部位では暴力的な抜歯に要注意！

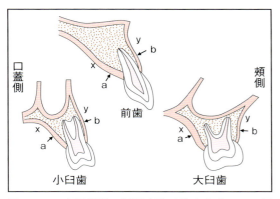

図II-1-5 上顎頰側の浸潤麻酔は効きやすいのに対して口蓋側が効きにくい解剖学的根拠（文献3、4）
a：口蓋側皮質骨の厚さ
b：唇頰側皮質骨の厚さ（a＞b）
x：口蓋側壁から歯槽窩までの距離
y：唇頰側壁から歯槽窩までの距離
（x＞y）（大臼歯のみ x≒y）

図II-1-6 下顎臼歯部の浸潤麻酔が前歯部より効きにくい解剖学的根拠（文献4）

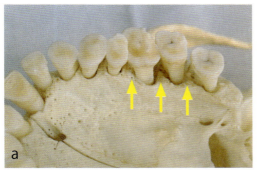

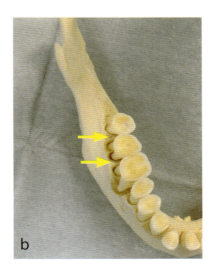

図II-1-7 歯間乳頭部の麻酔は効果が期待できる解剖学的根拠（a）上顎 （b）下顎
矢印：多数の小孔

❹ 舌の血管は特殊です（図II-1-8）

- 舌動脈、舌深動脈は左右一対となっているが、左右の吻合がほとんどないという特殊な構造を呈している。
- 舌からの出血は、出血側の後方を圧迫ないしは結紮すれば止血可能である。

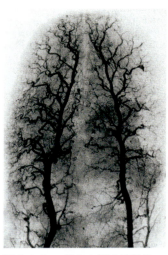

図 II-1-8a 舌の血管の特殊性
舌動脈のアンギオグラム（上條雍彦：図説口腔解剖学[5]より転載）

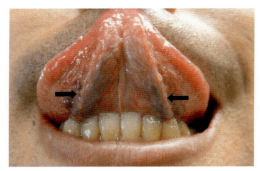

図 II-1-8b 舌静脈の一対性
左右の采状ひだ（矢印）の直下に舌静脈が走行している

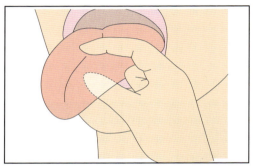

図 II-1-8c 舌からの出血対策
出血側の後方を圧迫ないしは結紮すれば止血可能である

5 舌の支配神経も重要です

- 舌の筋は口蓋舌筋以外、すべて**舌下神経**（脳神経XII）による運動性支配を受けている。
- 触覚や温度覚などの一般感覚は、舌前方2/3では**舌神経**（三叉神経・脳神経V第3枝）により支配される。
- 下顎智歯抜歯時の舌側歯槽骨損傷（舌側板破折）による舌神経損傷により、舌の知覚異常が発生するので要注意（**図II-1-11、12**で位置を確認しておく）。
- 舌前方2/3の特殊感覚（味覚）は、有郭乳頭を除き顔面神経（脳神経VII）の枝である**鼓索神経**により支配される。
- 鼓索神経は側頭下窩（上咽頭咀嚼筋間隙）の舌神経と合流し、共通の神経鞘に包まれて舌神経と供に走行する。
- 舌の後方1/3の粘膜および有郭乳頭は一般感覚、特殊感覚ともに**舌咽神経**（脳神IX）による支配を受ける。

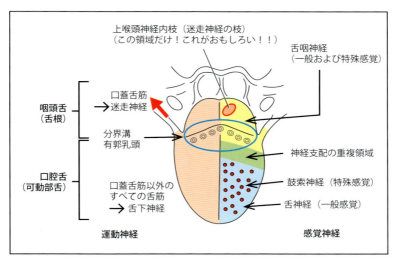

図 II-1-9　舌の神経分布

6 唾液について再確認しましょう

- 耳下腺、顎下腺、舌下腺を大唾液腺という。
- 耳下腺から分泌される唾液は漿液性、顎下腺から分泌される唾液は漿液性と粘液性の混合、舌下腺から分泌される唾液は粘液性で粘稠である（**表 II-1-1**）。
- 大唾液腺の開口部位は**図 II-1-17**で確認。
- 大唾液腺に加え、小唾液腺が口腔粘膜下に 600～1,000 個存在し、そのすべてが粘液腺である（**表 II-1-1**）。
- 小唾液腺が存在する部位によって、口唇腺、舌腺、口蓋腺、頬腺、舌口蓋腺、臼後腺などの名称がつけられている。
- 安静時、睡眠時唾液の約 70% は顎下腺からの分泌である（**表 II-1-2**）。
- 唾液腺は自律神経である交感神経と副交感神経の二重支配を受ける。
- 唾液腺の自律神経支配は拮抗支配ではなく、いずれも唾液分泌促進である。非常に興味深い。

表 II-1-1　唾液の超基礎知識

- 1日の全唾液分泌量：1,000～1,500mL
- 安静時唾液分泌量：0.05～0.1mL/mL
- 唾液腺
    耳下腺：漿液性（サラサラ）
    顎下腺：混合性
    舌下腺：粘液性（ネバネバ）
    小唾液腺：粘液性（ネバネバ）

表 II-1-2　各唾液腺の唾液分泌量の割合

	安静時	刺激時	睡眠時
耳下腺	21.5%	58.0%	0%
顎下腺	70.0%	33.0%	72.0%
舌下腺	2.0%	1.5%	14.0%
小唾液腺	6.5%	7.5%	14.0%

（文献 7 より引用）

2 メスを持つ前にもう一度確認すべき項目は

1 傷つけるおそれのある神経はどれでしょう

- 特に下顎智歯抜歯に際して、術野を拡げる際には注意が必要である。

① **下歯槽神経の走行について**（図Ⅱ-1-10）

- 下顎管の走行を上方よりみると、下顎孔より第一大臼歯または第二大臼歯までは内側皮質骨に沿って下顎骨体部の頰舌径の舌側1/3のところを経過し、そこから方向を外側に向けて、第二小臼歯部ではほぼ中央を走行する。
- 側方よりみて上後方に屈曲してオトガイ孔に開く。
- 下顎管がオトガイ孔に開口する直前の屈曲（アンテリアル・ループ）の位置は第一、第二小臼歯間が最も多く、全体の約50％を占める。

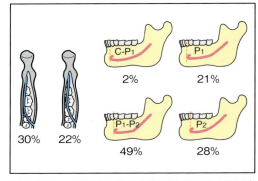

図Ⅱ-1-10　下歯槽神経の走行（文献4より引用）

② **下歯槽神経を中心とした基本的神経解剖について**（図Ⅱ-1-11）

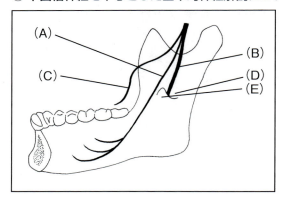

(A) 舌神経
(B) 下歯槽神経（下顎神経）
(C) 頰神経
(D) 下顎孔
(E) 下顎小舌

図Ⅱ-1-11　基本的神経解剖

③ **3次元的にみた基本的神経解剖**（図Ⅱ-1-12）

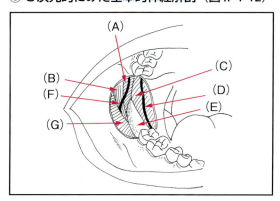

(A) 側頭筋腱
(B) 咬筋
(C) 内側翼突筋
(D) 舌神経
(E) 下顎枝
(F) 頰神経
(G) 頰筋

図Ⅱ-1-12　意外と弱い臼後部3次元的神経解剖

④ 基本的な臼後部の解剖（図 II-1-13）

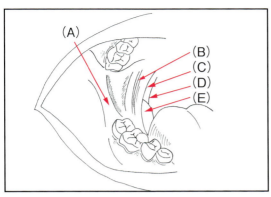

(A) 内斜線
(B) 翼突下顎ひだ
(C) 口蓋舌弓
(D) 口蓋咽頭弓
(E) 口蓋扁桃

図 II-1-13　意外と弱い臼後部の表面解剖

⑤ ちょっと進んだ下顎神経周囲の解剖（図 II-1-14）

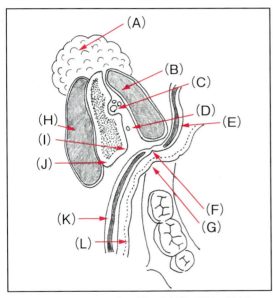

(A) 耳下腺
(B) 内側翼突筋
(C) 下歯槽神経（下顎神経）血管束
(D) 舌神経
(E) 上咽頭収縮筋
(F) 翼突下顎縫線
(G) 翼突下顎ひだ
(H) 咬筋
(I) 内斜線
(J) 外斜線
(K) 頰筋
(L) 頰粘膜

図 II-1-14　ちょっと進んだ下顎神経周囲の解剖

❷ 口腔内で名前のある血管はどこにありますか（図 II-1-15）

- 顎口腔には重要な多くの血管が走行しているが、日常歯科臨床で注意が必要な血管は、上顎では (A) **大口蓋孔**より出る (B) 大口蓋動脈が重要で、(B-a) 前枝、(B-b) 中枝、(B-c) 後枝、(B-d) 臼後枝に分枝する。(C) 小口蓋孔からの (D) 小口蓋動脈や (E) **切歯管**から出る鼻口蓋動脈にも注意を払う必要がある。
- 舌では舌深動脈、舌深静脈を考慮して対応する。
- **顔面動脈**とその分枝である上下唇動脈の走行と止血方法の理解は欠かせない（**図 II -1-16**）。

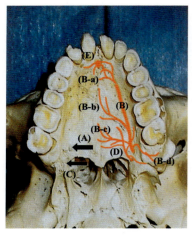

図Ⅱ-1-15　上顎の注意すべき血管

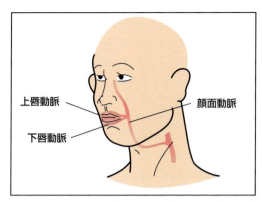

図Ⅱ-1-16a　顔面動脈とその分枝である上下唇動脈

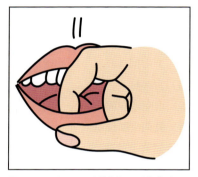

図Ⅱ-1-16b　下唇動脈の圧迫止血

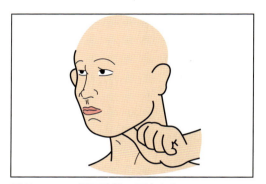

図Ⅱ-1-16c　顔面動脈の圧迫止血

図Ⅱ-1-16　顔面動脈、上下唇動脈と圧迫止血

❸ 唾液腺の開口部も忘れてはいけません（図Ⅱ-1-17）

- 日常歯科臨床で問題となるのが、顎下腺および舌下腺の**ワルトン管**の開口部（舌小帯基底部）と耳下腺の**ステノン管**の開口部（頰粘膜の上顎大臼歯相当部の高さにある乳頭状の存在）である。

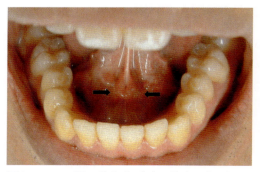

図Ⅱ-1-17a　顎下腺および舌下腺開口部（舌下小丘）

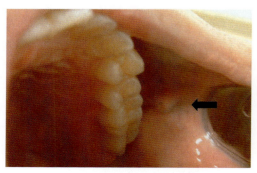

図Ⅱ-1-17b　耳下腺開口部（耳下腺乳頭）

16

- 誤って損傷させると、唾液の貯留による腫脹や感染を引き起こすので注意が必要である。

3 医療事故を防ぐために必要な解剖

❶ 上顎洞の位置は頭に入っていますか

- 上顎洞の下壁（洞底）は、歯槽突起部の底を形成している。根尖と洞底の間が近接していたり、また根尖が穿孔しているものもあるため、その病変が上顎洞へ波及し上顎洞炎を誘発しやすい。不注意や暴力的な抜歯により洞底部の骨を破壊したり、根尖を上顎洞に迷入させたりする危険性は常に存在する。特に注意を要するのは、第一大臼歯口蓋根である。

① **歯肉の位置から上顎洞底の位置を連想するには以下の点に注目**（図Ⅱ-1-18）
- 洞底は上顎歯槽部と大体一致する。
- その高さは大臼歯部では歯槽縁から約12～13mm上方、小臼歯部では約16mm上方である。
- 歯肉縁と歯槽縁との間は約3mm（生物学的幅径）なので、臼歯部歯肉縁の上方約15～19mmのところに上顎洞底があると思えばよい。

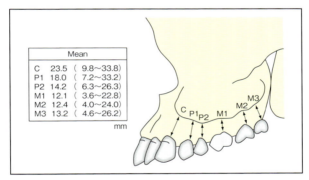

図Ⅱ-1-18　上顎洞底と歯槽縁との距離（文献3より引用）

② **根尖と洞底までの平均値と洞内穿孔歯根の出現率は、常識として理解しておく**
- 根尖から洞底までの距離は小臼歯では5～8mm、第一大臼歯では3～4mm、第二大臼歯では2～3mm、智歯で4～6mmとされている。
- 洞内穿孔歯根の出現率は上顎第一大臼歯口蓋根で24.0%、上顎第二大臼歯口蓋根では12.0%である。

❷ 下顎管と歯根との関係はどうなっていますか

- 下顎管中を下歯槽神経、動静脈、リンパ管が結合組織に包まれて経過する。そのため、歯性感染や腫瘍細胞が顎骨内へ広がったり、抜歯時の不快事項（出血、疼痛）の原因になる。

① **パノラマエックス線写真をじっくりながめてください**（図Ⅱ-1-19）
- エックス線像によって下顎管の壁を観察すると、臼後部では上壁、下壁とも明瞭な実線で

あるが、臼歯部では下壁のみが実線で、上壁は点線状、小臼歯部では下壁も不明瞭な点線状が多く、上壁は海綿骨と区別がつきにくい。そして、オトガイ孔部のみが上下壁とも明瞭に見える。これらは、下顎管の上壁は下顎体部では大部分が多孔性で薄いということを表している。

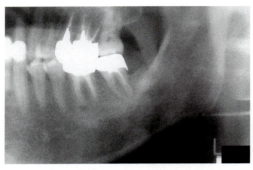

図II-1-19a　パノラマエックス線写真により下顎管の観察（じっくりとながめてください）

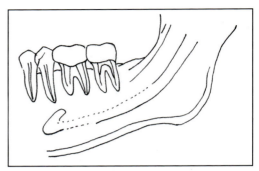

図II-1-19b　aを理解するためのシェーマ

② 抜歯によって下顎管上壁の破壊が起こる訳
- 下顎管と根尖との距離は、平均で第二大臼歯6mm、第一大臼歯8mmと非常に小さく、第二大臼歯では最小で0.5mmとの計測結果がある。さらに下顎管上壁は下顎体部では多孔性で薄いことから、大臼歯の抜歯の際に注意を怠ると下顎管上壁を破壊し、下歯槽神経・血管束の損傷を引き起こす可能性があるということである。

3 舌下隙・顎下隙などについても理解しましょう（図II-1-20）

- 下顎智歯抜歯の際、ときに歯を迷入させることがある。特に舌側歯槽骨（舌側板）を破折させた場合は、歯は容易に顎下隙にまで入り込む。この際は、舌神経の損傷も併発する可能性がある。さらに隙は抜歯後感染も波及しやすいため、特に注意が必要な領域である。

手袋

「今でこそ患者さんの口腔内に触れるとき、手袋をするのは当たり前で、素手で粘膜に触れることはなくなったといえる。しかし、25年以上前の古い症例スライドを再確認してみると、手袋をせずに素手のままで患者さんの口唇を引っ張って撮影しているものが結構見受けられた。最近ではこのようなスライドは使わないが、ある出版社の担当者から以前聞いた話では、素手で粘膜に触れているスライドが提出されたときには、コンピューター技術の助けを借りて、コンピューター上で手袋をはかせる修正も行っていたとのこと。

埋伏智歯抜歯などの外来小手術でも、私が口腔外科教室に入局した昭和50年代半ばの頃は素手で行うことも多く、手術終了後に爪の中に入り込んだ血を洗い落としていた記憶がある。今から思えばとんでもないことである。その当時の感染症は梅毒が中心で、B型肝炎抗原陽性の患者さんの手術は延期となったほどであった。

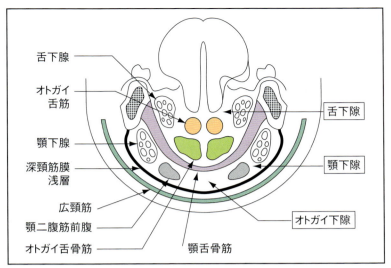

図 II-1-20 歯科の日常臨床において頭に入れておくべき「隙」
口底から舌骨までの範囲の隙を広義の顎下隙という。顎舌骨筋より上方を舌下隙（舌下三角隙）というが、両者は顎舌骨筋線の後方で交通する。さらに狭義の顎下隙（顎下三角隙）のなかで両側の顎二腹筋前腹と舌骨および深頸筋膜浅層に囲まれた部分をオトガイ下隙（オトガイ三角隙）という

■参考文献

1) 石川達也，他 監修：口腔外科・病理診断アトラス．医歯薬出版，東京，1996．
2) 高野伸夫，井上 孝：口腔病変イラストレイテッド．（歯科展望別冊）医歯薬出版，東京，1999．
3) 朝波惣一郎：抜歯に強くなる本．クインテッセンス出版，東京，1997．
4) 上條雍彦：図説口腔解剖学 1．骨学．アナトーム社，東京，1997．
5) 上條雍彦：図説口腔解剖学 3．脈管学．アナトーム社，東京，1997．
6) 榎本昭二，作田正義 編：口腔粘膜疾患の診断学．（歯界展望別冊）医歯薬出版，東京，1986．
7) ヨルマ・テノブオ：唾液．歯科臨床に必要な知識とその応用（日本語版）．初版，日本フィンランドむし歯予防研究会編，7-17，1999．

（横尾　聡・古森孝英）

2 感染対策としての消毒と滅菌

1 感染対策は患者さんのためか自分のためか

- 感染対策は、患者さんを守るためだけではなく、自分自身を守るためでもある。
- 訪れる患者さんの中には、本人も気づかずに肝炎などに感染している場合がある。しかも歯科医療の現場で患者さんごとに感染症の有無について血液検査を行うことは困難である。
- ひとたび歯科医自身あるいはスタッフが感染してしまうと、歯科治療を通じてさらにほかの患者さんへと交叉感染を広げてしまう可能性があるので注意が必要である。
- ちなみに、日本における主な感染症患者数は以下のように推定されている（日本口腔感染症学会より抜粋）。

・HBs抗原陽性者：	約150万人	80人に1人の割合
・HCV抗体保有者：	約150～200万人	60～80人に1人の割合
・HIV感染者：	約1万8千人	6,600人に1人の割合

- 1日25人患者さんを診察するとして単純計算すると、B型肝炎患者は3日に1人、C型肝炎患者は3日に1人、HIV感染者は260日に1人受診する可能性があると推定される。
- ほかの先進国ではAIDS患者報告数は減少したが、日本では欧米のような減少傾向はみられていない（図Ⅱ-2-1）。

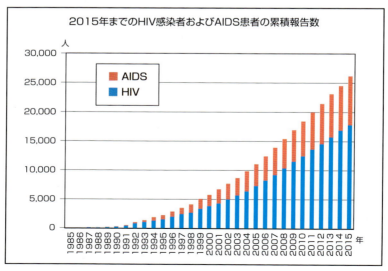

図Ⅱ-2-1

（厚生労働省エイズ動向委員会　2015 エイズ発生動向　より引用）

■ AIDSとHIVのちがい

　AIDS（Acquired Immunodeficiency Syndrome：後天性免疫不全症候群）はHIV（Human Immunodeficiency Virus：ヒト免疫不全ウイルス）に感染した後発症した状態を示す。
- HIVの感染は、血液など体液接触が主因であると考えられており、通常の生活では感染せず、乾燥に弱い。よって針刺し切創や傷のある手指の直接接触、または血液混合唾液による汚染を回避すれば、HIV患者の歯科治療はおそれることはない。
- ただし患者さんの粘膜に傷がある場合や、粘膜がほかの病気にかかっていると、感染の危険性は10倍以上になる。
- HIVに感染すると、身体の中に抗体が作られる。HIV感染の有無を調べるには、この血液の中の抗体を検査する。感染後抗体が作られる期間には個人差がある（6〜8週間）ため、感染が疑われてから3カ月後にHIVの抗体検査を受けることになっている。

❶ 歯科診療における感染経路を再確認してみましょう

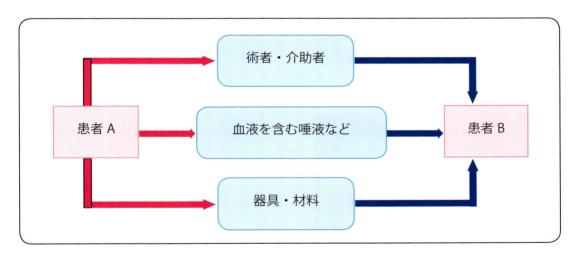

- 歯科診療において感染源となるのは、血液、または血液を含む唾液である。つまり感染経路は以下の場合が考えられる。
    1. 術者・介助者の針刺し・切削器具着脱時の自傷
    2. 歯科治療時の血液および唾液の飛沫
    3. 血液の付着した器具、義歯、印象物からの汚染

① 針刺し切創について
- 針刺し切創とは注射針や麻酔に使用する針だけではなく、先端の鋭利な器具で起こる切創すべてを含む。血液が大量に付着した手用スケーラーによる感染も含まれる。
- 針刺し切創によって問題となる主な病原体は、HBV（B型肝炎ウイルス）、HCV（C型肝炎ウイルス）、HIV（ヒト免疫不全ウ

針刺し切創による感染率[1]

HBsAg（＋）HBeAg（＋）	22-31%
HBsAg（＋）HBeAg（－）	1-6%
C型肝炎	1-7%
HIV	0.2-0.5%

イルス）、梅毒である。
- 針刺し切創における HIV の感染率は HBV、HCV より低い。
- ちなみに粘膜曝露では約 0.09% と推定されており、手袋着用により、針刺し切創発生時のリスクを最高で 50％減少できる。

② **針刺し切創防止対策として**
- 使用者がその場で針を針捨てボックスに廃棄する。
- リキャップする際には、決して両手で行わずに、ワンハンドテクニック（**図 II-2-1**）を行う。これは、リキャップする際、図のように針の先ですくい上げるようにしてキャップを

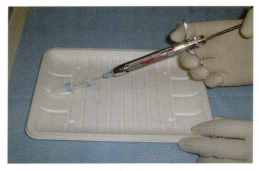

図 II-2-1a　ワンハンドテクニック
キャップを針先ですくいあげるように拾う

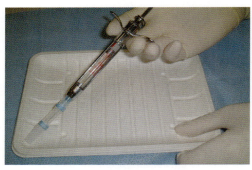

図 II-2-1b　トレイの隅にキャップ先端を押し当てて固定しながら深くはめる

図 II-2-1c　注射筒全体を立てるようにしキャップをしっかりとはめる

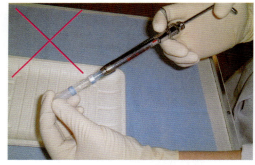

図 II-2-1d　両手でのリキャップは危険
決して行ってはいけない

図 II-2-2　手指によるリキャップを防止する針置き台（テルモ）
リキャップを片手で容易に行うことができる

拾いあげて、トレイの角にキャップ先端を押し付けてキャップをはめる方法で、キャップを持つ側の手指の針刺しを防ぐ。または針キャップの保持のために設計された器具（**図Ⅱ-2-2**）もある。

③ それでも針刺し切創を起こしてしまったら？

- 十分に洗浄・消毒を行う。石鹸を使って汚れをよく落とし、消毒効果を高める。洗浄後はアルコールを基盤とする擦式製剤などの消毒液を用いる。
- 採血を行い、血中ウイルスマーカーなどの血液チェックを行う。この検査は、その後の定期検査のデータを判別する上で必須となる。

④ 特に注意を要するウイルス

以下のウイルスは、感染が疑われてからの時間が、その予後を大きく左右する。

- **HIV（ヒト免疫不全ウイルス）**

感染源者が明らかに HIV 感染者である場合、拠点医療機関の専門医に連絡し、2 時間以内に抗 HIV 薬を服用するか否かを決定する。

- **HBV（B 型肝炎）**

感染源者がキャリアで、かつ受傷者が抗体をもっていない場合、48 時間以内に免疫グロブリンを投与する。

- **HCV（C 型肝炎）**

HCV 抗体検査を受け、結果が陰性の場合も 1、3、6 カ月後追跡調査を受ける。HCV 抗体（＋）に陽転、あるいは肝機能の悪化を認めた場合には、専門医に相談する。

❷ 滅菌済みの手袋と滅菌していない手袋

- 口腔外科処置時に手術用滅菌手袋を着用することは、歯科医療現場における感染管理のための CDC（米国疾病予防管理センター）ガイドライン 2003 でも明記されている[2]。
- 手袋には、滅菌済みの手袋と滅菌していない手袋の 2 種類があり、その値段にかなり差があるので、用途に応じて使い分ける。歯肉や口腔粘膜の切開、埋伏抜歯など出血を伴う手術では滅菌済みの手袋が推奨されるが、日常的な歯科治療や単純抜歯であれば、未滅菌手袋で十分対応できる。**図Ⅱ-2-3** に滅菌手袋を使用する際の装着法を示す。

❸ 手袋は患者さんごとに取り替えますか

- 手袋は、患者間の交差感染の予防だけでなく、医療従事者の保護にもなる。たとえば微細な穴や傷により、気づかないうちに手袋が破れていることも多い。
- 患者さんごとに取り替えていない手袋は、患者さんにとっては素手と同じである。患者さんごとに取り替えることのできる、使い捨て手袋の着用が望ましい。
- 歯科医師やスタッフが患者さんごとに手袋を交換しているか、あるいはきちんと手洗いしているかどうか、患者さんも気にしている。

❹ 手洗いと手袋の関係はどうでしょう

手袋をしているから手洗いは必要ない、と考えていないか？
しかし、実際には、
 ①手袋の中で汗をかいて、手袋内で微生物が増殖していることがある
 ②手袋に小さな穴があいていることがある
 ③手袋をはずすときに汚染物が手についてしまうことがある
そこで対策として、
- 手袋の着用前後には患者さんにも見えるように、手を洗う。
- 特に汚染した手袋をはずすときには、手袋の袖口をつかんで、汚染手袋の外側が内側になるようにはずす。
- 手袋を感染性廃棄物専用容器に捨てた後は、すぐに手を洗い、よく乾燥させる。
- 手が血液などで目に見えて汚れてしまったときには、石鹸と水により手洗いを行う。
- 手洗いの後はアルコールを基盤とする擦式製剤を使用することで、より確実な除菌が可能となる。最近はさまざまな擦式製剤が普及しており、ためおき消毒液よりはるかに衛生的かつ経済的である。

図Ⅱ-2-3a　中袋は洗浄後の手で広げる。ゴム手袋の外側に触れないように注意する

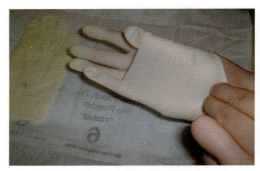

図Ⅱ-2-3b　ゴム手袋の折り返し部分だけ持って他の部分には触れないようにグローブを持ち上げる。しっかり引っ張って指先まではめ込む

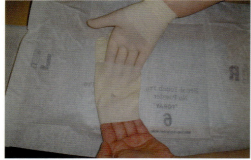

図Ⅱ-2-3c　もう片方の装着はゴム手袋の折り返し部分の内側に入れる

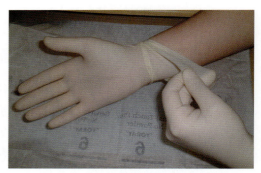

図Ⅱ-2-3d　最後に両手の折り返し部を伸ばす。このとき自分の肌に触れる側に指先が触れないようにする

図Ⅱ-2-3　滅菌手袋の装着法

■ ラテックスアレルギー

　最近、ラテックス（ゴム）アレルギーの増加が問題になっている。アレルギーの原因はパウダー、またはラテックスである。ラテックスアレルギーの多くは接触皮膚炎などの遅発型アレルギーだが、中にはアナフィラキシーショックを起こし、死に至るケースもある。

　患者に治療前にアレルギーの有無を確認しておく（ラバーダムも同様）配慮が必要である。

　発症の原因は、ラテックスに含まれるタンパク質（天然ゴム以外の不純物）と考えられている。また食物アレルギーとの関連も報告されており、特に果物（バナナ、キウイ、アボガド、クリなど）アレルギーがある患者さんは注意が必要である[3]。

2　手袋の使用で汚染を広げていませんか

❶ 手袋をしたまま触れてもよいものは何ですか？

・普段から、手をこまめに洗う習慣をつけていないと、かえって周囲へ汚染を拡大させていることがある。術者は治療中、ワッテ缶、薬ビンなどには直接触れずに、介助者に必要なものを用意してもらうフォーハンドシステム（1人の術者に1人の介助者）を心がける。

・術者が便宜上、直接触れてもよいものとしては、以下だけであることが望ましい。
①基本トレイの中のもの
②歯科用ユニットのライトやチェアーテーブルの引き手など術者自身の微調整が必要であるもの

❷ 汚染を広げない対策は

・基本的には、治療後は手袋をはずして手を洗浄してから、カルテやコンピュータを操作するという術者自身の配慮が望まれる。やむを得ない場合、手袋の二枚重ね、あるいは、診療トレイ、キーボードなど、手袋をしたまま触れる可能性のある部位に、あらかじめサランラップなどでカバーリングしておき、介助者が患者さんごとにラップを取り替える、といった対策をとる。

・使用予定のユニットの術者が触れる部位（ライト、トレイの引き手、タービンヘッド、スリーウェイシリンジなど）をあらかじめサランラップかアルミホイルでカバーしておく→透明なラップは患者さんへの不快感を軽減し、治療後はこれらを除去すれば消毒が容易となる（**図Ⅱ-2-4**）。

・チェアーテーブルに使い捨ての防水シート（ディスポーザブル）を敷き、その上に基本セットを置く。

・過剰な感染防御は、患者さんに被差別感を抱かせることになるので、できるだけ目立たないように行う。

・歯科を受診する大部分の患者さんは感染症の有無が不明であるため、すべての患者さんに同レベルの感染対策を行うことが望ましい。

● 感染拡大予防対策

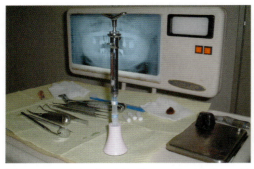

図II-2-4a　トレイの上にディスポーザブルの敷物を敷き、その上に器具をのせる

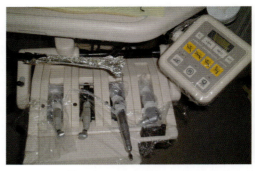

図II-2-4b　使用するハンドピース以外はラップの中にしまう。使用するハンドピースは筒状のビニールテープでラッピングする

図II-2-4c　ライトの取っ手も事前にラッピングしておく

3 本当に必要な消毒と滅菌とは

1 見た目のきれいさと消毒・滅菌

① 医学的な清潔さと心理的な清潔さとの違い
- 歯科医師は器具の滅菌、消毒に強い関心をもつが、患者さんはエプロンやチェアーの目に見える汚れを気にすることが多い。われわれは患者さんの視点にたち、心理的な清潔感を尊重することも重要である。

② 滅菌・消毒・洗浄の基本的考え方
- 滅菌：芽胞を含むすべての微生物を死滅あるいは除去すること
- 消毒：人体に対して有害な微生物の感染性をなくすか発症に至らない程度まで菌量を減らすこと
- 洗浄：対象物より有機物や汚れを物理的に除去して、滅菌前の付着菌数をできるだけ減らすこと
- 消毒・滅菌が効果的に行われるためには、洗浄がまず第一に行われなければならない。
- 血液などの有機汚染物が付着していると消毒剤の効力が減少するので、あらかじめ水洗や

洗剤を用いて汚染物を除去しておく。

③ 消毒薬が効果を発揮するための3原則

- 時間：できるだけ新しい薬液を用い、微生物に対する接触時間を守る。
- 濃度：基準濃度を守る。薄いと耐性菌を助長させ、濃いと皮膚の肌荒れ、環境汚染、不経済につながる。
- 温度：一般に温度が高ければ殺菌力は強く、低ければ弱くなる。

表II-2-1　微生物の除去方法

レベル	適応	物理的方法
滅菌（高リスク）	クリティカルな器材 無菌である体内に直接挿入されるもの	高圧蒸気滅菌、エチレンオキサイドガス（EOG）、低温プラズマ滅菌
消毒（中間リスク）	セミクリティカルな器材 正常粘膜と接触するが、体表面より内側へは挿入されないもの	煮沸消毒、薬液消毒
洗浄（低リスク）	ノンクリティカルな器材 傷のない健康な皮膚とのみ接触するもの	ウォッシャーディスインフェクター、手洗い、洗剤

❷ スタンダードプレコーション（標準予防策：standard precaution）は理解していますか

- 感染が確認された場合だけに予防対策をとるのではなく、すべての患者さんに感染症があるものとして対応する感染防止対策の基本的考え方。
- すべての患者さんの血液、汗を除くすべての体液、分泌液、排泄物、傷のある皮膚、粘膜との直接または付着したものとの接触が予想されるときに、手袋、マスク、ゴーグルなどのバリアの使用と、さらに手洗いにより防御するものである。

具体的にはどんなもの？

- 血液が混入しているものは血液と同様に取り扱う。
- 歯科では、血液、血液の混入した唾液、創部からの浸出液、抜去歯、血の混じった耳鼻分泌液、病理組織などは、すべて感染の可能性のあるものとして扱う。
- 目に見えない程度の汚れや、完全に乾燥したもの（ウイルスは乾燥に弱い）は、感染を成立させるだけの病原体が含まれる危険性は少ない。

❸ 手袋だけで感染から身を守れますか

- 飛沫が多い歯科治療では、治療内容によっては全身を防御する。米国疾病予防管理センターガイドラインでは、
  ①手袋
  ②ゴーグル（切削片による結膜の受傷を防ぐ）
  ③マスク（切削による細菌を含んだ飛沫を誤吸引して呼吸器疾患になるのを防ぐ）
  ④肌を露出させない衣服（前腕の擦過傷を防ぐ）で防御するよう勧告している[2]。
- 診察衣（白衣）は診療中に汚染されやすいため、常に清潔なものを身につけ、診察衣を着

たまま診療室外に出ない。
- 診療後の術者の手指の消毒は十分に行い、病院外に病原体をまき散らさない。
- 血液や唾液を介して感染する病原体微生物（HBV、HCV、HIV など）は、診療室内のいすや床などの表面に付着し、何時間あるいは何日間も感染力を保持し続ける場合がある[5]。この汚染面に感染症患者以外の人が接触すると、感染する危険性があるので、診療室では汚染表面に由来する交叉感染防止策（清掃、消毒）を確実に行う。
- 治療前、患者さんに含嗽してもらう。歯を削るときには、必ずバキュームを使用し、義歯などを削合する場合は口腔外バキュームを使用して飛沫感染を防ぐ（血液の混在した唾液も感染源となる）。

❹ ディスポーザブル製品の活用を考えましょう

- 消毒するより交換したほうが楽で、経済的な器材もある。便利なディスポーザブル製品をうまく利用すれば、滅菌時間を短縮することが可能である。
- 洗浄針、滅菌ガーゼを小分けして滅菌パックしたもの（**図 II-2-5**）、混和皿、筆先など、洗浄が困難な形態のものは、ディスポーザブル製品を使用するとよい。
- これらのディスポーザブル製品が汚染された場合は、すべて適切に廃棄し、後続の患者の治療に決して再利用してはならない。
- 使用済みのディスポーザブルシリンジ、針、メス刃、そのほか鋭利なものは、使用現場のなるべく近くに設置した適切な耐穿刺容器に廃棄する。
- 診療中に生じる汚物の不注意な取扱いによって、病院内から院外へ汚染を広げてしまう危険性がある。汚染物はそれぞれ規定の方法に従って処理する。

図 II-2-5　滅菌パックしたガーゼと綿

■ めざせ！　無菌状態

①無菌とは菌がいない状態をいう。滅菌の目的は、製品を限りなく無菌に近づけることである。しかし実際に細菌を殺していくと、微生物の数は、10、1、0.1、0.01、0.001……と減少するものの、永遠にゼロにはならない。そこで、たとえ生き残っても支障のないレベル（$0.000001=10^{-6}$）に到達した時を「滅菌」と定義している。この無菌保証 10^{-6} レベルとは、「滅菌した個々の製品に微生物が生き残る、その確率が 1/1,000,000 以下であること」を意味する。

②したがって滅菌の確実性は、滅菌前の器材をいかにきれいな状態にもっていくかにかかっている。「滅菌するのだから、注意を払わなくてもよい」という考えは間違いであり、10^{-6} レベルに到達させるには、あらかじめ汚染菌数をできるだけ少なくすることが重要なのである。できるだけきれいな状態にしてから滅菌することが、より確実な滅菌につながる。

4 B型肝炎・C型肝炎などの患者さんを診察した後どうするか

1 歯科ユニットはどうすればよいのでしょう

・まずは水拭きしてから消毒を
・環境表面の清掃は、まず目に見える埃や汚れを水拭きする。特にチェアーが血液や唾液で汚れたら、速やかに水拭きで血液を完全に拭き取ってから、適切な消毒薬（70%アルコールなど）でスポット消毒を行う。
・血液が付着したまま乾燥させると、洗浄によっても付着した血液のタンパクの除去が困難となり、その中に存在するウイルスを保護して（保護コロイドとしての作用を発揮して）、滅菌、消毒を行っても感染性が残るもととなるほか、消毒薬の殺菌効果自体も薄れてしまう。
・霧やエアゾールを発生するような薬剤によるスプレーは、患者さんならびに診療従事者の健康を害する。診療室の消毒に、強力な揮発性の消毒薬はやみくもに使用しない。
・タービンヘッド：空ぶかし＋オイル洗浄＋高圧滅菌
　①使用中口腔内でバーを何度も回転させたり止めたりするポンピングを減らすと、タービンヘッド内部への血液を含んだ唾液の逆流を防ぐ。
　②タービン停止後、しばらくバキュームを作動させておくと、逆流による汚染菌量が減少する。
　③歯科治療時には、患者さんごとに空ぶかし（20〜30秒間、水を出したままの状態でタービンを回転させる）＋ハンドピース本体の清拭（70%アルコールなど）を行う。
　④患者さんごとにタービンヘッドを交換する。滅菌の際には、タービンヘッド内部へ逆流した血液がタンパク凝固してしまうと、回転性能が著しく低下するため、滅菌前に空ぶかし＋注油を行い、完全に血液を洗い流しておく。

2 ピンセット、タービンのバーなどの器具類はどうしますか

・まず、使用後は、速やかに流水で十分に洗浄する。
・最も信頼性の高い方法は加熱滅菌であり、薬物消毒は加熱滅菌できない材質または形状をした器具、機材に対して用いる。
・加熱滅菌、薬物消毒のいずれも不可能な場合には洗剤を用いて丹念に、流水で洗浄することによってウイルスを除去する。
・基本的なステップは、①洗浄、②滅菌（消毒）、③保管となる（**図Ⅱ-2-6**）。
　①洗浄：自傷を防ぎ、確実に汚れを落とすために、器材はできるだけ素手で洗わずに（少なくとも手袋着用）、超音波洗浄器あるいはウォッシャーディスインフェクターなどの洗浄器具を利用する。汚れている器材はあらかじめ洗浄前に酵素洗剤などに浸漬しておくと汚れがとれやすい。
　②滅菌（消毒）：洗浄後に滅菌、あるいは滅菌不可であれば、消毒を行う。
　③保管：滅菌後は目で汚れのチェックを行い、十分に乾燥させてから保管する。

3 印象採得した場合はどうでしょう

- 印象物は水洗のみで終わることが多く、血液が残存していることがある。
- 口腔内微生物は、印象材を介して石膏模型に付着してもなお活性化している[6]。印象物や義歯を介した技工室は無防備であり、間接的に感染伝播する危険性がある。
- 感染予防対策：印象物の精度を損なわないように消毒するために、水洗（できれば120秒以上）してから薬液に浸漬し、水洗後すぐに石膏を注入する。水洗せずに浸漬（① 0.1〜1.0％次亜塩素酸ナトリウム溶液に15〜30分あるいは② 2〜3.5％グルタラール溶液に30〜60分）すると、汚染により薬液濃度が低下して効果が下がる（**図 II-2-6 参照**）。

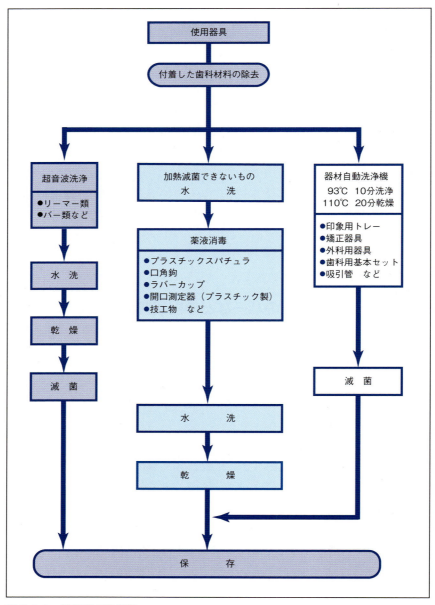

図 II-2-6　器具類の洗浄法

■ 手術創の清浄度分類による手術

手術はその創の清潔さのレベルにより、4つのクラスに分けられる[7]。

1. Clean　清潔（クラスⅠ）
   無菌に近い状態で閉鎖創となる。感染や炎症がなく、無菌操作の破綻がない手術
2. Clean-contaminated　準清潔（クラスⅡ）
   切開は行うが異常な汚染がない手術
3. Contaminated　不潔（クラスⅢ）
   開放性の新鮮外傷、感染の存在する部位の手術、つまり常在菌による汚染が避けられない手術
4. Dirty / infected　汚染または感染（クラスⅣ）
   術後感染を起こす微生物が術前よりすでに手術部位に存在している症例。HBV、HCV、HIV、化膿性炎症など、すでに感染のある患者の手術

④ B型肝炎、C型肝炎について今一度確認しましょう

- B型肝炎ウイルス、あるいはC型肝炎ウイルスが原因で肝臓に炎症を起こす病気である。

① HBVについて

- 一過性感染：B型肝炎ウイルスに感染すると、1〜6カ月で発病し、最初は感冒症状に似た症状が起こり、やがて黄疸が出現する。大人になってから感染した場合は多くは不顕性感染となる。急性肝炎を発症するのは20〜30％で、劇症化するのは2％程度であるが、劇症肝炎になると、その80％が死亡する。
- 持続感染：母親からの垂直感染（産道感染）や乳幼児期の水平感染（院内感染など）でウイルスが体内に入った場合は、ほとんどの人が成人になるまで発病しない**キャリア**（ウイルス保持者の頻度は全人口の2〜3％）のまま過ごすが、このうち1〜2％の人は発病して慢性肝炎に移行する[8]。
- B型肝炎ウイルスの感染は、HBs抗原、HBs抗体、HBe抗原などで調べる。
- HBs抗原、HBe抗原が陽性の場合：B型肝炎ウイルスに感染しているとされ、ウイルスの増殖力も強い。
- HBs抗原が陰性でHBs抗体が陽性の場合：過去にこのウイルスに感染したが、現在ではウイルスが体内には残っておらず、治癒している状態とみなされる。
- 医療従事者は、年間感染率が一般人に対して高い集団であるといわれている。
- 以前より歯科医師会や大学病院において、すべての歯科医療従事者にHBVワクチン接種による抗体獲得を勧めており、CDC（米国疾病予防管理センター）でも同様である[2]。

② HCVについて

- 感染しても、A型、B型肝炎に比べて症状が軽いことから、気づかない場合が多い。
- HCV抗体保有者を感染性患者とみなす。
- HCVに感染し、治療しないと、70％前後の人がC型肝炎ウイルス持続感染者（HCVキャリア）となる[10]。
- 無治療の場合、C型肝炎ウイルス持続感染者（HCVキャリア）の65〜70％が慢性肝炎となり、40歳のC型肝炎ウイルス持続感染者（HCVキャリア）集団を70歳まで適切な

治療をせずに放置した場合、20 ～ 25% の人が肝癌に進展すると予測されている[9]。
・C 型肝炎は経口新薬（新規直接作用型抗ウイルス薬）が開発されたことにより、完治を目指すことが可能となっている。

■ 器具選びにも注意

　ハンドピースのなかには回転停止時に内部に陰圧を生じ、口腔内の血液や唾液、切削片などを吸引して内部の給水系や排気系を汚染し、再び回転させたとき、その吸引物が口腔内に放出されるという感染リスクの高い内部構造を有するタイプもある。現在は、給水系や排気系への吸引を防止できるタービンヘッド、エンジンが市販されているので、できるだけこちらを使用する。

■参考文献

1）李　宗子：血液体液媒介病原菌の職業曝露を予防する対策．INFECTION CONTROL 13（6），2004．
2）歯科医療現場における感染管理のためのCDC（米国疾病予防管理センター）ガイドライン2003．CDC, Guidelines for Infection Control in Dental Health－Care Settings－．2003．
3）ICHG研究会：歯科医療における感染予防対策と滅菌・消毒・洗浄．医歯薬出版，東京，2002．
4）小林一三：歯科器材の洗浄のポイント．INFECTION CONTROL 12（9），2003．
5）中久木一乗：デンタル・チェアー周辺の消毒．Dental Diamond増刊号　消毒の最前線．17（13），1992．
6）佐藤敏明：除菌効果のある模型用石膏の開発に関する研究．日歯技工誌10（1）：51-56，1989．
7）Department of Health and Human Centers for Disease Control and Prevention.：Guideline for the Prevention of Surgical Infection.1999.
8）日本補綴歯科学会：補綴歯科治療課程における感染対策指針．補綴誌51（3）：629-689，2007．
9）B型肝炎について．厚生労働省ホームページ，2004．
10）C型肝炎について．厚生労働省ホームページ，2004．

（古土井春吾・綿谷早苗・古森孝英）

3 全身疾患への対応

1 注意すべき全身疾患

1 代表的な全身疾患と注意事項のエッセンスは

さまざまな全身疾患を有する患者さんが歯科を訪れるが、歯科治療を行ううえで特に注意が必要な疾患として、高血圧・心疾患・脳血管障害などの循環器性疾患、糖尿病などの代謝性疾患、血液疾患・肝硬変・薬剤投与などによる出血傾向、精神神経科疾患などがある。また、高齢者や小児でも特別な注意が必要なことがある。

> **■ 小児は要注意**
> 特に全身疾患をもたない2～3歳の小児で、歯科治療中に心肺停止に至ったという報告がある。小児では治療時の恐怖、号泣、押さえつけなどにより迷走神経反射を起こし、循環動態の変化や嘔吐、さらに気道閉塞をきたす危険性がある。ラバーダムや開口器を装着すると嘔吐や気道閉塞を起こしやすくなるので、細心の注意が必要である。

2 なんといっても循環器系疾患

① 高血圧症

- 高血圧とは血圧が正常範囲を超えて高く維持されている状態である。高血圧自体の自覚症状は何もないことが多いが、虚血性心疾患、脳卒中、腎不全などの発症原因となるので臨床的には重大な状態である。高血圧症の定義は、収縮期血圧140mmHg以上、かつ／または拡張期血圧90mmHg以上とされ、わが国では65歳以上の高齢者の60%異常が高血圧症といわれている。高血圧症の治療の目的は脳血管障害や心筋梗塞などの合併症の予防である。

- 高血圧患者では歯科治療により血圧が上昇し、治療中あるいは治療後に重篤な合併症をきたす危険性がある。特に高齢、肥満、糖尿病、高コレステロール血症、喫煙などの危険因子を有する患者や、脳血管障害や心疾患などの既往がある患者では合併症のリスクは高くなる。

- 術中の異常高血圧に対し、安易に降圧薬を使用すると脳血流が低下し、特に高齢者では重篤な有害事象が生じることもある。治療中に血圧が上昇しても、高血圧脳症（頭痛、めまい、痙攣、嘔吐など）がなければ、治療を中断し様子をみるのみでよい。術中高血圧の予防にはニトロ製剤の貼付薬（ミリスロール®テープ）をあらかじめ貼っておくか、マイナートランキライザー（セルシン®）の前投与、笑気吸入鎮静法、静脈内鎮静法などを行うとよい。

■ 投薬の注意

①術中異常高血圧に対して以前はニフェジピン（アダラート®）の舌下投与が推奨されていたが、脳血管虚血、脳卒中、重篤な低血圧、心筋梗塞、伝導障害、死亡例などの報告があり、現在では舌下投与は禁忌となっているので使用してはならない。

②高血圧患者に対して局所麻酔を行う際には、エピネフリン含有のキシロカイン®よりもフェリプレシン含有のシタネストオクタプレシン®が推奨されているが、両者の血圧上昇作用に大きな差はないという報告もある。いずれも中等症高血圧患者では2本以内、重症高血圧患者では1本以内にとどめることが望ましい。

② 虚血性心疾患

- 虚血性心疾患とは、冠状動脈の動脈硬化などにより血液循環が悪くなり、心筋虚血に陥った状態をいい、心筋梗塞と狭心症に大別される。
- 心筋梗塞は冠動脈が閉鎖されて、心筋の酸素不足のために心筋細胞の壊死を生じる疾患である。抗血栓療法が行われていることがあるので、薬手帳の確認や主治医への対診が必要である。
- 狭心症は冠動脈の血流低下により心筋における酸素の需要と供給のアンバランスが起こり、それによる胸痛を主症状とする疾患である。発作を起こす頻度、程度、持続時間が安定している安定狭心症よりも、共通発作の頻度が増加したり持続時間が長くなったり、安静時にも発作を生じたり、発作を止めるニトログリセリンの量が増加してきているような不安定狭心症のほうが心筋梗塞に移行する危険性が高い。
- 狭心症発作の予防や発作時にはニトログリセリンを使用するが、不安的狭心症や心筋梗塞の発症後6カ月以内の患者ではストレスを与える歯科治療はできるだけ避けることが望ましいとされてきた。しかし最近では、心筋梗塞後30日間はリスクが高いが、それ以降は患者によりリスクが異なるといわれており、梗塞後1カ月が一応の目安となる。

③ 心臓弁膜症

- 弁膜症は心臓の弁が狭窄または閉鎖不全を起こす疾患で、重度の場合は人工弁置換術を行う。
- 人工弁置換術後の患者や一部の術前の患者は一般にワルファリンを服用しているために出血に対する配慮が必要である。また、観血処置だけではなく歯石除去や根管治療（根管に器具が留まる場合は除く）などでも細菌性心内膜炎（IE）を引き起こす可能性があるため、治療前の抗菌薬の予防投与（サワシリン®2gの1時間前内服投与が基本）が必要とされている。

■ 感染性心内膜炎のリスク

　人工弁置換術後の患者に歯石除去を行いIEを生じたとして、歯科医師の賠償責任が認定された例がある。弁置換術後の患者はIEの高リスク群とされているので、歯科開業医では出血を伴う処置は避けたほうが無難である。

④ 不整脈

- 不整脈は種類と程度により特に治療の必要がないものから、生命にかかわるものまでさまざまである。
- 心房細動では心原性脳梗塞の予防のために抗凝固薬を服用していることがあるので、観血処置には注意が必要である。

⑤ 心不全

- 「心不全」は病名ではなく、心臓が衰えた状態をあらわす「症候名」である。心臓のポンプ機能が低下するために全身に十分な酸素が送れず、全身の血流が滞るため、その結果として身体にさまざまな症状が出るものをいう。心不全の主な症状として、階段や坂道を登ると息が切れる、少し動いただけでも疲れる、体がむくみやすい、などが挙げられる。
- 心不全の原因となる疾患はさまざまで、心筋梗塞、弁膜症、高血圧による心肥大、不整脈、心筋症、肺高血圧症などがある。糖尿病、睡眠時無呼吸症候群、乱れた生活習慣や肥満、加齢、飲酒、喫煙、過労、ストレスなども心不全の危険因子として挙げられている。
- 心不全の評価方法は、日常動作による NYHA（New York Heart Association）がしばしば用いられる。これは日常動作の可否により I 度（軽症）から IV 度（重症）まで臨床的に分類する方法である。
- 臨床検査による心不全の評価方法として、胸部エックス線、心電図、心臓超音波検査、心臓カテーテル検査などのほか、最近では血液検査により BNP（脳性ナトリウム利尿ペプチド）を測定することが一般的となっている。BNP が 100 〜 200pg/dL では無症状の心不全の可能性があり専門医の診察が推奨される。200 〜 500pg/dL では心不全が考えられ専門医の治療が必要とされ、500pg/dL 以上では重度の心不全が疑われ入院を含めた厳重な管理が必要とされている。BNP は心不全の自覚症状が出現する前から血中濃度が上昇することから、心機能低下の早期発見に有用である。

❸ 糖尿病にはいろいろな注意が必要

- 糖尿病患者では血糖値の変動に対する注意が必要であるが、特にインシュリンを投与している患者では低血糖発作を起こしやすいので、空腹時の歯科治療は避ける。
- 糖尿病患者は易感染性、創傷治癒の遅延など、歯科治療上の障害が多い。歯科治療は内科治療が行われていてコントロールが良好な場合には可能であるが、観血処置や根管治療を行う場合には感染予防に対する十分な配慮が必要である。
- 糖尿病患者は循環器系疾患など別な疾患を合併している可能性も高いので、それらに対する配慮も忘れてはならない。

❹ 出血傾向を示す疾患は意外に多数

- 血液疾患や肝硬変などでは血小板数の減少や凝固因子の低下により出血傾向を示す場合がある。
- 脳梗塞、心筋梗塞、狭心症、弁膜症、不整脈、腎疾患などの患者は抗血栓療法として抗凝

固薬あるいは抗血小板薬が投与されている場合がある。また、ウイルス疾患、アスピリンや非ステロイド性消炎鎮痛薬（NSAIDs）服用中の患者、高血圧や糖尿病の患者でも出血傾向を示すことがある。

- 抗血栓療法中の患者に観血処置を行う場合、以前は抗血栓薬を一定期間中止することも多かったが、そのために脳梗塞などの重篤な血栓性合併症をきたしたとする報告がなされたことから、現在では埋伏抜歯も含めた歯科観血処置では抗血栓薬を継続のまま行うことが一般的である。
- ワルファリン服用患者では直前のPT-INR値が3.0未満の場合はワルファリン継続下で抜歯可能である。ただしPT-INRが2.0以上になると抜歯後出血の頻度が有意に高くなるとする報告があり注意が必要である。
- ワルファリン以外の直接経口抗凝固薬（プラザキサ®、エリキュース®、イグザレルト®、リクシアナ®など）はワルファリンと異なり半減期が短く食事やほかの薬剤の影響を受けにくい薬剤である。基本的には抜歯時には休薬は行わないこととされているが、対応に関するエビデンスがまだ集積されておらず、注意が必要である。

❺ 何が起こるかわからない精神神経科疾患

- 認知症、統合失調症、うつ病などの精神神経科疾患を有する患者ではインフォームドコンセントが難しい場合も多い。思わぬ治療経過をたどることもあるので、それぞれの状態に応じた治療計画を立て、本人や代諾者に対して十分な説明を行う。
- 口腔内にさまざまな愁訴が集中することもある。
- 向精神薬は併用禁忌の薬剤が多いので、投薬を行う際には注意が必要。また、向精神薬により口喝などの副作用を生じることも少なくない。

❻ 骨粗鬆症患者で注意することは

- 骨粗鬆症で経口ビスフォスフォネート製剤（BP製剤）を服用している患者では、歯性感染症や抜歯などを契機として顎骨壊死が生じることがある。経口BP製剤服用患者に抜歯を行った場合の顎骨壊死発生の頻度は1％前後とする報告がある。
- 以前は長期間服用患者や糖尿病などのリスク因子をもつ患者に抜歯を行う場合には3カ月間BPを休薬してから行うことが推奨されていたが、休薬の有効性に関するエビデンスがないこと、休薬による骨密度の低下や骨折の危険性が懸念されること、経口BP製剤服用患者の顎骨壊死は外科療法によりほとんどのケースで治癒が得られることなどから、最近ではBP継続下で抜歯をするべきであるとする報告もある。

❼ がん患者に対する周術期口腔機能管理

- がん治療時の有害事象を軽減する目的で「周術期口腔機能管理」が平成24年より保険収載された。周術期口腔機能管理の目的の一つは口腔内の感染源を除去することであり、が

ん手術時や化学療法、放射線治療時に抜歯を含めた積極的な歯科治療を行うことも多い。

・最近では通院で抗がん剤や分子標的薬、BP 製剤やデノスマブ製剤などの投与を受けている患者も増えてきた。そのため主治医への対診はもちろんであるが、化学療法薬の内容や歯科治療時の注意点などについて熟知しておく必要がある。

2 最低限必要な検査データの読み方

❶ 検査値の意味するもの

① 正常値とは

・臨床検査の正常値とは、健常者 100 人のうち 95 人が含まれる数値の範囲として求められたものである。したがって正常値から少し外れていても病的であるとはいえず、逆に正常値の範囲に入っていても病的でないとはいえない。いくつかの種類の検査値を組み合わせたり過去の検査値と比較するなど、総合的に検査値を読むことが必要である。最近では正常値のかわりに基準値ということが多い。

② 血液学検査

a）赤血球数

・血液 1 μL あたりの赤血球数
・基準値：男 450 〜 610 万 /μL、女 380 〜 530 万 /μL
・減少：貧血
・増加：脱水、赤血球増多症

b）ヘモグロビン

・赤血球 1 dL あたりのヘモグロビンの重量
・基準値：男 13 〜 18g/dL、女 11 〜 16g/dL
・増減：赤血球数とほぼ同じ

c）白血球数

・血液 1μL あたりの白血球数
・基準値：4,000 〜 10,000/μL
・減少：ウイルス感染症、薬剤・放射線の副作用、再生不良性貧血、顆粒球減少症
・増加：急性感染症（細菌性）、白血病

d）血小板

・血液 1μL あたりの血小板数
・基準値：15 〜 40 万 /μL
・減少：ウイルス感染症、薬剤・放射線の副作用、血小板減少性紫斑病、再生不良性貧血、肝硬変

③ 生化学検査

a）血糖

・血中のブドウ糖濃度
・基準値：空腹時 65 〜 105mg/dL　食後 140mg/dL 以下

・増加：糖尿病

b）ヘモグロビン A1c（HbA1c）

・糖と結合しているヘモグロビン比率。過去1〜2カ月間の血糖値を反映するため、糖尿病患者のコントロールの指標となる。

・基準値：4.0〜6.0%

・判定：優6%以下、良6〜7%、可7〜8%、不可8%以上

c）総タンパク（TP）

・アルブミンとグロブリンの合計

・基準値：7〜8g/dL

・減少：出血、栄養不良、肝硬変

・増加：脱水

d）アルブミン

・血清タンパクの60〜70%を占め、肝臓で合成される。

・基準値：4〜5g/dL

・減少・増加：TPと同じ

e）ビリルビン

・胆汁中に多く含まれる。

・基準値：0.1〜1.0mg/dL

・増加：胆道疾患（黄疸）、肝疾患

f）AST（GOT）・ALT（GPT）

・ASTは心筋・肝臓に多く分布し、骨格筋・腎臓にも存在。ALTは主に肝臓に分布

・基準値：0〜40IU/L

・増加：肝・胆道疾患でAST・ALT上昇
　　　　心筋梗塞など筋疾患は上昇比 AST＞ALT

g）コリンエステラーゼ（ChE）

・大半が肝で合成させるため肝臓の機能を反映

・基準値：3.7〜8.3IU/mL

・減少：肝硬変

・増加：脂肪肝、ネフローゼ

h）アミラーゼ

・膵臓および唾液腺に多く含まれる酵素

・基準値：100〜400IU/L

・増加：膵炎、唾液腺炎

i）尿素窒素（BUN）

・尿素（タンパク質の最終代謝物）に含まれる窒素成分

・基準値：10〜20mg/dL

・増加：腎障害（糸球体濾過量の低下）

j）クレアチニン

・糸球体で排泄され再吸収を受けない。

- 基準値：0.5 〜 1.0mg/dL
- 増加：腎障害（糸球体濾過量の低下）

k）Na（ナトリウム）

- 基準値：135 〜 145mEq/L
- 減少：過剰な水分摂取、腎不全、心不全、肝硬変、ネフローゼ、Na の喪失、Na の摂取不足
- 増加：脱水、Na 過剰摂取

l）K（カリウム）

- 基準値：3.5 〜 5.0mEq/L
- 減少：K の摂取不足、K の喪失（嘔吐、下痢、利尿薬）、副腎皮質機能亢進
- 増加：腎不全、輸血、アシドーシス、インスリン欠乏、副腎皮質機能低下、NSAIDs

m）C 反応性タンパク（CRP）

- 組織破壊で血中濃度が上昇、炎症の指標として頻用される
- 基準値：0.3mg/dL 以下
- 増加：感染症（特に細菌感染）、悪性腫瘍

❷ 血圧は数字だけではない

- 血圧は日内変動が大きく、疼痛や心理的緊張などによっても容易に上昇する。そのため高血圧患者では安静時血圧だけで評価すべきでなく、治療中のモニタリングが必要である。
- 高血圧患者の合併症のリスクは、血圧そのものだけではなく、危険因子、標的臓器障害、循環器合併症と呼ばれるさまざまな因子によっても大きく変わる。そのため歯科治療の適応は、血圧の数字だけではなく、これらの因子も含めて総合的に判断する必要がある。

❸ 糖尿病のコントロールの目安は

- 健常者の空腹時血糖は 65 〜 105mg/dL、食後 1 時間には上昇するが 140mg/dL を超えることは少なく、食後 2 時間で食前の値に復する。糖尿病患者の血糖コントロールの目安は、血糖値と HbA1c の値で評価する（**表 II-3-1**）。
- コントロール状態が優または良の場合（空腹時血糖 140mg/dL 以下、食後血糖 200mg 以下、HbA1c7.0％以下）は歯科治療が可能であるが、十分な感染予防と創傷治癒遅延に

表 II-3-1　糖尿病のコントロール

コントロール	空腹時血糖値（mg/dL）	食後血糖値（mg/dL）	HbA1c（%）
正常値	65 〜 105	≦ 140	4.0 〜 6.0
優	≦ 110	≦ 150	≦ 6.0
良	≦ 140	≦ 200	≦ 7.0
可	≦ 170	≦ 250	≦ 8.0
不可	< 170	> 250	> 8.0

対する配慮が必要である。コントロール状態が可または不可の患者さんは応急処置にとどめたほうがよい。

4 出血傾向のデータはこう読む

- 出血傾向のスクリーニング検査には血小板数、プロトロンビン時間（PT）、活性化部分トロンボプラスチン時間（APTT）などがある。
- 血小板数の正常値は 15 ～ 40 万 /μL で、血液疾患、薬剤アレルギー、ウイルス感染、肝硬変などで減少する。普通抜歯は 5 万 /μL、難抜歯は 8 万 /μL 以上あれば可能であるが、歯科開業医では 10 万 /μL 以下の場合は、観血処置を行う際には夜間救急体制をとるか病院歯科を紹介したほうがよい。病院歯科では実際には血小板数が 1 ～ 2 万 /μL 程度でも抜歯を行うことも少なくなく、止血困難になったら血小板輸血などで対応している。
- PT は外因系凝固因子のスクリーニング検査法、APTT は内因系凝固因子のスクリーニング検査法で、通常は両者を組み合わせて凝固因子のスクリーニング法とする。PT は検査試薬によって数値が異なるため、標準化した International Normalized Ratio（INR）として表わされ、1.15 以下が標準値とされる。
- ワルファリンの投与量のモニターとして PT-INR が用いられる。ワルファリンによる抗凝固療法施行患者では PT-INR はおおよそ 2.0 ～ 3.5 程度にコントロールされている。PT-INR が 3.0 以下ならばワルファリン継続下で抜歯などの歯科観血処置は可能とされているが、実際には PT-INR が 2.0 を超えると抜歯後出血の頻度は 7 ～ 10% と有意に高くなることが報告されているので注意が必要である。
- 血小板機能を臨床検査レベルで測定する方法はない。血小板機能や血管壁機能の異常を調べるために耳たぶに針で傷をつけ止血するまでの時間を測定する出血時間が以前は広く用いられていたが、感度に問題があり、現在ではあまり使用されなくなった。したがってアスピリンなどの抗血小板薬の効果発現のモニタリング検査はないのが現状である。

3 専門医に送ったほうがよい場合とは

1 主治医に問い合わせが必要な疾患の状態とは

- 高血圧、心疾患、脳血管障害、糖尿病、腎疾患、肝疾患、喘息、肺疾患、血液疾患、内分泌疾患、自己免疫疾患、精神神経科疾患などを有する患者さんや、悪性腫瘍治療中、ステロイド服用中、免疫抑制薬服用中、出血傾向の疑われる患者さんでは、主治医への対診が必須である。その他の場合でも定期的に医師の診察を受けている患者さんでは、その疾患の概要を把握することが安全な歯科治療を行うためには望ましい。

2 歯科治療が可能かどうかの判断をするのは誰

- 内科などの主治医であっても、歯科治療の内容やリスクについて判断することは困難な場合も少なくない。たとえ主治医から「歯科治療は可能」との回答をもらっていても、合

併症を生じた場合の責任は歯科医師が負わなければならない。歯科治療が可能かどうかは、主治医と対診のうえ、最終的には歯科医師が判断すべきものである。

❸ こんな場合は専門医に紹介しましょう

- 高血圧患者の合併症のリスクについては WHO（世界保健機構）/ISH（国際高血圧学会）の分類がある（**表 II-3-2**）。高リスク、超高リスクの患者に対して観血処置、局所麻酔、疼痛や苦痛を与える治療など、ストレスを与える歯科治療を行う場合は、病院歯科を紹介したほうがよい。
- 心不全を伴う患者に歯科治療を行う場合は、前述の NYHA 分類（**表 II-3-3**）で心機能の重症度を判断する。III 度以上の心不全をもつ患者にストレスを与える歯科治療を行う際には、病院歯科を紹介したほうがよい。
- BP 製剤 / デノスマブ製剤投与患者に観血処置を行う場合は、病院歯科を紹介したほうがよい。これらの患者に抜歯を含めた積極的な歯科治療を避けることは、歯性感染症の遷延化や重症化を招き、逆に骨壊死のリスクを増大させることにもつながるため、できるだけ投与期間が短いうちにしっかりとした歯科治療を行うべきである。
- 抗血栓療法施行患者に観血処置を行う場合は、病院歯科を紹介したほうがよい。抜歯後出血は当日の夜間に生じることが多く、病院歯科との連携により夜間救急態勢がとれる場合は歯科開業医で行うことも可能である。

表 II-3-2　高血圧患者の合併症を発症させる危険度

分類	I度高血圧 140-159/90-99	II度高血圧 160-179/100-109	III度高血圧 ≧180/≧110
リスク第一層 （予後影響因子なし）	低リスク	中等リスク	高リスク
リスク第二層 （糖尿病以外の1-2個の危険因子、3項目を満たすMetSのいずれかがある）	低リスク	中等リスク	高リスク
リスク第三層 （糖尿病、CKD、臓器障害/心血管病、4項目を満たすMetS、3個以上の危険因子のいずれかがある）	低リスク	中等リスク	高リスク

※MetS（メタボリックシンドローム診断基準）
(1)腹腔内脂肪蓄積ーウエスト周囲径　男性≧85cm、女性≧90cm（内臓脂肪面積　男女とも≧100cm²に相当）、
(2)脂質値ー高トリグリセライド血症（≧150mg/dL）かつ／または低HDL-C血症（<40mg/dL）男女とも、
(3)血圧値ー収縮期血圧≧130mmHgかつ／または拡張期血圧≧85mmHg、
(4)血糖値ー空腹時高血糖（≧110mg/dL）

血圧に基づいた脳心血管リスク層別化（高血圧治療ガイドライン 2014 より引用改変）

表 II-3-3　NYHA 心機能分類

I度	身体的活動を制限する必要のない心疾患患者 日常の身体活動では疲労、動悸、息切れ、狭心症状は起こらない
II度	身体的活動を軽度ないし中等度に制限する必要のある心疾患患者 日常の身体活動で疲労、動悸、息切れ、狭心症状が起こる
III度	身体的活動を中度ないし高度に制限する必要のある心疾患患者 安静時には快適であるが、日常の軽い身体活動で疲労、動悸、息切れ、狭心症状が起こる
IV度	身体的活動を制限せざるを得ない心疾患患者 安静にしても心不全症状や狭心症が起こり、少しでも身体活動を始めようとすると不快感が増強する

4　処置の際の具体的な対応

① これぐらいのモニターは常備すべきです

・血圧計、心電図計、パルスオキシメーターのモニターは最低限常備しておく必要がある。
・血圧計はオーソドックスなものとして上腕で測定する水銀血圧計があるが、最近、手首や指先で測定できる自動血圧計が普及しており便利である。ただし、手首や指先で測定する場合は上腕での測定と比べて若干の誤差があるため、測定値の絶対値よりも血圧変化の動向を知る目的で用いたほうがよい。また、多くの自動血圧計は、血圧値と同時に脈拍数も得られる。
・心電図計は心筋から発生する微小な電気信号を波形に変換し経時的に記録する装置で、一般にモニターには第 II 誘導が用いられる。心電図の波形の診断には知識と経験が必要であるが、心電図に親しんでいない場合でも、主に歯科治療中の心拍数の異常やリズムの不整については容易に判断が可能である。
・パルスオキシメーターは無侵襲で手軽に動脈血中の酸素飽和度（SpO_2）と脈拍数を計測することができる装置である。気道の一部である口腔を対象とする歯科では、呼吸器系疾患患者や静脈内鎮静時の低酸素状態のチェックだけではなく、高齢者や有病者の歯科治療中の合併症の早期発見に有用である。また、小児で特にラバーダムや開口器を装着している場合や号泣している患者さんでは、嘔吐のため気道閉塞をきたす危険性があるが、パルスオキシメーターにより異常を早期発見できることがある。

② 術前に気をつけることは

・まず、既往歴の聴取を注意をはらって行うことが重要である。患者自身にあらかじめ問診票に記載してもらうのが一般的であるが、それだけでは十分でなく、必ず歯科医師が直接聴取する必要がある。
・次に、全身疾患の重症度や、十分なコントロール下にあるかどうかを判断する。たとえば糖尿病で自分の血糖値や HbA1c 値をいえない患者、ワルファリン服用中で PT-INR 値をいえない患者、肝硬変で血小板数をいえない患者などは要注意であり、かかりつけ医に問い合わせることが望ましい。また、必要に応じて歯科医院で血液検査などを施行してもよい。

- 全身疾患の種類や重症度がわかったら、自院で治療するか病院歯科を紹介するかを判断する。常時服用している薬がある場合は当日も服用したかどうか、食事を通常通り摂取したかどうか、体調はどうかなども確認する。
- 特に循環器系疾患を有する患者では、観血処置や局所麻酔などの疼痛を伴う治療や、疼痛はなくても歯の切削など若干の苦痛や心理的ストレスを与える治療を行う場合は、上記のモニターを装着し、バイタルサイン（血圧、脈拍、呼吸）に注意する。
- 緊張しやすい患者では、病院歯科では1時間前にマイナートランキライザーを服用させたり、笑気あるいは静脈内鎮静法を併用することもしばしば行われる方法である。

③ 術中に起きた異常への対処法

- 歯科治療中にはアナフィラキシーショックや嘔吐による気道閉塞など、救急救命処置を必要とする事態が発生する危険性が常にある。特に有病者では歯科治療中に持病が増悪したり、思わぬ合併症を発症したりすることがある。
- アナフィラキシーショックは歯科治療で起こりうる合併症のうち最も重症なもので、致死率が高い。最初に行う処置はエピネフリンの投与であるが、経静脈的に投与することは実際に困難であるため、エピペン®を常備しておくとよい。エピペン®は医師の治療を受けるまでの間アナフィラキシー症状の進行を一時的に緩和しショックを防ぐための補助治療剤（エピネフリン自己注射薬）である。
- 呼吸停止や心停止に対する対応として、いわゆる一次救命処置（BLS）を行う。BLSの基本は胸骨圧迫と人工呼吸、AEDの使用である。定期的にスタッフも含めてBLSの研修を受けることが望ましい。
- 歯科医院における局所麻酔注射後のアナフィラキシーショックによる死亡例の裁判のなかで、歯科医院が常備しておくべき設備および薬品として、「血圧測定器や聴診器等のモニターおよび酸素吸入器（酸素も含む）が必須であり、そのほかに輸液セット、昇圧系薬剤、抗アレルギー剤、人工呼吸器補助器具等が必要である」との判決が出た（平成15年青森地裁）。これらの設備や薬品を常備するだけではなく、使用方法について熟知しておく必要がある。

④ 術後に気をつけることは

- 循環器系の合併症は数時間経過してから症状が現れる場合があるので、注意が必要である。また、術後疼痛のため血圧が上昇し後出血や脳出血などの合併症をきたすこともあり、特に循環器系疾患をもつ患者や高齢者では十分な鎮痛薬を投与する。
- 非ステロイド系消炎鎮痛薬（NSAIDs）は消化管潰瘍、腎障害、喘息、血小板障害などの重篤な副作用を生じることがある。従来歯科では副作用の強いボルタレン®などが頻用されてきたが、特に高齢者や有病者ではアセトアミノフェン（カロナール®）を使用するべきである。カロナール®は以前用いられていた低用量では効果は低いが、成人で1回量1,000mgを投与すると十分な鎮痛効果が得られ、副作用は軽微である。

■ NSAIDs の副作用

　米国では NSAIDs 服用患者の 1.4％ に上部消化管出血を生じたとの報告や、年間 10 数万人が NSAIDs 服用により消化管出血を起こしそのうち 16,500 人が死亡しているとする深刻な状況が報告されている。わが国における正確な数字は不明であるが、歯科医院で処方された NSAIDs によりかなりの数の消化管潰瘍が生じていると推測されている。現在米国では基本的に歯科で処方する鎮痛剤はすべてアセトアミノフェンである。

■ 参考文献
1) 古森孝英　編著：歯科衛生士講座 口腔外科学 第2版．永末書店，京都，2017.
2) 長崎県保険医協会　編：病気を持った患者の歯科治療．株式会社昭和堂，長崎，2017.

（梅田正博・古森孝英）

歯肉出血

　大学病院には当直勤務があり、入院中の患者さんへの対応だけではなく、外から来られる救急患者さんへの対応も行っている。一体何が起こるのか不安もあるが、逆にこの地区の夜を自分が守っているんだという気概を感じたりもする。

　深夜の仮眠中に電話で起こされることも多々あり、可能なものは夜が明けてから受診してもらうことにするが、そうできないものも多い。顎関節脱臼などもすぐに病院に来てもらい、ほんの一瞬で整復できて患者さんに感謝されると得意げにもなるが、「なんでこんな時間に顎が外れたんだ」と考えたりもする。

　抜歯後の出血もだいたいは電話で「ガーゼをもう一度しっかり噛んで、30 分後にそれでも止まらなかったらもう一度電話してください」と指示すると、次の電話は来ない場合も多い。

　かなり前のことだが、「数日前から歯茎から出血しているのが止まらなくて、部屋中血だらけのティッシュで一杯なんですよ」との家族からの電話で、夜中に受診した患者さんが、たしかに歯肉縁全体からじわーと出血しており、食事もとれていないとのことだったので、とりあえず入院させた。翌朝血液検査のため採血すると、水の中に赤インクをたらしたような向こう側が透けて見える血液であった。

　ただちに内科に連絡し転科の手続きをとった。急性白血病であった。

4 薬剤の知識

1 抜歯後の投薬は必ずしも必要ではない

1 抜歯後の抗菌薬の投与は当たり前？

- 抜歯後の抗菌薬投与はあくまでも予防投与である。
- 予防とは「感染が成立する前に念のために」という意味であり、この意味では当然投与を行わなくてもよい症例がありうる。
- 感染の成立は環境と宿主の条件によって左右される。
- したがって抵抗力のある患者で創が小さい場合（たとえば単根歯や抜歯窩の浅い場合など）には頻回の洗浄のみで十分なこともある。
- 無意味な抗菌薬の投与は細菌の耐性化を引き起こす原因の一つである。

2 術前投与と術後投与の違いは

- 細菌が体内に侵入し始める際に十分な抗菌薬が行き渡っていれば、感染の可能性は低くなる。
- 細菌が体内に侵入し始めるのは術開始時であり、その時に十分な抗菌薬の血中濃度を得るためには抗菌薬を術前から投与する必要がある。
- 術後投与は先に細菌の侵入を許している可能性があり、いわゆる後手にまわった投与方法といえる。
- 抜歯後感染の予防のためには術後ではなく術前投与のほうが望ましい。
- 注射の場合、抗菌薬の血中濃度は静注後速やかに上昇し、血中濃度の半減期はおおよそ1時間程度である。一方、内服の場合はさまざまであり、各薬剤添付文書で確認をする必要がある（独立行政法人医薬品医療機器総合機構/PMDAのホームページ https://www.pmda.go.jp/ から検索できる）。たとえば合成ペンシリン製剤であるアモキシリン（サワシリン®）の場合の最高血中濃度到達時間（Tmax）はおよそ1～2時間程度であり、その半減期は1時間程度である。ただしこれらの時間は腎機能などの程度によってさらに大きく変わるので注意が必要である。

3 十分な抗菌薬の投与が必要な場合とは

- 易感染性の全身疾患や心内膜炎のリスクがある患者には十分抗菌薬の投与が必要である。
- 易感染性の全身疾患には糖尿病や、長期のステロイドや免疫抑制剤の投与を行っている疾

患、AIDS などの免疫低下が生じる疾患などが挙げられる。
- 体力の低下した高齢者は易感染性と考えたほうがよい。
- 心内膜炎のリスクはガイドラインによって多少の違いはあるが、過去に感染性心内膜炎の既往がある患者、人工弁置換患者、チアノーゼを伴う先天性心疾患患者、6カ月以内の心臓手術既往がある患者は高リスクと考えるべきである[1,2]。
- 抜歯以外でも出血を伴う歯科処置には心内膜炎予防の抗菌薬投与が必要である[1,2]。
- 予防投与のスタンダードはアモキシシリン（サワシリン®）である[3]。

2 常備する抗菌薬は1種類でよいか

1 1種類だけの抗菌薬を投与する問題点は

- 長期間にわたり1種類の抗菌薬を予防投与すると、菌交代現象、日和見感染や耐性菌の出現を招くおそれがある。

2 抗菌薬について覚えておきたいこと

- 抗菌スペクトルと菌交代現象（細菌とヒトは共生している）
  ①体表面や口腔、腸管などには複数の微生物群がお互いにバランスを保ちながら定着し、ほかの病原菌の進入を防ぐなど、ヒトに有利に働いている。
  ②広範囲抗菌スペクトルをもつ抗菌薬を長期に服用すると、スペクトル範囲外の微生物が優位になり、微生物群同士のバランスが崩れる。
  ③その結果、日和見感染を起こすこともある。
- βラクタム薬とβラクタマーゼ（攻撃ミサイルと迎撃ミサイル）（図II-4-1）
  ①βラクタム環を有する薬剤をβラクタム薬という（表II-4-1）。
  ②βラクタム環は細菌細胞特有の細胞壁の生合成を抑制する。
  ③βラクタム薬は現在最も頻用される抗菌薬であるが、細菌が産生するβラクタマーゼ（迎撃ミサイル）によって分解されると抗菌作用が消滅する。
  ④最近ではβラクタマーゼを阻害するβラクタマーゼ阻害薬（迎撃ミサイル用ミサイル）が作られ、ヒトと細菌の戦いはさらに複雑化している。

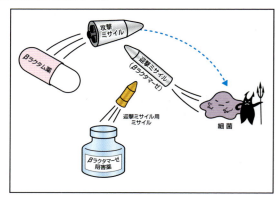

図II-4-1　βラクタム薬とβラクタマーゼ（攻撃ミサイルと迎撃ミサイル）

表 II-4-1 抗菌薬の分類

抗生物質	1) βラクタム薬	・ペニシリン（ペナム）薬
		・セファム（広義のセファロスポリン）薬 　　狭義のセファロスポリン薬 　　セファマイシン 　　オキサセファム薬
		・カルベペネム薬
		・モノバクタム薬
		・ペネム薬
	2) アミノグリコシド薬	
	3) マクロライド薬	
	4) リンコマイシン薬	
	5) テトラサイクリン薬	
	6) その他	・クロラムフェニコール薬
		・ホスホマイシン
		・ペプチド薬（ポリペプチド薬、グリコペプチド薬）
		・その他
合成抗菌薬	1) キノロン薬	
	2) サルファ薬	

※抗菌薬には、微生物自身が産生した抗生物質と、純化学合成により産生された合成抗菌薬の2種類がある。

- バイオフィルム（細菌の要塞）（図II-4-2）
  ①細菌はみずから産生する菌体外ムコ多糖類を成分とした膜様物を防護壁とし、一種の要塞を築き上げる。これをバイオフィルムという。
  ②バイオフィルムの代表例はデンタルプラークである。
  ③バイオフィルムが十分に成長すると細菌は単独でいる場合の約1,000倍も抗菌薬に抵抗性となる。
  ④バイオフィルムの除去には洗浄や外科的切除あるいは掻爬が考えられるが、ある種のマクロライド系抗生物質（エリスロマイシン、クラリスロマイシン、アジスロマイシン）はバイオフィルムを破壊するといわれている。

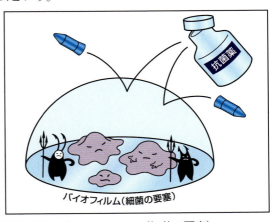

図II-4-2　バイオフィルム（細菌の要塞）

3　理想的な抗菌薬の常備の仕方

- 作用機序の異なる複数の抗菌薬を常備しておくことが望ましい。
- 前述のβラクタム薬が現在最も頻用される抗菌薬であり、これと作用機序の異なる薬物としてはマクロライド系やキノロン系の抗菌薬が挙げられる。

- ただしキノロン系は小児や妊婦には禁忌であり、またある種の解熱鎮痛薬（フェンブヘンなどのフェニル酢酸系、またはプロピオン酸系非ステロイド性剤など）との併用も制限されているため注意を要する。

3 鎮痛薬の乱用は危険

① 胃潰瘍と鎮痛薬の関係は

- 非ステロイド抗炎症薬の主な薬理作用はプロスタグランジン合成抑制である。
- 非ステロイド抗炎症薬の最も頻度の高い副作用はこのプロスタグランジン合成抑制が強く関係する胃腸障害である。
- このため非ステロイド抗炎症薬の長期連用はたとえ剤型が座薬であっても胃潰瘍などを生じる原因となる。
- これを避けるためには、非ステロイド抗炎症薬の服用は可及的に食直後と指示し、胃薬との併用、プロドラッグやシクロオキシゲナーゼ（COX）-2選択性の強い薬剤の使用を心がけ、長期間の連続投与は慎むようにしたい。
- プロドラッグは吸収前には活性がなく、吸収されてから活性型になる薬物であり胃腸障害が少ない。
- COXはプロスタグランジン類を合成する最初の酸化酵素であり、COXを阻害するとプロスタグランジン合成が抑制され、鎮痛効果を発揮する。
- COXには亜型があり、COX-1は胃粘膜や血小板などに、COX-2は炎症関連細胞などに発現するとされている。COX-2のみを選択的に阻害することで胃腸障害が軽減すると考えられている。（図Ⅱ-4-3）

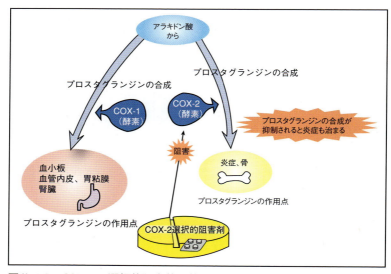

図Ⅱ-4-3　COX-2の選択的阻害薬の薬理作用

❷ 喘息の患者さんも要注意

- アスピリン喘息患者にとってはアスピリンを含めたすべての酸性非ステロイド抗炎症薬に喘息誘発リスクがあると心得よ。
- 比較的安全といわれている塩基性非ステロイド抗炎症薬であっても、塩酸チアラミド（ソランタール®）の薬剤添付文書には禁忌と書かれており注意が必要である。
- 塩基性非ステロイド抗炎症薬のエモルファゾン（ペントイル®）は今のところ禁忌とはされていない。

※注意！
アスピリンはピリンの仲間ではない。アスピリンはサリチル酸誘導体、ピリンはピラゾロン誘導体であり、同じ分類に属する薬剤ではない。

---

❸ 鎮痛薬が使いにくい患者さんとは

- 妊娠初期（16週未満）には奇形発生のリスクがあり使いにくい。
- 妊娠後期には動脈管早期閉鎖のリスクがあり使いにくい。
- アスピリン喘息患者には投与を避けるべきであり、吸入喘息治療薬などの所在を確認後、必要であればオピオイド（麻薬およびその類似物資）の投与を考える。
- 関節リウマチやそのほかの慢性関節炎などを患っている患者はすでに鎮痛薬を連日服用している場合があり、処方が重複するおそれがあるので事前に確認が必要である。
- 虚血性心疾患や脳血管障害の患者もアスピリンを連日服用しているが、こちらは抗凝固療法として少量服用しているにすぎないので、必要があれば鎮痛薬を新たに処方する。
- 高熱など、インフルエンザを併発している疑いがある場合には鎮痛薬がインフルエンザ脳炎、脳症の重症化に関与する危険性があることを知っておきたい。

❹ 理想的な鎮痛薬の使い方

- できるだけ頓服として処方する。
- 小児、高齢者や妊娠中期の妊婦にはアセトアミノフェンが第一選択である。

■ インフルエンザ脳症とは

　インフルエンザ脳症とはインフルエンザ感染に伴う発熱後に急速に意識障害などが発症し30％程度が死に至るといわれている疾患である。直接脳にウイルスが入って増殖する脳炎と違って脳症の発症機序は未だ解明されていない。

4 ステロイド軟膏の正しい使い方は

① ステロイドの効能は何でしょう

- ・副腎皮質から抽出されるホルモンはすべてステロイドで、50種以上のものが存在する。
- ・これらのうち最も多く用いられるのが糖質コルチコイドであり、臨床で「ステロイド」といえば糖質コルチコイドを意味している。
- ・ステロイドの薬理作用はさまざまであるが、臨床における効能はあくまでも抗炎症作用である。
- ・ステロイドには抗菌作用がないために、感染しやすい場合や部位では感染を増悪させる危険があり注意を要する。
- ・ただし抗菌薬を含有している軟膏もあり、内容を確認したほうがよい。

② ステロイドの副作用は何でしょう

- ・ステロイドにおける注意すべき副作用は投与経路（外用か否か）、投与期間（短期か長期か）によって異なる。
- ・ステロイド外用薬の主な副作用は皮膚萎縮や毛細血管拡張など、さまざまである（**表Ⅱ-4-2**）[4]。
- ・しかし、一般的に外用薬の短期使用ではステロイド特有の副作用が生じるリスクはきわめて少ないと考えられる。
- ・ただし、長期の大量投与では外用であっても内服と同様の副作用を生じることがあり、注意が必要である[5]。

表Ⅱ-4-2　ステロイド外用薬による主な副作用

- ・皮膚萎縮
- ・乾皮症ないし魚鱗癬様変化
- ・ステロイド紫斑
- ・多毛
- ・ステロイド痤瘡、酒さ※、口囲皮膚炎
- ・ステロイド潮紅、毛細血管拡張
- ・色素脱出
- ・皮膚感染症の誘発と進展
- ・経皮吸収による全身性の副作用
- ・接触皮膚炎
- ・ステロイド緑内障、白内障、黒内障

※「酒さ」とは皮膚科用語である。鼻などの顔に生じる慢性炎症であり、毛細血管が拡張し、皮膚は赤みを帯びる。酒客に多いとされるが、飲酒と無関係にも生じる。ステロイド外用による代表的な副作用の一つでもある

- ・口腔内の広範囲に連日塗布した場合にはカンジダ症発生の危険性があり、抗真菌薬の使用を考える。

③ どのくらいの量まで安全に使えますか

- ・口腔用デキサメタゾン軟膏（デキサルチン®軟膏）5gの場合、月に4〜6本を約10カ月間使用し続けたところ顔面浮腫や骨粗鬆症を引き起こした例がある[5]。
- ・同じステロイドでも作用時間や薬理作用の力価はさまざまであり、一概にはいえない（**表Ⅱ-4-3**）。
- ・漫然と使用させないことが一番大切である。

表Ⅱ-4-3　ステロイドの種類

一般名	商品名	抗炎症作用の相対力価	生物活性の半減期（時間）
酢酸コルチゾン	コートン®	0.8	8〜12
ヒドロコルチゾン	コートリル®、水溶性ハイドロコートン®	1	8〜12
プレドニゾロン	プレドニゾロン®、プレドニン®	4	12〜36
メチルプレドニゾロン	メドロール®、デポ・メドロール®	5	12〜36
トリアムシノロン	レダコート®	5	24〜48
酢酸パラメタゾン	パラメゾン®	10	36〜54
デキサメタゾン	オルガドロン®、デカドロン®、コルソン®	25	36〜54
ベタメタゾン	リンデロン®	25	36〜54

※「力価」とは生物学的な活性の大きさを示しており、またその活性が投与後半減するまでの時間が「生物活性の半減期」である。力価の数値が大きいほど、また半減期が長いほどその薬の薬理作用と副作用の程度は大きくなる

5 注意が必要な他科で投与されている薬剤

❶ 抗血栓薬の効果持続時間を知っていますか

・心筋梗塞症や心房細動、脳梗塞の既往がある患者は抗血栓薬を服用している可能性がある（表Ⅱ-4-4）。

・抗血栓薬は血管および血小板による一次止血栓形成を阻害するもの（一次止血阻害薬）、凝固因子による二次止血栓形成を抑制するもの（二次止血阻害薬）、血栓を溶解する反応を促進するもの（血栓溶解薬）に大別される。

・抗血小板薬は血小板凝集能を抑制する薬剤であり、一次止血阻害薬に相当する。

・ヘパリンナトリウム（ヘパリン）とワルファリンカリウム（ワーファリン®）は二次止血阻害薬である。

表Ⅱ-4-4　抗血栓薬が投与されている可能性のある疾患

- ・心筋梗塞症
- ・狭心症
- ・心房細動
- ・心弁膜症
- ・心臓の人工弁置換術後
- ・人工血管置換術後（冠動脈バイパス手術など）
- ・脳梗塞
- ・一過性脳虚血発作
- ・肺塞栓症
- ・閉塞性動脈硬化症
- ・深部静脈血栓症
- ・末梢動脈血栓症
- ・腎疾患（ネフローゼ症候群など）

❷ ワルファリンの特徴について理解しましょう

- ワルファリンの効果発現には 3 ～ 4 日かかり、内服を中止しても 4 ～ 5 日間は効果が持続する。
- ワルファリンの抗凝固能検査に用いる組織トロンボプラスチンは生物由来製剤であり、製造ロットや製造業者によって品質が異なるため、この違いを標準化したものが PT-INR（prothrombin time-international normalized ratio：プロトロンビン時間国際標準比）である。
- ワルファリン使用時は PT-INR によるモニターが必須であり、その至適治療域は疾患ごとに異なる。たとえば深部静脈血栓症などの PT-INR 至適治療域は 1.5 ～ 2.5、心臓の弁置換（機械弁）術後では 2.5 ～ 3.5 に設定される。
- 至適治療域に PT-INR がコントロールされている患者においては、局所止血に配慮し、出血時に十分対応が可能な設備のもとであればワルファリン継続下の抜歯を考慮できる。
- 出血への対応が困難である大手術（口腔外科領域では進展癌に対する手術や顎変形症手術など）では、手術の 3 ～ 5 日前までにワルファリンを中止してヘパリンの投与を開始し、病態が安定したらワルファリンを再開し PT-INR が至適治療域に入ったらヘパリンを中止する（ヘパリン代替療法）。
- ワルファリンの効果はビタミン K によって大きく左右されるため、ビタミン K を多く含む緑野菜、納豆、クロレラ、茶、のり、青汁などの食品を摂取した場合や、タバコを吸う患者には注意する。
- NSAIDs はワルファリンと競合してアルブミンと結合するため、遊離型のワルファリンが増加し抗凝固作用が増強する。

❸ 新しい抗血栓薬の特徴を知っていますか

- 現在国内で使用されている直接経口抗凝固薬（DOAC：direct oral anticoagulants）には、ダビガトラン（商品名：プラザキサ®）、リバーロキサバン（商品名：イグザレルト®）、アピキサバン（商品名：エリキュース®）、エドキサバン（商品名：リクシアナ®）がある。
- NOAC はいずれもビタミン K の代謝と直接関係しないため、ワルファリンのように食物の影響を受けることがなく、食事制限の必要がない。
- NOAC の効果発現は速く、半減期が短いため、手術に際して服薬を中止、または再開する場合には抗凝固作用をコントロールしやすい。

❹ 血糖降下薬は食事の量と切り離せない

- 糖尿病患者は食事療法を受けており、摂取するカロリーに応じたインスリンや経口血糖降下薬の処方を受けている。
- 抜歯や義歯の不具合などによってもし食事量が減るようであれば、インスリンや経口血糖降下薬が効きすぎることになり、低血糖を起こす可能性が考えられる。
- 低血糖時、患者には動悸、頻脈、発汗、手指振戦などが出現し、意識障害をきたす場合もある。
- 低血糖時にはとりあえず角砂糖や甘い缶コーヒーなどを飲ませることを考える。

- 患者によっては指示された食事療法を怠り、高血糖のまま生活している場合もある。
- 抜歯などの観血的処置にあたっては十分に糖尿病コントロール状態を把握し、必要があればかかりつけ医師に問い合わせる。
- 解熱鎮痛剤は血漿蛋白との結合性が高いものが多く、同様に蛋白結合性の高いスルホニル尿素系血糖降下剤と併用すると血糖降下作用が増強し低血糖になるおそれがあり注意が必要である。

5 ステロイド長期投与患者は要注意

- 膠原病やリウマチ患者などでは長期間にわたってステロイドを服用している場合がある。
- このような患者では感染症を誘発しやすく、また一度感染症を引き起こすと増悪しやすい。
- ステロイドにより骨粗鬆症、動脈硬化病変や糖尿病、高血圧を併発している例も多く、ステロイド性骨粗鬆症の予防対策としてビスフォスフォネートやデノスマブなどの骨吸収抑制薬が処方されている場合には顎骨壊死のリスクがあるので注意が必要である。
- ステロイドの長期連用により患者の副腎機能は低下しており、歯科治療などのストレスを与えると全身倦怠感、脱力感、衰弱感（副腎クリーゼ）を訴えることがある。
- 副腎クリーゼを起こさせないためにはステロイドカバーを考慮する[3]。
- ステロイドは種類により力価や半減期が異なるので気をつける（**表II-4-3**）。

6 BP（ビスフォスフォネート）について知っておくべきことは

- ビスフォスフォネート（BP：Bisphosphonate）は骨粗鬆症や癌の骨転移などに対して使用される薬剤であるが、副作用として顎骨壊死（BRONJ：BP related osteonecrosis of the jaw）を発症することがある。
- BRONJ 発生頻度は経口薬で約 0.01 ～ 0.04％、注射薬で約 0.8 ～ 12％と報告されており、その臨床症状は骨露出、疼痛、腫脹、オトガイ部の知覚異常、排膿、口腔内瘻孔や皮膚瘻孔、歯の動揺、深い歯周ポケットであり、エックス線像では骨溶解や骨硬化を呈する。
- BP 治療歴があり、顎骨への放射線照射歴がなく、骨露出や骨壊死が 8 週間以上持続している場合は BRONJ と診断する。
- BP が開始されると抜歯などの侵襲的歯科治療が困難になるため、将来治療を行う可能性が高い歯は可及的に BP 開始前に治療を完了し、その後も口腔衛生を良好に保つことが重要である。
- ステロイド長期投与の開始前には、ステロイド性骨粗鬆症に対して BP が開始されることが想定されるため、上記と同じ対応を行う。
- BP 開始後に侵襲的歯科治療が必要になった場合、あるいは実際に BRONJ が発症した場合の休薬に関しては賛否両論あるが、少なくとも癌の骨転移などに対しては原則的に BP 継続を優先させる。

❼ 薬剤関連顎骨壊死（MRONJ）に関連する薬剤とは

- 抗RANKL（Receptor activator of nuclear factor κ B ligand）抗体であるデノスマブ（商品名：ランマーク®＝癌の骨転移などに適応、商品名：プラリア®＝骨粗鬆症治療剤）でも顎骨壊死が生じることがあり、これを DRONJ（denosumab-related osteonecrosis of the jaw）と呼ぶ。
- BRONJ と DRONJ は合わせて ARONJ（Anti-resorptive agents-related osteonecrosis of the jaw）と呼ばれている。
- さらに血管内皮細胞増殖因子（VEGF：vascular endothelial growth factor）標的薬であるベバシズマブ（商品名：アバスチン®）、スニチニブ（商品名：スーテント®）、ソラフェニブ（商品名：ネクサバール®）や、哺乳類ラパマイシン標的タンパク質（mTOR）阻害薬であるシロリムス（商品名：ラパミューン®）などにおいても顎骨壊死が生じるため、これらを総称して MRONJ（Medication-related osteonecrosis of the jaw）と呼んでいる。

■引用文献

1) Wilson, W., et al. : Prevention of infective endocarditis: guidelines from the American Heart Association: a guideline from American Heart Association Rheumatic Fever, Endocarditis and Kawasaki Disease Committee, Council on Cardiovascular Disease in the Young and the Council on Clinical Cardiology, Council on Cardiovascular Surgery and Anesthesia and the Quality of Care and Outcomes Research Interdisciplinary Working Group. Circ 116: 1736-1754, 2007.
2) 宮武邦夫, 他：感染性心内膜炎の予防と治療に関するガイドライン（2008年改訂版）. 循環器病の診断と治療に関するガイドライン2007年度合同研究班（日本循環器学会, 日本胸部外科学会, 日本小児循環器学会, 日本心臓病学会）, 2008.
3) 古森孝英 編：新こんな患者さんが歯科に来たときは？：第一歯科出版（東京）, 2014年.
4) 片山一朗：顔面・頸部皮膚疾患のステロイド治療. JOHNS(14)：1473-1477、1998年.
5) 東江玲奈, 田端雅士, 杉原一正, 松本哲雄, 小圃優子：口腔用デキサメタゾン軟膏の長期使用によると思われる副作用を生じた1例. 歯薬療法（19）:172, 2000年.

（渋谷恭之・古森孝英）

5 画像検査の読影

1 パノラマエックス線を読むために必要な解剖

1 今一度パノラマの特徴について

- パノラマは歯列弓に合わせて撮影した断層の繋ぎ合わせであり、正面および両側面の3方向から観察していることに留意すべきである。
- 断層域が平均的な歯列弓の形に設定されているため、回転中心寄りにあるものは拡大され、フィルム寄りにあるものは縮小される。

（症例1）実際の顔貌写真と3D-CTでは右側下顎骨肥大（偏位）なのに、パノラマでは右側萎縮に見えた顎変形症の症例（図II-5-1）

- 特に前歯部では断層の厚みが少なく、位置づけにより歪みや不明瞭が出やすい。

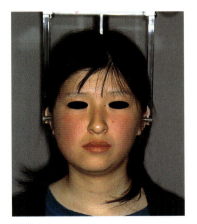

図II-5-1a

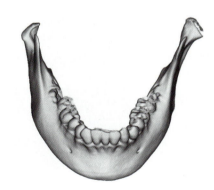

図II-5-1b

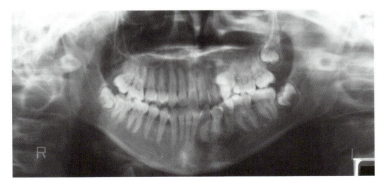

図II-5-1c

（**症例2**）頸椎の障害陰影により前歯部が不明瞭となったパノラマ（**図Ⅱ-5-2a**）
- 口腔全体のスクリーニングに適するが細部の精査においてはデンタルエックス線写真に劣る。

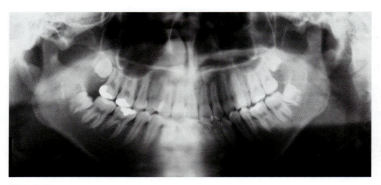

図Ⅱ-5-2a

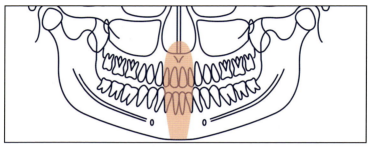

図Ⅱ-5-2b

（**症例3**）当初パノラマ上は左側下顎側切歯原因の囊胞と考えられたが、デンタルエックス線写真にて左側下顎中切歯原因と判明した症例（**図Ⅱ-5-3**）

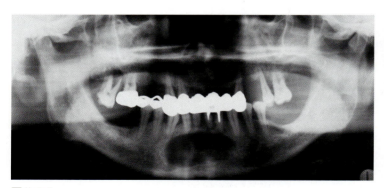

図Ⅱ-5-3a

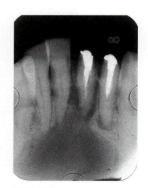

図Ⅱ-5-3c

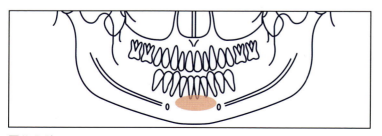

図Ⅱ-5-3b

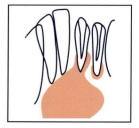

図Ⅱ-5-3d

❷ パノラマ読影の注意点

- 画像を前にして影を読むためには、その影が何かが分からなければいけない。そのためにはエックス線の正常解剖を理解することが必要である。
- エックス線による画像診断には①存在の有無の判断と②質的特長の判断が必要である。
①異常所見の有無、部位、形、大きさおよびエックス線透過性に関する分析
②単発性か多発性か、境界は明瞭か不明瞭か、辺縁は円滑か不規則か、内部構造は均一か不均一か、単房性か多房性か、周囲組織との関係など
- そのほか、臨床所見を加味して鑑別診断をする。
- 下顎読影では下顎管の走行やオトガイ孔の位置、上顎部では鼻腔や上顎洞底との位置関係や軟口蓋陰影、鼻腔底線を理解しておきたい。

❸ パノラマの正常解剖 （図Ⅱ-5-4）

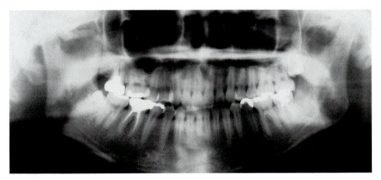

図Ⅱ-5-4a

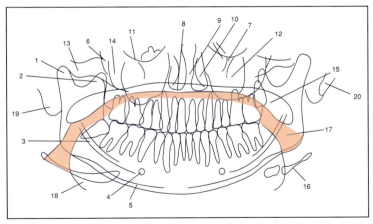

図Ⅱ-5-4b　1：下顎骨の関節突起（下顎頭）　2：筋突起　3：下顎管　4：オトガイ孔　5：下顎骨下縁の皮質骨　6：翼口蓋窩　7：眼窩下管　8：鼻腔底　9：鼻中隔　10：下鼻甲介　11：眼窩　12：上顎洞　13：頰骨弓　14：頰骨突起　15：軟口蓋　16：舌骨　17：気道陰影　18：舌陰影　19：耳垂　20：茎状突起

2 パノラマエックス線で偶然見つかる疾患

① 主訴以外の部分も check しましょう

・パノラマを撮影したら主訴以外も確認しておくべきである。感染や急速な腫脹、神経麻痺や歯の動揺を自覚せず、無症状に経過した陰影や硬化像をパノラマにて偶然発見することがある。

② 偶然見つかる不透過像

（症例1）パノラマにて偶然発見した左側上顎側切歯根尖部の歯牙腫（図Ⅱ-5-5）

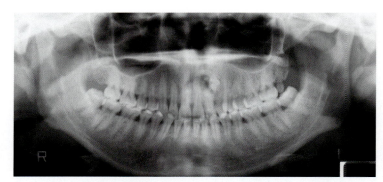

図Ⅱ-5-5a　患者さんの希望により全身麻酔下に摘出術を行った

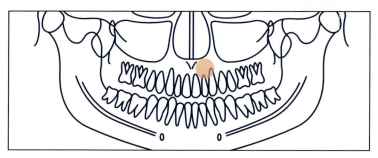

図Ⅱ-5-5b

（**症例2**）パノラマにて左側顎角部に石灰化像を認めた顎下腺の唾石（**図Ⅱ-5-6**）

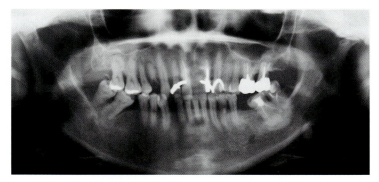

図Ⅱ-5-6a　全身麻酔下に唾石とともに顎下腺摘出術を行った

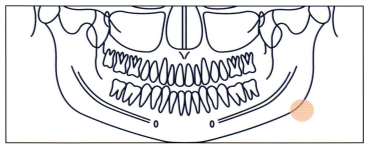

図Ⅱ-5-6b

（**症例3**）パノラマにて右側上顎洞底に不透過像を認めた粘液囊胞（**図Ⅱ-5-7**）

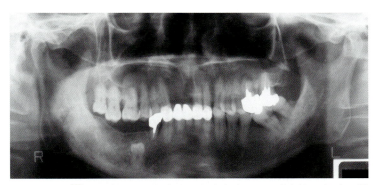

図Ⅱ-5-7a　5|埋伏歯により紹介された患者さんで、右側上顎洞内の粘液囊胞は無症状のため経過観察となった

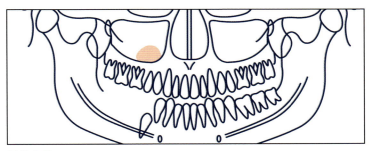

図Ⅱ-5-7b

③ 偶然見つかる透過像

（症例1）パノラマにて偶然右側下顎第三大臼歯の埋伏歯を含む透過像を認めた右側下顎含歯性囊胞（**図II-5-8**）

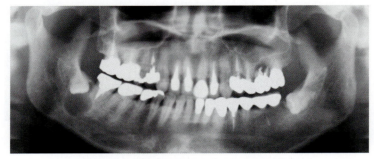

図II-5-8a　全身麻酔下に囊胞摘出および埋伏歯抜去術を行った

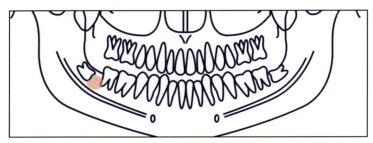

図II-5-8b

（症例2）オトガイ部打撲により撮影したパノラマで発見した左側下顎骨体部の骨折（**図II-5-9**）

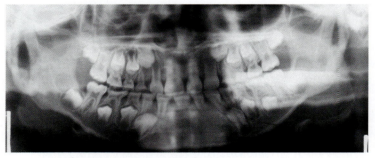

図II-5-9a　咬合の偏位を認めず、開口制限のみを行った

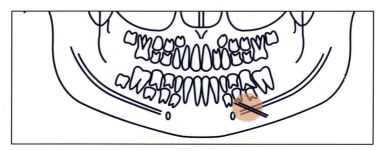

図II-5-9b

3 パノラマエックス線で異常像と誤りやすい正常構造

❶ 上顎洞底と鼻腔底をしっかり把握

（症例）右側上顎洞炎の症例であるが、上顎洞底、鼻腔底が分かりますか？（図Ⅱ-5-10）

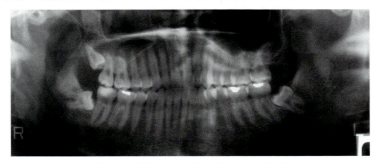

図Ⅱ-5-10a　上顎洞底、鼻腔底を囊胞と誤ることがある

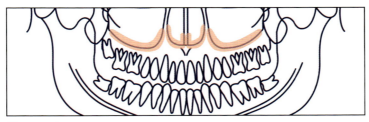

図Ⅱ-5-10b

❷ 軟口蓋・舌の陰影はどこですか

（症例）軟口蓋および舌の陰影？（図Ⅱ-5-11）

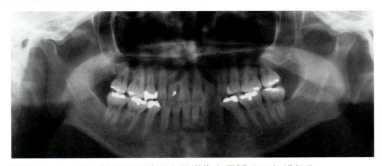

図Ⅱ-5-11a　軟口蓋や舌の陰影も異常像と見誤ることがある

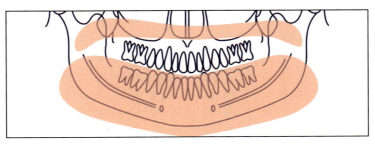

図Ⅱ-5-11b

❸ オトガイ孔が根尖病巣に

（症例1）オトガイ孔が左側下顎第二小臼歯の根尖病巣にみえた症例（図Ⅱ-5-12）

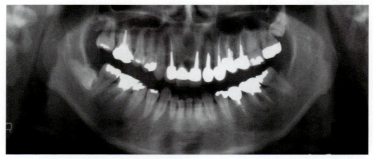

図Ⅱ-5-12a　オトガイ孔は透過像として下顎小臼歯の根尖近くに現れるが、まれには根尖と重なり、根尖病巣にみえる場合がある

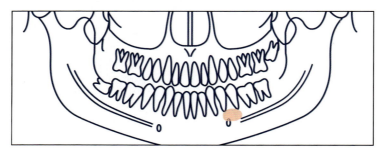

図Ⅱ-5-12b

（症例2）左側下顎第二小臼歯原因の歯根嚢胞がオトガイ孔と連続した症例（図Ⅱ-5-13）

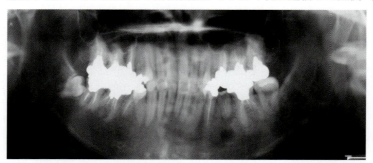

図Ⅱ-5-13a　「5」根尖の歯根嚢胞がオトガイ孔と連続した症例で、嚢胞摘出の際注意を要する

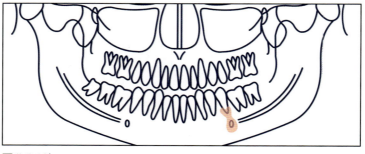

図Ⅱ-5-13b

❹ 全くの虚像もあります

（症例1）イヤリングによる両側上顎第一大臼歯根尖部の虚像（**図Ⅱ-5-14**）

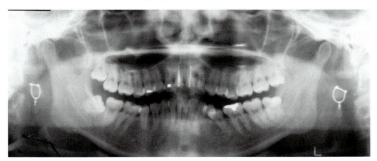

図Ⅱ-5-14a　このような虚像を防ぐため、イヤリングや金属を含んだ髪留めなどは撮影前に外しておくのが原則である

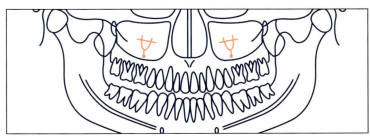

図Ⅱ-5-14a

（症例2）右側頸椎固定用に使用した金属プレートにより下顎正中および左側顎角部に虚像を生じた症例（**図Ⅱ-5-15**）

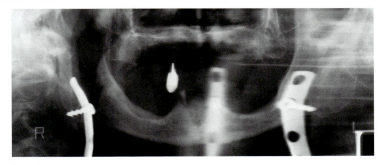

図Ⅱ-5-15a

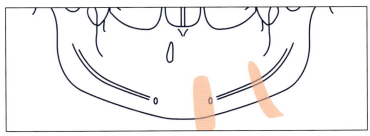

図Ⅱ-5-15a

4　1枚のフィルムだけで診断するのは危険

① 病変の全体が見えていますか

・デンタルエックス線写真では病変の一部しか捉えていないこともある。

（**症例1**）デンタルエックス線写真では左側下顎犬歯と第二小臼歯間の骨吸収を認めた症例。この写真だけで処置をするのは危険（**図Ⅱ-5-16**）

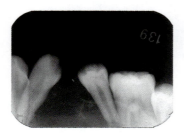

図Ⅱ-5-16a

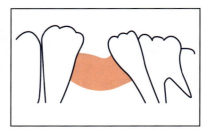

図Ⅱ-5-16b

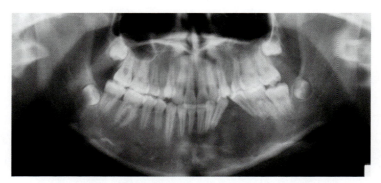

図Ⅱ-5-16c　パノラマを撮影することで左側下顎骨体部にエックス線透過像を認め、病変の全体を把握できたエナメル上皮腫の症例

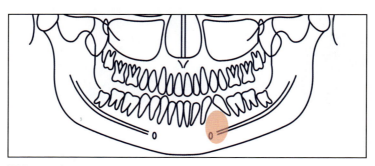

図Ⅱ-5-16d

（**症例2**）右側下顎第二乳臼歯に囊胞を形成した症例のデンタルエックス線写真（**図Ⅱ-5-17**）。

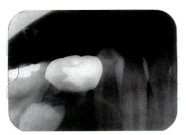

図Ⅱ-5-17a

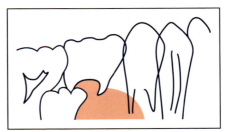

図Ⅱ-5-17b

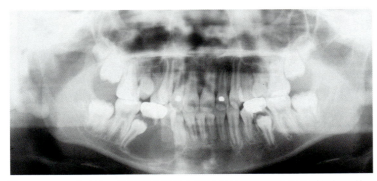

図Ⅱ-5-17c　パノラマを撮影することではじめて囊胞の全体が把握可能であった症例。E|抜歯による囊胞開窓術により、5|埋伏歯の萌出を試みた

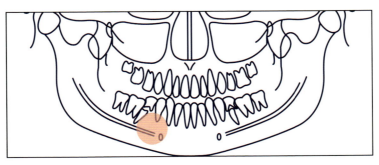

図Ⅱ-5-17d

❷ エックス線写真はあくまで影

- 埋伏智歯抜歯時などパノラマでは簡単そうに見えても、実際は根尖が分岐していたり彎曲したりしていて難抜歯となることがある。

(**症例**) 右側下顎第三大臼歯の半埋伏歯で単根にみえたが、実際には2根で根尖彎曲があった症例（**図Ⅱ-5-18**）

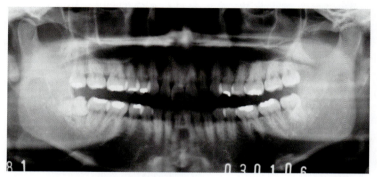

図Ⅱ-5-18a　パノラマでは単根にみえ、歯冠周囲の分割を行ったが、舌側根が彎曲していたため破折し、ルートチップを使って除去された

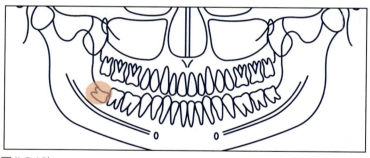

図Ⅱ-5-18b

図Ⅱ-5-18c

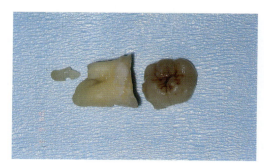

図Ⅱ-5-18d

3 複数のエックス線写真を合わせて診断

（**症例**）パノラマにて上顎正中部に埋伏歯らしき陰影を認めるが不明瞭であったため、咬合法エックス線写真を撮影し、合わせて診断した症例（**図Ⅱ-5-19**）

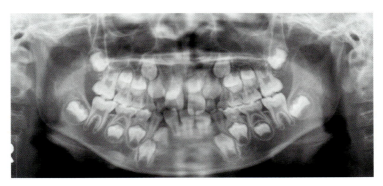

図Ⅱ-5-19a

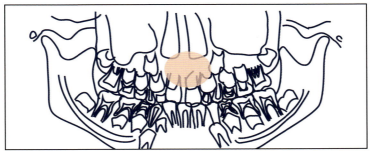

図Ⅱ-5-19b

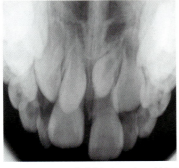

図Ⅱ-5-19c　咬合法エックス線写真にて 1|1 の根尖相当部にそれぞれ過剰埋伏歯が認められる

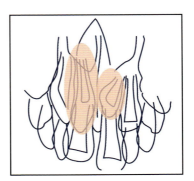

図Ⅱ-5-19d

5 デンタル（コーンビーム）CT 画像の見方

1 デンタル CT の特徴は

- Computed Tomography（CT）には、主に病院などの医科や口腔外科で使用されるマルチスライス CT とかかりつけ歯科などで使用されるデンタル（歯科用コーンビーム）CT がある。
- マルチスライス CT は、物体をはさんで、エックス線管球と高感度の検出器を対向させ、多方向からエックス線を照射し、水を基準とした CT 値（Hounsfield 値：HU）に換算し、物体の断層画像を構築するものである。

表 II-5-1　マルチスライス CT における主な物質（解剖）と CT 値

	CT 値	画像で見える色
空気	-1000	黒
脂肪	-100	
水	0	↓　灰色
軟部組織	0 〜 100	
骨	1000	白

- デンタル CT は、原理は同じだが、単方向から円錐状（コーンビーム）にエックス線を照射し、2 次元検出器で断層画像を得る方法である。
- デンタル CT は、空間分解能（空間的な位置の違いを見分ける能力）は高いが、コントラスト分解能（濃度の差を見分ける能力）が低く、軟組織の描出は劣る。一方、マルチスライス CT は時間分解能（短時間に画像を構築する能力）に優れる。

表 II-5-2　マルチスライス CT とデンタル CT の特徴

	マルチスライス CT	デンタル CT
解像度（空間分解能）	普通	高い
時間分解能	高い	普通
コントラスト分解能	高い	低い
CT 値	正確	不正確
被曝量	多い	少ない
撮影範囲	広い	狭い
撮影時間	長い	短い
金属アーチファクト	普通	少ない
費用・維持費	高い	安い

❷ 被曝量はどの位でしょうか

- デンタルCTは、医科用マルチスライスCTに比較するとおよそ10分の1程度の被曝量ですむ。ただし、デンタルCTでは撮影範囲が狭いという欠点があり、それを補うために撮影範囲を拡大したり、複数回撮影したりすると被曝量が増加する。

表II-5-3　主な放射線被曝量

	被曝量（mSv）
マルチスライスCT（胸部）	6.9
年間あたりの自然放射線（世界平均）	2.4
PET検査	2.2
マルチスライスCT（顔面部）	0.5～2
年間あたりの自然放射線（日本）	1.5
飛行機搭乗（東京～ニューヨーク）	0.19
デンタルCT	0.1
胸部エックス線撮影	0.05
パノラマエックス線撮影	0.03
デンタルエックス線撮影	0.01

（放射線医学総合研究所調査をもとに作成）

❸ 直観的に理解できる3D画像

- 2次元のCT画像をコンピュータで3次元（3D）構築し、3D画像作成することができる。2次元画像から、人間がイメージするのには限界があり、この3D画像は立体感に優れ、直感的に理解することができる。診断や患者説明に非常な有用なツールである。

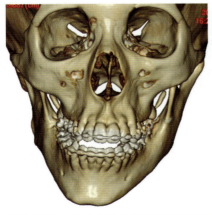
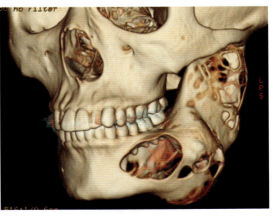

図II-5-20a　右方偏位を有する顎変形症患者

図II-5-20b　左側下顎頭にまで及ぶ角化嚢胞性歯原性腫瘍。皮質骨が破壊されているのがわかる

❹ どこまで診断が可能でしょうか

- 各平面での断層画像と 3D 構築により、硬組織の診断はさまざまなものが可能となる。ただし、軟組織の診断や骨折・嚢胞など広範囲の画像の確認が必要なものは注意を要する。

① **歯内療法、歯周疾患における診断**
- 根管の状態、湾曲、根尖病巣との関係、破折線の走行、穿孔の有無、根分岐部病変・歯槽骨吸収の程度

② **抜歯等外科処置における診断**
- 埋伏歯の方向・位置、歯根形態・数、下顎管との関係、顎骨病変（嚢胞、良性腫瘍など）の範囲や歯との関係

③ **インプラント治療の顎骨の診断**
- 骨量、骨幅、解剖学的に重要な脈管・神経との位置関係（下顎管、オトガイ孔など）、上顎洞の状態とその関係性

④ **顎関節・矯正・骨折などの疾患**
- 下顎頭の形態・位置、矯正用アンカーの埋入位置の精査、矯正する歯の位置・方向・歯根長、骨折線の有無・方向

表 II-5-4　デンタル CT の撮影範囲と適応

用途	撮影範囲をおおよその目安
1 歯単位 (局所のみ) を見たい場合	4cm
歯列全体（1〜7 番まで）を見たい場合	8cm
水平埋伏歯（1〜8 番まで）を見たい場合	10cm
顎関節・顎骨全体を見たい場合	14〜16cm

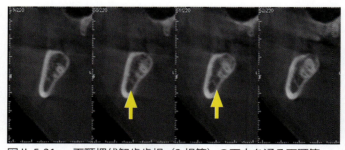

図 II-5-21a　下顎埋伏智歯歯根（2 根管）の下方を通る下顎管

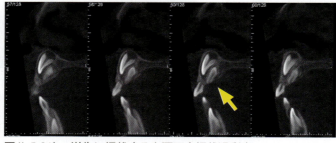

図 II-5-21b　逆生に埋伏する上顎正中埋伏過剰歯

6 その他の画像検査に関する基本事項

1 MR画像のミニマムリクワイアメント

- Magnetic resonance imaging（MRI）は核磁気共鳴現象を利用した画像検査である。強力な磁場環境に生体を入れ、電磁波により生体内の水素原子の磁気モーメントの撹乱と回復を起こす。
- MRIは組織における緩和速度（磁気モーメントの回復）の差と水素原子密度の量を画像とするものである。この緩和速度には横緩和（T1）と縦緩和（T2）があり、それぞれの強調像をT1強調像、T2強調像という。
- STIR法（short TI inversion recovery）は、脂肪からの信号を抑制した画像を得る撮影方法であり、眼窩内病変、脊髄病変、炎症部位を検出しやすくする方法である。
- MRIのメリットは、放射線被曝がないことや、脳や筋肉など水分の多い部位（軟組織）の画像診断に向いていることがある。デメリットは、撮影に時間がかかることや、騒音などが挙げられる。
- 顎顔面領域でMRIに向いている臓器・疾患は、蜂窩織炎・唾液腺炎など炎症性疾患、軟部組織腫瘍、血管奇形など血管由来の疾患、関節円板を含めた軟骨由来の疾患など挙げられる。また、腫瘍、嚢胞性疾患で内部性状（充実性か液性かなど）を知るには有効な方法である。
- 心臓ペースメーカーやその他磁気に反応する金属が体内にあると、検査を受けられない場合がある。また、アクセサリ、義歯、眼鏡、磁気治療器具などの金属製品は取り外す必要がある。義眼、人工関節や骨折部位のプレート、ボルトなどが入っている場合も確認が必要である。磁性体を含む成分を有した化粧品やコンタクトレンズなども熱をもち、熱傷を引き起こすことがある。

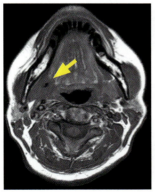
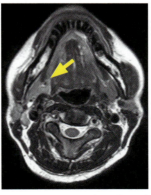
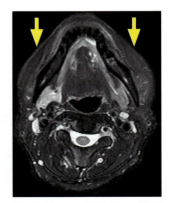

図II-5-22a　T1強調像：石灰化物である唾石が黒く抜けて見える

図II-5-22b　T2強調像：右側顎下腺が炎症により、high intensityに見える

図II-5-22c　STIR法：頬部の脂肪の信号が抑制されて、low intensityに見える

2 PET画像のミニマムリクワイアメント

- Positron emission tomography（PET）検査では、がん細胞が正常細胞に比べて3〜8倍のブドウ糖を取り込むという性質を利用して、18-フルオロデオキシグルコース（FDG）を静注し、そのFDGががん細胞に多く集まることで、がんの検出を行う。がんの早期発見や比較的短時間（数時間）で全身検索を行えるため、非常に有用な検査である。
- 糖尿病の患者さんや、もともとブドウ糖の取り込みや代謝が盛んな脳、心臓、胃、大腸、肝臓や、FDGの排出経路である腎臓、尿道、膀胱などの臓器では、検出感度がさがる。
- 腸管や炎症巣への生理的集積、良性腫瘍などが偽陽性（誤ってがんの可能性があると検出してしまうこと）となることがある。

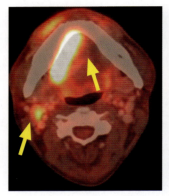

図II-5-23a　右側舌癌頸部リンパ節転移。右側舌、右側頸部リンパ節ともに集積を認める

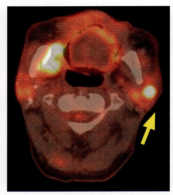

図II-5-23b　右側下顎歯肉癌。左側耳下腺に高度の集積を認めたが、転移ではなくワルチン腫瘍（良性腫瘍）であった

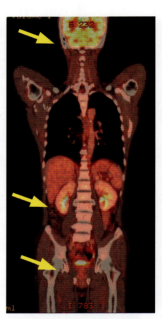

図II-5-23c　脳、腎、膀胱などに生理的集積を認める

3 超音波画像のミニマムリクワイアメント

- 超音波診断装置ではプローブ（探触子）の中に組み込まれた振動子を密着させ、超音波を発信し、生体から戻ってくる超音波を受信する。
- Bモード超音波像は主に、形状・境界、内部エコー像、境界部低エコー帯、後方エコー像で診断を行っていく。後方エコーでは、腫瘍内部が水分に富むものの場合は増強し、石灰化や線維質に富むものの場合は減衰する。また、血流の速度や方向、乱れなどを色で知ることができるカラードプラ像もある。

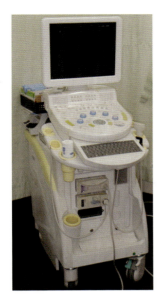

図II-5-24　エコー機器本体

表II-5-5　頸部リンパ節（正常・転移）の超音波画像の目安

所見	正常	転移
形状	楕円形	円形
境界 性状 明瞭度	平滑 明瞭	粗造 不明瞭
内部エコー レベル 均一性	さまざま 均一	低 不均一
血流	低	高

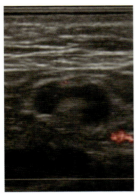

図II-5-25a　正常リンパ節。扁平な楕円形、境界明瞭、高エコー領域のリンパ門が明瞭に認められる

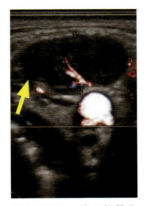

図II-5-25b　癌の転移を疑うリンパ節。内部は粗造でリンパ門は消失している

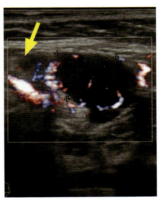

図II-5-25c　癌の転移を疑うリンパ節。カラードプラ像で辺縁部から血流が流入している

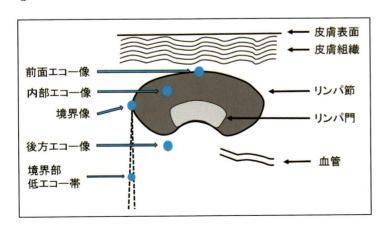

図II-5-27　正常リンパ節（a）のエコー像のシェーマ

（長谷川巧実・藤岡　学・古森孝英）

インフォームドコンセント

　インフォームドコンセントの重要性が叫ばれて久しい。
　大学病院だと、何か患者さんとのトラブルが起こったときにその科の責任者が対応に当たることになるが、一度気分を害された患者さんに同じ科に属するものが第三者的に対応するのは難しい。
　日本では某大学での患者取り違え事件後、医療安全に関する対策が進み、それぞれの病院に専門の部署が置かれるようになって、当事者が直接対応することはなくなった。
　以前、医療事故に関する弁護士さんの話を聞く機会があったが、それによると医療は「結果ではなく過程に責任を負う」とのことであった。これは決して結果はどうでもよいということにはつながらないが、予想できない結果が起こりうる医療の性質上、その過程において最善の努力をする姿勢が大事だという意味のようだ。
　したがってインフォームドコンセントが重要となり、治療の流れのステップ・ステップで説明を行い同意を得て治療を進め、患者さんとの信頼関係を築いていく姿勢が必要となる。何度かドラマ化された『白い巨塔』においても財前教授の癌の治療法に関する説明不足が問題となっていた。
　「患者さんの話をよく聞き、病状や治療法についてわかりやすい言葉で十分説明する」
　毎日の忙しい臨床の中、たいへんなことだが、やはり医師・歯科医師にはこの姿勢が大事なようだ。

III編

臨床診断のポイント
Clinical Diagnosis

1 口腔粘膜疾患

1 確定診断はたいへん難しい

1 臨床像の類似性が診断を困難にする

- 口腔粘膜疾患は種類が多いが、実際に現れる症状は白斑、紅斑、びらん、潰瘍、水疱、色素沈着、萎縮のいずれかである。
- 同じ疾患でも違った形態あるいはタイプを示すことがあり、また逆に異なった疾患でも似たような形態を示すことがある。
- このため個々の疾患に特徴的な症状は少なく、臨床像は類似しているため、病理診断がなされなければ、確定診断を下すのは困難なことが多い。

2 代表的な口腔粘膜疾患

- 白斑を呈する代表疾患は、白板症と口腔カンジダ症である。白板症は前癌病変（潜在的悪性疾患）としてあまりにも有名。口腔カンジダ症は 40 〜 50% の健康人に常在菌として存在する真菌 Candida albicans の日和見感染。こすって取れるのがカンジダ症で、白板症はこすっても取れない。
- 紅斑やびらんを呈する代表疾患は、扁平苔癬と紅板症。扁平苔癬は白くて細い網状や線状の角化部とそれに囲まれた紅斑あるいはびらんからなり、両側頬粘膜に生ずることが多い。金属アレルギーとの関連も指摘され、前癌状態（潜在的悪性疾患）とされている。紅板症はまれだが、前癌病変（潜在的悪性疾患）の一つで、癌化率は白板症より高いとされている。
- 潰瘍を呈する代表疾患は、アフタと褥創性潰瘍。アフタは周囲に紅暈を伴い、偽膜に覆われた境界明瞭な円形ないしは類円形の潰瘍を意味する症状名であるが、実際の臨床の場で多用されている。褥創性潰瘍は、不適合な義歯や充填物による慢性的な外傷性刺激により生じる潰瘍で、癌性潰瘍との鑑別が重要である。
- 水疱を呈する代表疾患は、単純疱疹と帯状疱疹である。単純疱疹は単純疱疹ウイルスの感染で、主に成人に口唇ヘルペスとして現れる。帯状疱疹は水痘・帯状疱疹ウイルスの感染で、片側の一定の神経支配領域に一致して小水疱が多発する。神経痛（神経麻痺）を後遺することがあり、ハント（Hunt）症候群はこのウイルスによる顔面神経麻痺である。
- 色素沈着には、メラニンなどの内因性色素によるものと金属などの外因性色素によるものがある。悪性黒色腫と、いわゆるほくろが粘膜に生じた色素性母斑やほかの色素沈着との鑑別が問題となる。

- 萎縮を呈する代表疾患は舌に見られ、舌乳頭の萎縮や消失による**平滑舌**で、貧血や、唾液分泌減少による口腔乾燥症、シェーグレン（Sjögren）症候群が疑われる。

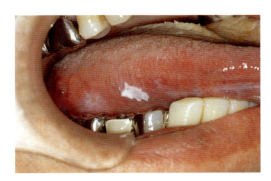

図Ⅲ-1-1　舌白板症
右舌側縁の白板症

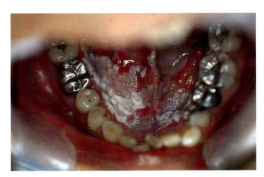

図Ⅲ-1-2　口底部白板症
口底部から下顎舌側歯肉にかけての広範な白板症。周囲より隆起している部分も認められる

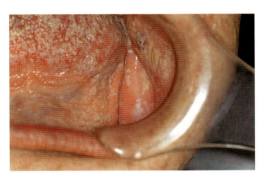

図Ⅲ-1-3　口腔カンジダ症
口腔内全体にカンジダ症がみられる。抗真菌薬を使わなくとも清潔にするだけで消失することも多い

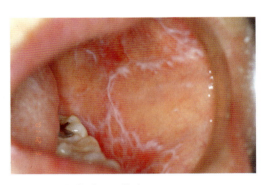

図Ⅲ-1-4　頬粘膜扁平苔癬
頬粘膜に白い網状の角化部と紅斑がみられる。この症例のような病変が両側頬粘膜に出現するのが典型例であるが、ほかにもいろいろなタイプの扁平苔癬があり、診断は難しい

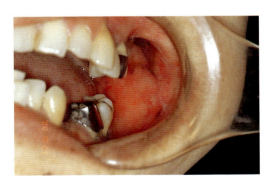

図Ⅲ-1-5　紅板症
頬粘膜の紅板症。癌化率は高いがまれな病変

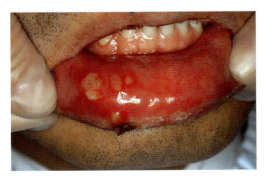

図Ⅲ-1-6　アフタ
下唇に、周囲に紅暈を伴い、偽膜に覆われた境界明瞭な類円形のアフタが多発している

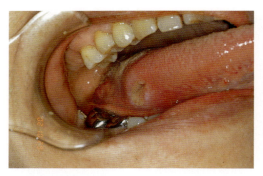

図III-1-7 褥創性潰瘍
右側舌縁の褥創性潰瘍。周囲に硬結がない、有痛性、原因となった刺激の除去で軽快するなどの点で、癌性潰瘍と鑑別する

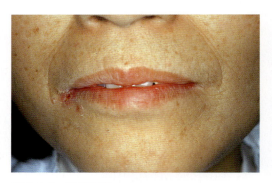

図III-1-8 単純疱疹
口唇ヘルペスは赤唇と皮膚の移行部に小水疱が出現する。水疱は破れてびらんとなり、この写真のように痂皮となる

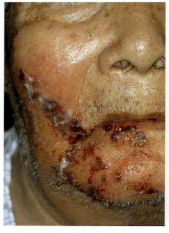

図III-1-9 帯状疱疹
神経の支配領域に一致して帯状に小水疱が現れ、破れてびらん、痂皮となる。痛みを伴う

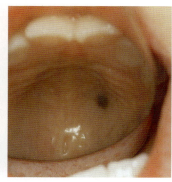

図III-1-10 色素性母斑
口蓋に茶褐色の色素斑を認める

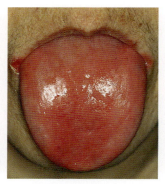

図III-1-11 平滑舌
舌乳頭が萎縮し、表面がつるつるとなっている

❸ 症状は時の流れとともに変化する

- 口腔粘膜疾患の症状は一定しておらず、流動的に変化するものも多い。
- たとえば水疱を呈する疾患では、水疱は自壊し、皮膚ではびらんから痂皮と変化し、また粘膜ではびらんやアフタとなる。
- 褥創性潰瘍か癌性潰瘍か診断に迷う場合も、誘因となるものを除去して1～2週程度ステロイド軟膏の投与で様子をみる。これで改善がみられなければ、癌を疑い専門医に依頼する。

4 全身疾患の部分症状も多い

- 局所的な原因で発症するもののほかに、全身疾患や皮膚疾患の部分症状として現れる疾患も多い。
- 自己免疫疾患のベーチェット（Behcet）病は、口腔粘膜の再発性アフタ、皮膚の結節性紅斑、虹彩毛様体炎、外陰部潰瘍を主症状とする全身疾患であり、なかでも口腔のアフタは初発で必発症状であることが多い。
- アジソン（Addison）病（副腎皮質の慢性機能不全により皮膚・粘膜に異常な色素沈着をきたす疾患）や、ポイツ・ジェガース（Peutz-Jeghers）症候群（消化管の多発性ポリープと皮膚・粘膜の多発性色素斑を合併する優性遺伝性疾患）でも、口腔粘膜に黒褐色の色素斑がみられる。
- 麻疹は主に2～6歳の小児が罹患するが、発熱の後、両側の頬粘膜に1～3mmの灰白色の扁平なコプリック（Koplik）斑と呼ばれる斑点が現れ、その後皮膚に発疹が出る。

図III-1-12 多発性色素斑
頬粘膜に褐色の色素斑が多発している

2 軟膏を中心とした薬剤治療の限界は

1 とりあえずステロイド軟膏

- 「とりあえずビール」ではないが、口腔粘膜疾患に対してきちんとした診断を下す前に、とりあえずステロイド軟膏の投与がなされることが多い。
- 口腔用軟膏の通常量使用でステロイド特有の副作用が生じる危険性はほとんどないが、漫然と使用すべきものではない。

2 軟膏といってもいろいろ

- 口腔用軟膏は、消炎、鎮痛、殺菌、びらんや潰瘍および創傷面の保護などを目的として用いられる。
- 口腔に使用する軟膏にはステロイド以外にも、消毒薬、抗菌薬、抗真菌薬、抗ウイルス薬などがあり、目的に応じて使い分ける（表III-1-1）。

表Ⅲ-1-2　口腔外科で使用する代表的な軟膏（一部ゲルも含む）

分類	一般名	商品名	使用病名・用途
ステロイド	トリアムシノロンアセトニド デキサメタゾン	口腔用ケナログ®・ デキサルチン軟膏® 歯科用アフタゾロン®	口内炎 etc
ステロイド ＋ 抗菌薬	酢酸ヒドロコルチゾン ＋ 塩酸オキシテトラサイクリン	テラ・コートリル®	口角炎 etc
抗菌薬	塩酸テトラサイクリン	テトラサイクリン CMC ペイスト® アクロマイシン®	口腔手術創の感染予防 開窓ガーゼ塗布
	硫酸ゲンタマイシン	ゲンタシン®	口腔外手術創の感染予防
抗ウイルス薬	ビダラジン アシクロビル	アラセナ -A® ゾビラックス®	単純疱疹 帯状疱疹
抗炎症薬	アズレン	アズノール®	軽度の口内炎 軽度の舌痛症
	フェルビナク	モビラート®	顎関節周囲炎
	ブラクデシンナトリウム	アクトシン®	褥創・皮膚潰瘍 （肉芽形成促進）
抗真菌薬	ミコナゾール	フロリードゲル®	カンジダ症
消毒薬	ポビドンヨード	イソジンゲル®	ドレーン挿入部の消毒 etc

❸ 軟膏以外の薬剤は

- 軟膏のほかにも口腔粘膜疾患に対して、含嗽剤、トローチなどが用いられる。
- トローチ剤は、抗菌薬や抗炎症薬などを主成分とし、口中で徐々に溶解させるもので、アズノール ST®錠口腔用、オラドール®トローチ、SP トローチ®などがある。
- 歯科で多用されているケナログ®と同じ主成分のアフタッチ®も、正しく使用すれば粘膜への付着性大である。広範囲の病変に対しては、薬液を噴霧するサルコート®カプセルも有効である。

❹ 改善がみられない場合は

- 1～2週間で改善がみられない場合は注意が必要である。特に潰瘍で、痛みがなく、周囲に硬結があるときは、癌性潰瘍を疑い専門医に紹介を考える。
- 口腔用軟膏はすぐに流れてしまう場合も多いので、きちんと塗布されていたか確認することも必要である。

3 こすっても取れない白斑は要注意

❶ 白斑を呈する主な疾患

- 白板症、口腔カンジダ症のほかに、喫煙者の口蓋にみられるニコチン性口内炎（特に白斑

が明瞭なものをニコチン性白色角化症）、慢性外傷性肥厚など。扁平苔癬でも白斑を示すタイプがある。
・粘膜疾患以外でも、乳頭腫、口腔癌の白斑型、疣贅性癌（verrucous carcinoma）などは白斑を示す。

❷ 白板症もいろいろです

・臨床的ならびに組織学的にほかの疾患に分類されない白斑または白板を白板症といい、前癌病変（潜在的悪性疾患）の代表的なもので、約10％のものが癌化するといわれている。
・40歳以上の男性に多く、原因は不明で、局所に作用する慢性の物理的あるいは化学的刺激が疑問視されている。
・白板症は臨床視診型として、白斑型、紅斑混在型、丘型、疣型に分類されている。
白斑型：白斑部は境界明瞭で明らかな隆起を示さず、発赤斑を認めないもの。
紅斑混在型：白斑の周囲または内部に発赤、びらんあるいは潰瘍を伴うもの。
丘型：白斑は台地状に隆起し、その平面は比較的平坦であるもの。
疣型：白斑は限局性で隆起し、表面は凹凸不整で疣状の形態を呈するもの。
・癌化と最も関連する組織所見は**上皮異形性**（dysplasia）の程度といわれている。
・上皮異形成は組織所見上の13項目で診断する。
・上皮異形成は、ルゴール液を粘膜に塗布することにより、非染色域として検出される（**表 III-1-2**）。

表 III-1-2　上皮異形成の 13 項目

1. 基底細胞の極性の喪失
2. 1層以上にわたる基底細胞様細胞の存在
3. 核・細胞質比（N/C）の増加
4. 滴状型の上皮突起
5. 不規則な上皮の重層
6. 核分裂像の増加
7. 異常分裂像の出現
8. 上皮層の上半部における核分裂像の出現
9. 細胞・核の多形性→大小不同
10. 核のクロマチン過染性（濃染性）
11. 核小体の増大
12. 細胞間結合の減退
13. 棘細胞層における単一細胞または細胞群の異角化

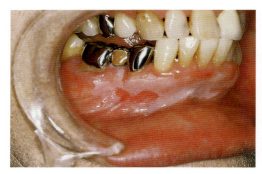
図III-1-13a　白板症：白斑型

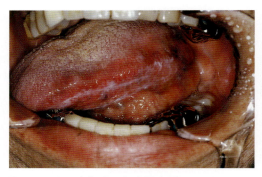
図III-1-13b　白板症：紅斑混在型

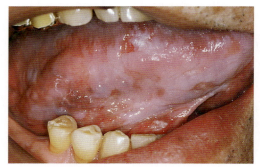
図III-1-13c　白板症：丘型

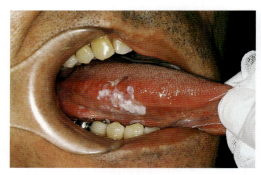
図III-1-13d　白板症：疣型

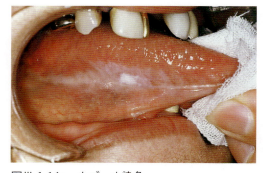
図III-1-14a　ルゴール染色

図III-1-14b

ルゴール液を粘膜に塗布すると健常粘膜では上皮細胞中に含まれるグリコーゲンと反応して茶褐色に染色される。異形性を伴うとグリコーゲンが減少し染色反応が低下して、非染色域となる。この症例では肉眼で見える舌の白斑よりやや広い非染色域が認められる

❸ 癌化を疑うサインとは

- 白板症は生検を行い上皮異形成の程度を確認して外科的に切除するのが原則。
- 異形上皮の発現頻度は舌、口底、頬粘膜など可動部で高い。
- 癌化症例の検討では、紅斑混在型、疣型、丘型からの癌化率が高く、これらのタイプは切除が望ましい。
- 歯肉の白斑型で上皮異形性のないものは定期的な経過観察も可能であるが、びらんや潰瘍形成などの変化があれば切除が必要となる。

4 黒い病変も千差万別

❶ 黒色を呈する主な疾患

- 口腔内に黒色を呈する疾患も、メラニン色素沈着、外来性色素沈着、黒毛舌、色素性母斑、悪性黒色腫などたくさんある。

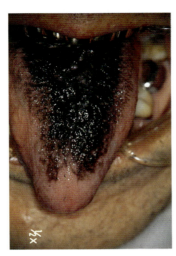

図Ⅲ-1-15　黒毛舌
糸状乳頭の伸長したもので、菌交代現象により黒褐色の色素を産生する細菌の増殖が原因とされている

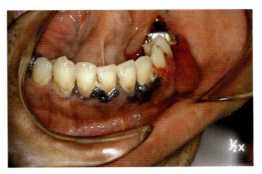

図Ⅲ-1-16　歯肉の悪性黒色腫
歯肉に黒色のやや隆起した病変を認める。悪性黒色腫の生検は禁忌あるいは治療体制を整えて慎重にとされている

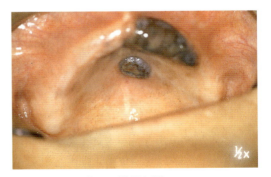

図Ⅲ-1-17　口蓋の悪性黒色腫
口蓋に黒色を帯びた腫瘤を認める

❷ メラニン除去して歯肉のエステ

- 口腔粘膜のメラニン色素沈着は全身疾患による部分症状として発現することもあるが、一般的には生理的なものである。
- 人種的には有色人種で多い。また喫煙者に多いとされている。
- 口腔粘膜では歯肉に多く、笑ったときなどに審美的に問題となる。
- CO_2レーザーなどで蒸散することにより改善が得られる。

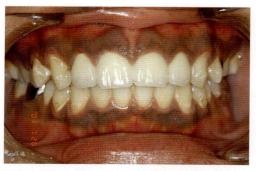
図III-1-18a　メラニン色素沈着レーザー除去
上下顎歯肉のメラニン沈着で片顎ずつレーザーで蒸散した

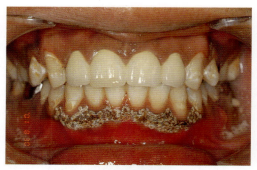
図III-1-18b　下顎は蒸散直後の状態、上顎はすでに治療が終わった状態で改善が得られている

❸ 皮膚とは違う口腔内の母斑（ほくろ）

- 母斑は皮膚には数多くみられるが、口腔内の母斑は珍しく、悪性化することもあるので、注意が必要である。
- 一部の母斑と悪性黒色腫は鑑別が困難。
- 悪性黒色腫はただちに専門医に紹介する必要がある。

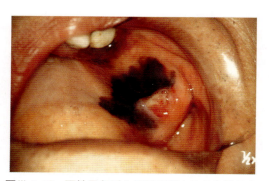
図III-1-19　悪性黒色腫と鑑別を要する色素性母斑
この症例は病理組織学的に色素性母斑と診断されたものであるが、この程度の大きさをもった黒色の病変だと、悪性黒色腫との鑑別は困難である

5　ウイルス感染症もまれではない

❶ 代表的なウイルス感染症

- 口腔粘膜に症状を発現するウイルスは、単純疱疹ウイルス、水痘・帯状疱疹ウイルス、コクサッキーウイルス、麻疹ウイルスなどがあり、小水疱を形成した後、アフタ様病変となるものが多い。
- 口唇ヘルペス（単純疱疹）は単純ヘルペス1型（HSV-1）による感染症で、初感染後にウイルスが排除されることなく存続し、治癒した後に再びウイルスが活性化して発症する（図III-1-20）。口唇ヘルペスでは特別な治療は必要ない。

- HSV-1の初感染時にみられる疱疹性歯肉口内炎（**ヘルペス性口内炎**）は小児に多い。痛みにより食事がとれない場合は液体やゼリー状の栄養食の摂取を指示し、二次感染予防のため抗菌薬を投与する。発熱や全身倦怠感のある場合は、口腔外科専門機関へ紹介する。
- 帯状疱疹は50歳以上の水痘経験者に多くみられる。初感染時は水痘として発現し、その後脊髄後根神経節に潜伏した水痘・帯状疱疹ウイルス（VZV：varicella-zoster virus）が再活性化されて帯状疱疹として発症する。三叉神経の支配領域に一致した皮膚疹を発現し、第Ⅱ、Ⅲ枝が侵されると口腔粘膜にも水疱が出現する（図Ⅲ-1-21、22）。罹患領域に強い神経痛様疼痛を伴うことが多い。

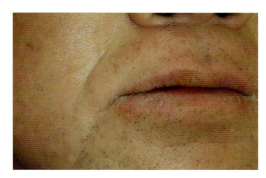

図Ⅲ-1-20　口唇ヘルペス
下唇の右側口角寄りに散在性に小水疱がみられる

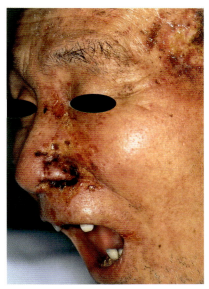

図Ⅲ-1-21　帯状疱疹（皮膚疹）
左側三叉神経第Ⅰ、Ⅱ枝領域に水疱形成とびらんがみられる

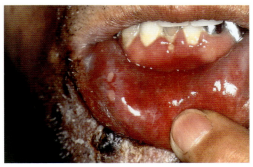

図Ⅲ-1-22　帯状疱疹（口唇粘膜）
右側三叉神経第Ⅲ枝領域に一致した皮膚疹とともに、右側下唇粘膜にも水疱形成がみられる

- コクサッキーA16、あるいはエンテロウイルスの感染による手足口病では、手掌、足蹠、および頰粘膜、軟口蓋、口唇、舌などに小水疱形成がみられる。特に治療は必要なく、7〜10日で自然治癒する。
- 麻疹の90%以上に**コプリック**（Koplik）**斑**（両側頰粘膜にみられる灰白色の扁平な斑点）が現れる。麻疹ウイルスの飛沫、接触により感染し、終生免疫である。麻疹が疑われた場合は、小児科へ紹介する。

❷ ウイルス疾患に投与される薬剤

- 疱疹性歯肉口内炎（ヘルペス性口内炎）の場合、小児では栄養補給を主とした治療になるが、成人では抗ウイルス薬（アシクロビル、ビタラビンなど）の投与や抗ウイルス薬含有

軟膏の塗布が行われる。
- 帯状疱疹の治療では抗ウイルス薬（アシクロビル、塩酸バラシクロビル、ビタラビンなど）の投与が行われる。神経痛様疼痛に対しては星状神経節ブロックが有効なこともある。

6 治療対象とならない口腔粘膜症状

❶ 舌根部側縁と舌背部中央の腫瘤

- **葉状乳頭**は、舌後方部側縁に位置する細長いヒダ状の乳頭であるが、慢性の刺激や感染によって肥大し、米粒大から小豆大の腫瘤としてみられることがある。舌癌を心配して受診することも少なくない。
- **正中菱形舌炎**は、舌背の中央部、舌分界溝前方に楕円形あるいは菱形の赤みを帯びた斑としてみられ、結節状に隆起していることもある。中年以後の男性に多い。特別な処置を必要としない。

図III-1-23　葉状乳頭

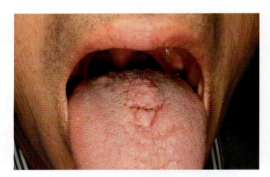

図III-1-24　正中菱形舌炎（結節状に隆起したタイプ）

❷ 頬粘膜の黄色いブツブツは何でしょうか

- **フォーダイス斑**は、主として頬粘膜に、粟粒大のやや隆起した黄色の斑が密集してみられる。本来粘膜に存在しない皮脂腺が異所性にみられるもので、病的意義はない。

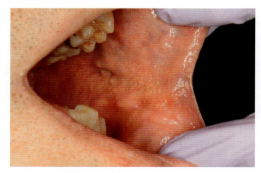

図III-1-25　フォーダイス斑

■代表的な口腔粘膜疾患診断のフローチャート

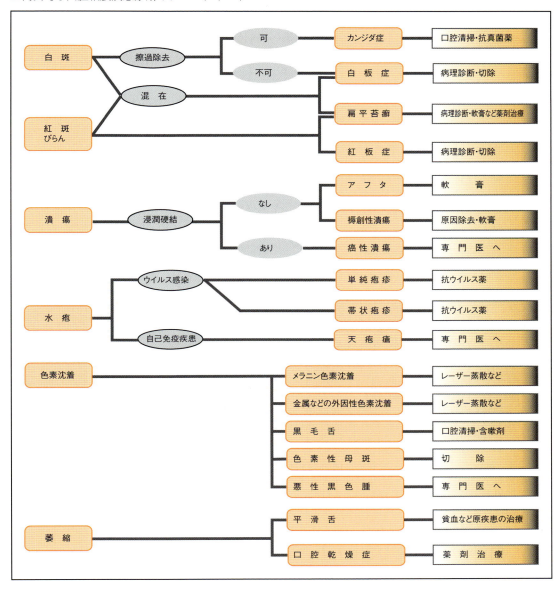

■参考文献
1) 古森孝英　編著：歯科衛生士講座　口腔外科学　第2版. 永末書店, 京都, 2017.
2) 塩田重利、富田喜内、監修：最新口腔外科学　第4版. 医歯薬出版, 東京, 1999.
3) 白砂兼光、古郷幹彦、編：口腔外科学　第3版. 医歯薬出版, 東京, 2010.

（古森孝英）

2 口腔癌

1 注意すべき初期病変とは

① びらんや潰瘍があるが明らかな原因がない

- 口腔粘膜にはさまざまな物理的刺激や炎症などに起因するびらん、潰瘍が生じることがしばしばある。このような病変は原因を除去することにより、比較的短期間で治癒することが多いが、明らかな原因が見当たらず、2週間以上経過しても治癒しないびらん、潰瘍性病変は口腔癌の初期病変である可能性もある。

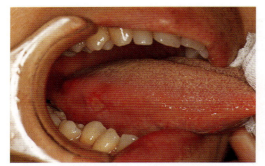

図III-2-1　舌縁に小さなびらん性病変を認める。歯を削合し2週間経過観察を行ったが変化なく、生検にて早期浸潤癌と診断されたため、舌部分切除を施行した

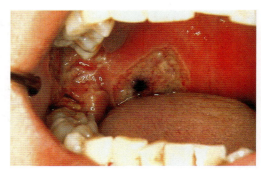

図III-2-2　臼後部から軟口蓋にかけて大きな潰瘍性病変を認める。洗浄と投薬により2週間後に病変は消失し、炎症性疾患と考えられた

② 白斑や紅斑はありませんか

- 口腔粘膜の白斑や紅斑は前癌病変あるいは初期癌の可能性がある。特に白斑と紅斑が混在するものや、びらんを伴うものは悪性の可能性が高い。

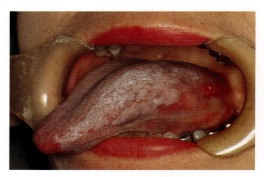

図III-2-3　舌白板症。後方に紅斑が混在しており、生検で早期浸潤癌と診断されたため、舌部分切除を行った

③ 腫脹や硬結があるが炎症所見に乏しい

- 炎症性の腫脹は1日単位で増大、縮小がみられることや、腫脹部の周囲には通常硬結はみられないことなどから、比較的容易に判断できる。これに対して徐々に増大する腫脹や、腫脹部の周囲に硬結を伴うもの、表面にびらんや潰瘍があるもの、腫脹の原因が見当たらないものは悪性を示唆する所見である。

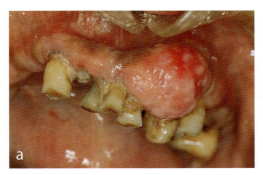
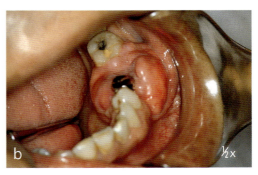

図Ⅲ-2-4 （a）：エプーリス、（b）：骨肉腫。このように肉眼所見のみでは良性悪性の判断は困難な場合もあり、生検が必要である

④ 疼痛や知覚鈍麻があるが原因不明

- 急性歯周組織炎や骨髄炎の急性期でも知覚鈍麻が生じることはあるが、通常は炎症性疾患で知覚鈍麻を生じることは少ない。明らかな急性炎症がないにもかかわらず、疼痛や知覚鈍麻を認める場合は、悪性疾患も疑うべきである

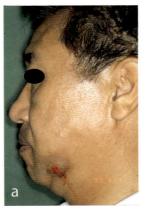
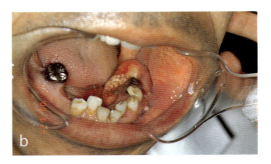
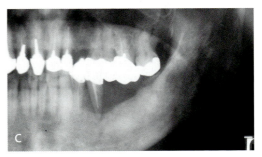

図Ⅲ-2-5 歯周炎による歯肉膿瘍および外歯瘻（a）と診断され、歯科医院で切開が繰り返されたが歯肉の腫脹は増大（b）し、当科を紹介された。エックス線では一見骨吸収は下顎管まで及んでいない（c）が、オトガイ神経知覚鈍麻も認めており、生検の結果は下顎歯肉癌（扁平上皮癌）であった。頸部郭清と下顎骨半側切除を行った

2 鑑別すべき正常構造と疾患

1 舌根部まで見ていますか

- 舌には舌乳頭と呼ばれる無数の小さな突起があり、その個々の形から、糸状乳頭、茸状乳頭、葉状乳頭、有郭乳頭に分けられる。
- 糸状乳頭は最も小さく数の多い糸状の突起で、舌背全面、特に中部、後部に多く分布し、前方に向かって少なくなる。
- 茸状乳頭は上端が膨らんで茸状をなしている乳頭で、数が少なく舌背全体に散在しているが、中部に最も少ない。
- 葉状乳頭は舌外側縁の後部で前方は分界溝延長線と舌縁の交点より、後方は口蓋舌弓移行部までの間で、前後に平行して並ぶ4～7条のヒダである。
- 有郭乳頭は分界溝のすぐ前に1列に並ぶ約10個の円形または楕円形の乳頭群である。
- 茸状乳頭、葉状乳頭、有郭乳頭には味蕾が存在する。
- 分界溝の後方から喉頭蓋の間を舌根部と呼ぶ。舌根部も舌背部と同様、表面は粗造で多くのいぼ状の隆起があるが、このひとつひとつの隆起を舌小胞といい、全体を舌扁桃という。舌小胞はリンパ小節である。
- 舌扁桃、葉状乳頭、有郭乳頭などと舌癌とを見誤ることがまれにあるので注意を要する。

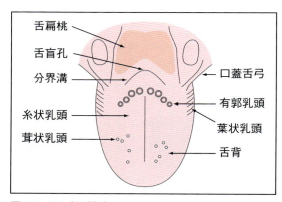

図III-2-6 舌の構造

2 骨隆起はゆっくりと大きくなる

- 骨隆起は下顎骨では舌側、上顎骨では硬口蓋部正中や大臼歯部頬側にみられることがある。きわめてゆっくりとではあるが、徐々に増大することもある。部位や形態、触診で骨様硬であるなど、容易に診断できることが多いが、顎骨嚢胞や腫瘍による骨膨隆との鑑別が重要である。

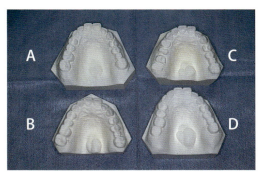
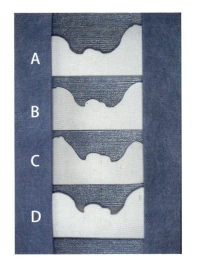

A：35歳時　B：42歳時　C：45歳時　D：48歳時

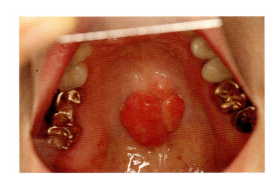

図Ⅲ-2-7　徐々に増大した口蓋隆起（48歳時の口腔写真）。この症例は13年間にわたる大きさの変化が観察された1例で、徐々に増大しているのが認められる。48歳時に除去された

❸ 褥創性潰瘍と癌性潰瘍の見分けかた

- 褥創性潰瘍は表面は比較的平滑な潰瘍で、周囲の膨隆や硬結はなく、発生してからの経過は短い。接触痛が強いことが多い。義歯床や歯の鋭端など、考えられる原因を除去することにより、1〜2週間で治癒する。
- 癌性潰瘍は一般に表面が粗造で深く、周囲に膨隆や硬結を伴うことが多く、疼痛を伴うことも伴わないこともある。
- 癌性潰瘍も初期は褥創性潰瘍と誤診することも少なくなく、明らかな原因がなく2週間以上持続する潰瘍は癌性潰瘍も疑うべきである。

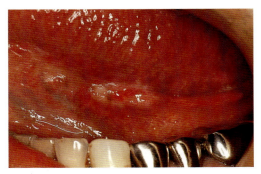

図Ⅲ-2-8　当初褥創性潰瘍と診断したが、2週間経過しても治癒せず、生検を行ったところ扁平上皮癌であったため、舌部分切除を行った。癌性潰瘍でもこのように初期では褥創性潰瘍と鑑別が困難な場合があるので注意を要する

4 膿瘍と決めつけて大丈夫ですか

- 歯肉癌の初期病変は歯肉膿瘍と鑑別が困難な場合があり、実際に切開を繰り返し施行された歯肉癌のケースをしばしば経験する。切開しても排膿がなかった場合や改善しなかった場合などは、ただちに病院歯科に紹介したほうがよい。

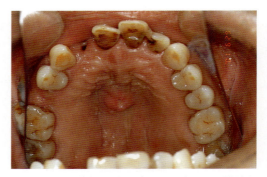

図III-2-9 口蓋部に腫脹があり圧迫により排膿を認めた。上顎側切歯に根尖病巣がみられたため、膿瘍と診断したが、実際には扁平上皮癌であった。上顎部分切除を行った

3 癌化する可能性がある疾患

1 代表的な前癌病変について

- 白板症（「III編 1. 口腔粘膜疾患」参照）の 10％は前癌病変といわれている。特に、肉眼的にびらんを伴うものや舌縁に発生したものは前癌病変の可能性が高く、生検を行うべきである。病理組織学的には異型上皮の程度により、異型上皮なし、軽度異型上皮、中等度異型上皮、高度異型上皮、上皮内癌に分類され、中等度異型上皮以上の場合は癌化のリスクが高く切除術の適応である。また、ヨード（ルゴール）による生体染色法により、異型上皮の有無や広がりが診断できる場合もある。
- 臨床的にほかに分類されない紅斑を主体とする病変を紅板症と呼ぶが、組織学的には高度異型上皮、上皮内癌、あるいは早期癌であることが多く、生検で確認後、切除術を行う。
- 乳頭腫は通常は良性疾患であるが、高齢者の乳頭状病変は前癌病変あるいは早期癌の可能性もあるので注意を要する。

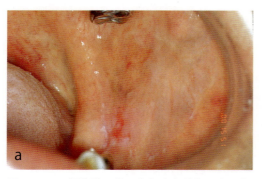 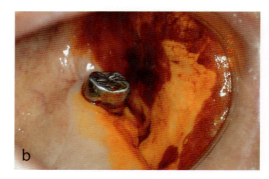

図III-2-10 頬粘膜に薄い白色病変があり肉眼的には白板症と考えられたが（a）、ルゴール染色により明瞭な不染域としてみられた（b）。前癌病変を疑い生検を行ったところ、異型上皮を伴う白板症と診断され、切除を行った

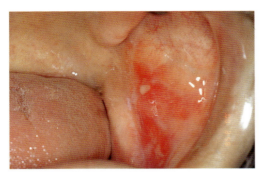

図Ⅲ-2-11　頬粘膜に紅色病変を認め、6カ月前に他院で生検を受け扁平苔癬との診断のもと経過観察を行っていたが、セカンドオピニオン希望にて当科を受診した。臨床的に紅板症と診断し当科で生検を行ったところ、上皮内癌であった。頬粘膜切除と前腕皮弁移植を行った

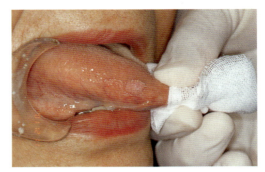

図Ⅲ-2-12　舌の乳頭腫と診断し生検を行ったところ、早期浸潤癌であった

❷ こんな病変からも癌が発生することがある

- 扁平苔癬はレース状または線状の白色病変を特徴とする慢性炎症性疾患で、両側頬粘膜の後方に発生することが多い。びらんや紅色を伴うこともある。
- 扁平苔癬は以前は前癌病変に分類されていたが、現在では癌化することはまれと考えられている（前癌状態）。しかし臨床的に扁平苔癬を疑う病変の中には、実際には白板症や紅板症などの前癌病変が含まれていることがあり、病理検査による確定診断が下されていない場合は厳重に経過観察する必要がある。
- 囊胞性疾患が癌化したと考えられる症例がまれにみられる。エックス線で偶然発見された囊胞であっても、確定診断も兼ねて摘出することが望ましい。
- 口腔粘膜の色素性病変から悪性黒色腫が発生することがある。特に治療の必要のない色素沈着症との鑑別は必ずしも容易ではないが、口蓋や上顎歯肉にみられるもので、サイズの大きなものや、色調が均一ではなくまだらにみえるものでは生検を行うことが望ましい。
- 骨隆起の被覆粘膜は炎症の刺激を受けやすく、まれに同部より発生することがある。

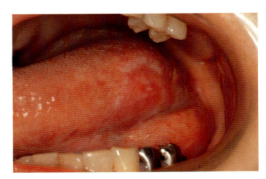

図Ⅲ-2-13　肉眼的に扁平苔癬と考えしばらくの間経過観察を行ったが、実際には上皮内癌であった

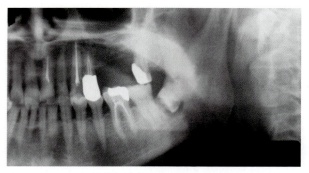
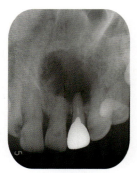

図Ⅲ-2-14　下顎埋伏智歯原因の含歯性囊胞との診断で抜歯および囊胞摘出を行った。摘出物の肉眼所見で肉芽様の部分があったため病理組織診断に提出したところ、扁平上皮癌であった。下顎骨区域切除と腓骨皮弁移植を行った

図Ⅲ-2-15　2̱ の歯根囊胞の診断のもと、囊胞摘出術が施行された。肥厚した囊胞壁と思われた部分を病理に提出したところ、扁平上皮癌であった。癌細胞と囊胞壁の連続性がみられ、囊胞より発生した癌と考えられたが、実際には上皮内癌であった

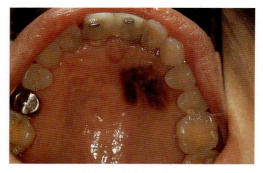
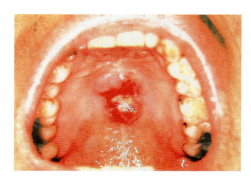

図Ⅲ-2-16　口蓋の色素沈着を主訴に来院。前癌性黒色症との臨床診断のもと、腫瘍切除および上顎部分切除術を行った。病理組織診断は前癌性黒色症（melanoma in situ）であった

図Ⅲ-2-17　以前より口蓋隆起を認めていたが、被覆粘膜に扁平上皮癌を生じたため、上顎部分切除を行った

4　抜歯窩治癒不全も要注意

1　抜歯窩治癒不全について

- 抜歯後に肉眼的に抜歯窩の肉芽形成や上皮化が遷延したり、疼痛、腫脹、排膿などの症状が持続することを抜歯窩治癒不全といい、歯科臨床でしばしばみられる現象である。
- 抜歯窩治癒不全が生じた場合、不良肉芽の残存に起因すると判断し、再搔爬が施行されることも多いが、その前にもう一度診断が間違いないかどうか考えてみることも重要である。

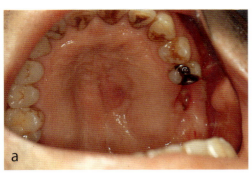 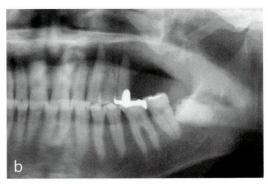

図III-2-18　6 7の歯周炎との診断のもと他院で抜歯されたが、抜歯窩治癒不全を生じ、さらに4 5の動揺も認めたため当科を紹介された（a）。エックス線では同部の広範な骨吸収を認めた（b）。抜歯窩から生検したところ、上顎洞扁平上皮癌であった

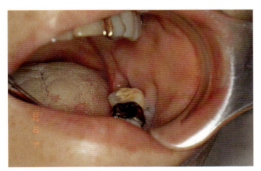 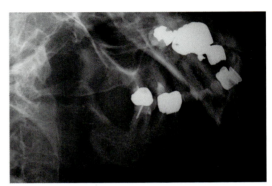

図III-2-19a　他院で8抜歯を行ったが抜歯窩治癒不全を生じ再搔爬が施行されたが、経過不良のため当科を紹介された。抜歯窩内の生検により下顎骨中心性扁平上皮癌と診断された

図III-2-19b　エックス線では8部の歯槽骨の消失を認めた

❷ あれっ？　と思う抜歯窩治癒不全

- 歯肉癌患者では、確定診断前に歯科医院で抜歯を施行されたり、治癒不全のため再搔爬を受けたりしているケースがある。
- 抜歯時の搔爬が不十分でたとえ不良肉芽が残存したとしても、通常は原因歯の抜歯により、抜歯窩周辺の肉芽や膿瘍は速やかに消失するのが通例である。
- 繰り返し搔爬を行うことにより、癌は周囲に浸潤しやすくなり、リンパ節転移や遠隔転移を引き起こすことが示されている。抜歯窩治癒不全を認めたらそのまま経過観察し、2週間経過しても治癒しない場合は、再搔爬ではなく、口腔外科を紹介することが望ましい。

5　歯周炎と癌の骨吸収の違いは

❶　歯周炎と癌の骨吸収について

- 口腔癌のうち歯肉癌は直下に骨が存在するため、早期から顎骨に進展しやすい。癌の骨吸収の診断はデンタルエックス線やパノラマエックス線写真で判定されるが、たとえば舌口底癌で舌側方向から骨吸収が起こる場合など、単純エックス線のみでは診断が困難なこともあり、最近ではCTやMRIなどによる画像診断も併用される。
- 骨吸収の様式は、エックス線所見により境界が比較的明瞭な圧迫型（erosive）吸収と、境界不明瞭な浸潤型（invasive）吸収の両者に分けられる。このうち浸潤型のエックス線吸収像を示す症例では、組織学的悪性度も高いケースが多く、局所進展も著明でリンパ節転移や遠隔転移の頻度も高く、圧迫型吸収を示す症例と比較して予後は不良とされる。
- 下顎歯肉癌では骨吸収の程度が手術法の選択や予後の推定と密接に関連し、骨吸収の程度によりTNM分類（癌の進展度分類）がなされている。一般に、歯槽骨の範囲の圧迫型の骨吸収の場合は下顎骨下縁を保存した辺縁切除術が、浸潤型の骨吸収あるいは下顎管に至る圧迫型の骨吸収の場合は下顎骨下縁にまで至る区域切除術が適応されることが多い。
- 下顎歯肉癌患者の多くは当初歯科開業医を訪れており、骨吸収が早期の段階で診断し口腔外科を紹介すれば、低侵襲の手術で良好な結果が得られる。

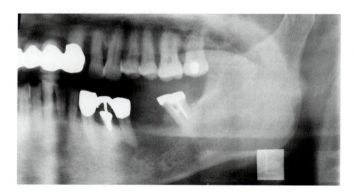

図Ⅲ-2-20　6 の歯周炎との診断のもと他院で抜歯が施行されたが、頬部腫脹を生じたため、当科を紹介された。歯槽頂部に小範囲の骨吸収像を認めるが、よくみると 5－7 部骨体中央部までびまん性の軽度の透過像を認める。下顎骨半側切除を行ったが、術後の病理では下顎管に沿って下顎孔まで腫瘍の浸潤が確認された

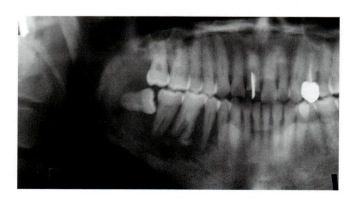

図Ⅲ-2-21　下顎歯肉の腫脹を主訴に紹介来院した。4 遠心より下顎枝部にかけて広範な骨吸収を認める。悪性腫瘍による典型的な浸潤型の骨吸収像である

❷ このような骨吸収は要注意

- 癌による骨吸収は歯周炎による吸収と比べて、吸収範囲が広く、深く、びまん性であることが多い。
- 歯周炎の場合は水平的な吸収像あるいは歯根周囲に限局した垂直的な吸収像が典型的であるが、癌の場合は腫瘍直下に広範囲の皿状の欠損がみられたり、境界不明瞭な吸収像がみられる。
- 歯周炎では根尖部を超えた吸収は通常みられないのに対し、癌では根尖部を超えて下顎管に至る吸収がみられることもある。しかし癌の初期の骨吸収像は歯周炎の吸収像と鑑別が困難な場合もあり、注意を要する。

6 骨髄炎と癌の骨吸収の違いは

❶ 骨髄炎と癌の骨吸収について

- 顎骨骨髄炎は根尖性歯周炎などの歯性感染症が原因で生じる化膿性骨髄炎と、原因が不明とされるびまん性硬化性骨髄炎が代表的であり、それぞれ急性期と慢性期に分けられる。エックス線的には骨髄炎の種類や急性期、慢性期によりさまざまな所見を呈するが、骨吸収（図Ⅲ-2-22）、骨硬化（図Ⅲ-2-23）、腐骨分離（図Ⅲ-2-24）、骨膜反応（骨膜に沿った骨新生）（図Ⅲ-2-25）などの所見が単独で、あるいはしばしば混在して認められる。これらのうち腐骨分離、骨硬化、骨膜反応は慢性の炎症に対する生体の反応と考えられており、急性の骨髄炎ではみられない。
- 一方、口腔粘膜癌が顎骨に浸潤すると、骨吸収を生じる。癌の進展は速やかなため、腐骨分離や骨硬化、骨膜反応など反応性の変化は一般にみられることはないが、顎骨内に発生した骨原性肉腫などでは腫瘍が骨形成を行うため骨膜反応様の骨新生を認める場合もある。骨原性肉腫による骨膜反応は骨膜に垂直にも骨形成がみられるのに対し、骨髄炎による骨膜反応は骨膜に沿って平行に骨形成がみられることが特徴である。
- 骨吸収は骨髄炎においても、癌においてもみられる所見であり、両者の鑑別が重要となる。口腔癌のなかで最も骨吸収をきたしやすいのは歯肉癌で、典型的には歯槽部より骨体部に向けて境界不明瞭な皿状の骨吸収を生じるのが特徴である（図Ⅲ-2-26）。初期の骨吸収像は歯周病による骨吸収像と鑑別が難しいことがあり、注意を要する。これに対し骨髄炎の骨吸収像は骨内から生じるため、歯肉癌の骨吸収とは鑑別することができる。骨吸収の診断にはデンタルエックス線やパノラマエックス線のほか、必ずCTを撮影することが必要である。単純エックス線では不明瞭な骨吸収範囲がCTで判別できることも少なくない（図Ⅲ-2-27）。
- 口腔癌の大多数は口腔粘膜から発生するが、発生頻度は低いものの骨内から発生する顎骨中心性癌もみられる。顎骨中心性癌では口腔粘膜には異常所見がないことも多く、顎骨骨髄炎や顎骨嚢胞と間違って診断されることも少なくない。

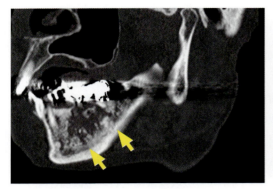

図III-2-22　骨髄炎による骨吸収像

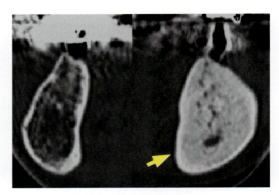

図III-2-23　骨髄炎による骨硬化像

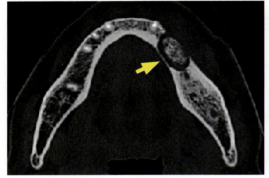

図III-2-24　骨髄炎による腐骨分離像

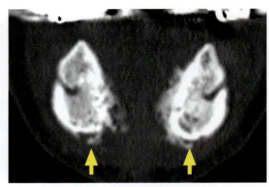

図III-2-25　骨髄炎による骨膜反応像

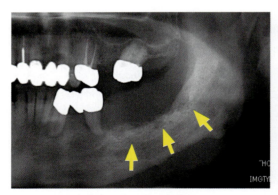

図III-2-26　歯肉癌による骨吸収像

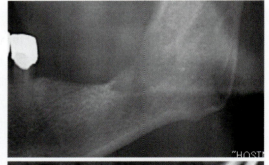

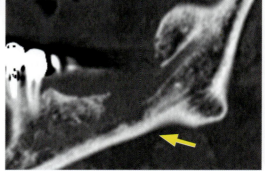

図III-2-27　CTによる骨吸収範囲の判定。パノラマエックス線では吸収範囲が不鮮明であったが、CTでは下顎骨下縁に至る骨吸収像が認められる。

❷ このような骨吸収は要注意

- 多くの口腔癌は粘膜に腫瘍が存在しその直下の骨が吸収しているため、診断は容易である。それに対し粘膜病変を認めない顎骨中心性癌では骨髄炎、顎骨囊胞、歯周病、智歯周囲炎などの良性疾患との鑑別が困難なこともある。顎骨中心性癌と骨髄炎との鑑別は非常に難しい。当初良性疾患と誤診した癌の具体例を供覧する。

① 歯周病と診断した例（図Ⅲ-2-28）

- 下顎臼歯部歯肉の腫瘤形成と排膿を主訴に来院。歯周病に起因する歯肉膿瘍と診断し、抗菌薬投薬と膿瘍切開を行った。2週経過しても改善しないため生検を行ったところ、歯肉原発の扁平上皮癌であった。歯周病の垂直性骨吸収と比較すると、骨吸収範囲が幅広く皿状である。

② 歯根囊胞と診断した例（図Ⅲ-2-29）

- 上顎側切歯由来の歯根囊胞と診断し、抜歯と囊胞摘出を行った。摘出物の病理検査により顎骨中心性扁平上皮癌と診断された。囊胞では骨吸収像辺縁が硬化しており境界明瞭であるが、本症例では辺縁が不明瞭になっており、癌も考慮すべきであった。

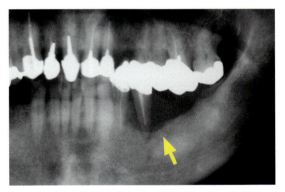

図Ⅲ-2-28 下顎歯肉癌による下顎骨吸収。当初歯周病と診断されていた。

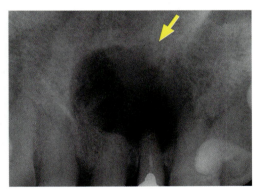

図Ⅲ-2-29 上顎骨中心性癌。当初歯根囊胞と診断されていた。

③ **智歯周囲炎と診断した例（図Ⅲ-2-30）**
- 下顎水平埋伏智歯による智歯周囲炎と診断し抜歯を施行、歯冠周囲の肉芽様の組織を病理検査に提出したところ、顎骨中心性扁平上皮癌と診断された。エックス線では癌との診断は困難であった。

④ **骨髄炎と診断した例（図Ⅲ-2-31）**
- 骨髄移植の既往がありステロイド、免疫抑制剤を服用中の患者で、骨粗鬆症予防のためBP製剤も投与されていた。2年前より両側下顎臼歯部がしばしば腫脹するため来院。顎骨骨髄炎と診断し抗菌薬投与および原因歯と思われる歯を抜歯し経過観察を行っていたが、抜歯窩が治癒せず骨吸収範囲が拡大し、薬剤関連顎骨壊死（MRONJ）と診断し敗血症も併発したため、両側下顎骨区域切除、プレート再建術を行った。摘出物病理検査で両側とも顎骨中心性扁平上皮癌と診断された。既往歴や薬剤服用歴、両側性であったこと、当初歯肉に病変を認めなかったことなどから骨髄炎と決めつけていたが、癌も疑い早期に生検を行うべきであった。

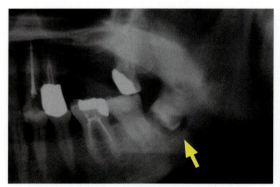
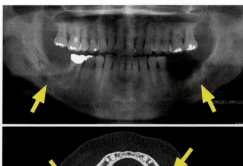
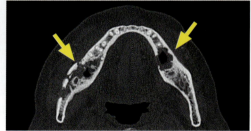

図Ⅲ-2-30　下顎骨中心性癌。当初水平埋伏智歯と診断されていた。

図Ⅲ-2-31　下顎骨中心性癌。当初骨髄炎と診断されていた。

■口腔癌診断のフローチャート

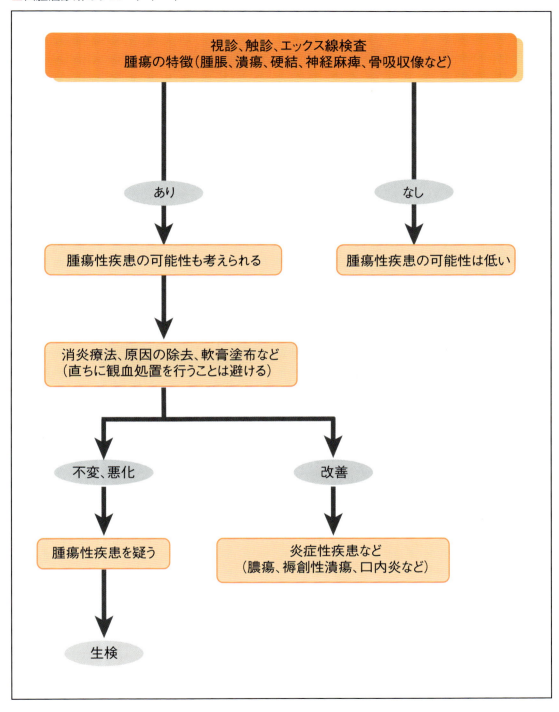

（梅田正博・古森孝英）

3 良性腫瘍と囊胞

1 顎骨に生じる代表的な疾患

1 最も身近な歯根囊胞

- 歯根囊胞は日常臨床においてしばしば遭遇し、顎骨囊胞の50％以上を占める。
- 感染根管や外傷による歯髄の失活により発生するため、原因歯は必ず無髄歯である。
- 歯根肉芽腫の中心部が融解・液化し、そこにマラッセ（Malassez）上皮遺残や口腔粘膜上皮が入り込んで囊胞壁を形成する。
- エックス線像では原因歯の歯根膜腔と連続したほぼ円形の透過像を呈する。
- 原因歯が抜歯されて歯根囊胞が残ったものを残留囊胞という。

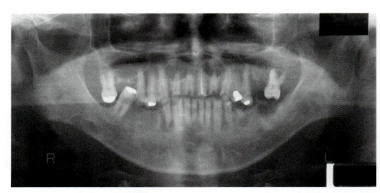

図Ⅲ-3-1　2|、|2 の歯根囊胞。右上顎臼歯部の透過像は上顎洞底線が下がって根尖に重なったもので、囊胞ではない。洞底線と囊胞とは歯根膜腔の連続性があるかないかで鑑別する。右下顎角部には囊胞の陰影に類似した静止性骨空洞を認める

2 歯冠を囲んでいたら含歯性囊胞

- 埋伏歯の歯冠を取り囲んだ囊胞は、含歯性囊胞であることが多い。
- 含歯性囊胞は顎骨内で歯を形成する途上のエナメル器が囊胞化して生じる。
- 歯の硬組織が形成された後に囊胞化すると歯冠を含んだ囊胞となり、含歯性囊胞という。
- 歯の硬組織が形成される前に囊胞化すると硬組織を含まない囊胞となり、原始性囊胞という。
- エックス線像で正常歯囊との区別は困難なことがあるが、3mm 以上の歯冠周囲空隙がある場合は囊胞と考える。
- 鑑別疾患として、歯冠と歯根を囲む透過像で、透過像内部に砂粒状の石灰化物を認める場合は、腺腫様歯原性腫瘍が考えられる（図Ⅲ-3-4）。

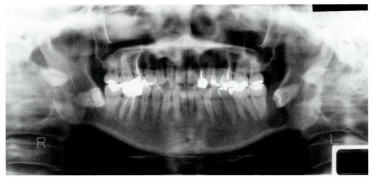

図Ⅲ-3-2 ⌒8 の歯冠を中心とした含歯性囊胞。智歯抜歯とともに囊胞摘出される。術後の病的骨折に注意が必要な症例

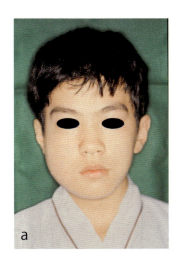
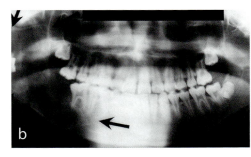
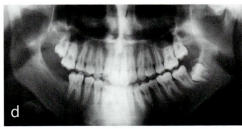
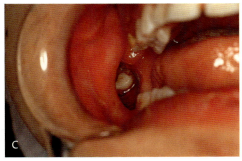

図Ⅲ-3-3a〜d　含歯性囊胞
右側下顎部の無痛性腫脹を主訴に受診した大きな含歯性囊胞。下顎を保存するため 7⌐ を抜歯し開窓療法を行った。開窓中のパノラマ（b）では、矢印の範囲で示す大臼歯部から下顎枝にかけての埋伏歯を含んだ透過像がみられる。その後埋伏歯を抜歯した。術後のパノラマ（d）では開窓療法により十分な骨形成がなされたことが示されている

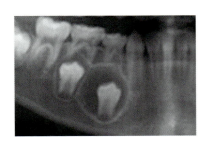

図Ⅲ-3-4　腺腫様歯原性腫瘍（9歳、女児）
歯冠と歯根を含む透過像が見られる

③ いろいろ推測される顎骨嚢胞

- 多発性顎嚢胞以外に、多発性基底細胞母斑などの皮膚症状、二分肋骨などの骨系統の異常があるものを、基底細胞母斑症候群という。
- 正中口蓋嚢胞、球状上顎嚢胞、鼻口蓋管嚢胞など、胎児期に顎顔面を形成する突起の癒合部に発生した嚢胞を顔裂性嚢胞と呼んでいたが、その由来が必ずしも明確ではなく、現在では非歯原性嚢胞とされている。
- 上顎洞炎や慢性副鼻腔炎の手術後、数年から数十年経って、上顎洞内や頬部に生じる嚢胞を術後性上顎嚢胞という。
- 20歳前後の若年者の下顎に生じる被膜や内容を欠いた嚢胞を**単純性骨嚢胞**（外傷性骨嚢胞）という。外傷などの物理的刺激の後に骨梁が吸収されたものと考えられ、ときどき発達して歯槽中隔に入り込み波形の輪郭を呈する。
- 下顎角部にエックス線写真上で嚢胞様の像を呈するものに**静止性骨空洞**がある。隣接する唾液腺による舌側緻密骨の限局性陥凹で、CT撮影で明らかに診断が下される。

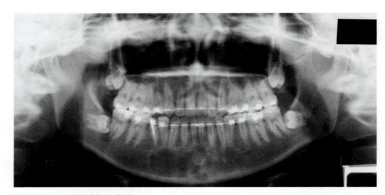

図Ⅲ-3-5　単純性骨嚢胞
下顎正中から5̅にかけての単純性骨嚢胞。他の顎骨嚢胞に比べて境界が不明瞭なため、骨腫瘍などとの鑑別が困難なことも多い。本症例も確認のため手術がなされ、内容物を認めず単純性骨嚢胞と診断された

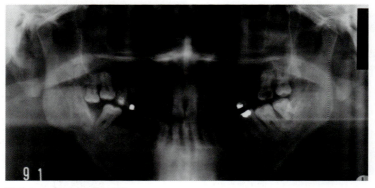

図Ⅲ-3-6　静止性骨空洞
右側下顎角部に嚢胞様の透過像を認める静止性骨空洞。CT撮影をすれば舌側皮質骨の限局性陥凹が明らかとなる。当然治療の必要はない

④ 偶然見つかることの多い顎骨良性腫瘍

- **セメント質腫**はセメント質の増生したもので、一般的に治療を必要としないが、症状が出れば歯とともに摘出する。
- **歯牙腫**もエックス線で偶然発見されることが多く、症状があれば摘出する。

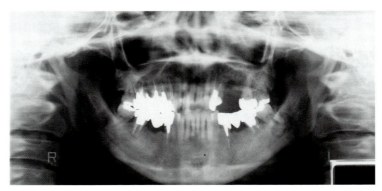

図Ⅲ-3-7　セメント質腫
7┘根尖部に塊状に付着したセメント質腫。周囲の顎骨との間に透過像がみられる

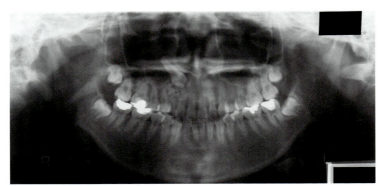

図Ⅲ-3-8　歯牙腫
右側上顎前歯部に見られる歯牙腫。この症例のように歯牙腫は埋伏歯を含む小型の歯牙様組織の集合体としてみられることが多い

❷ エナメル上皮腫は特異な存在

① 充実型も囊胞型もあり

- **エナメル上皮腫**は顎骨に発生する代表的な良性歯原性腫瘍である。
- 下顎骨の大臼歯部および下顎枝に好発する。
- 無痛性の顎骨腫脹や膨隆で受診することが多い。
- エナメル上皮腫の典型例は多房性のエックス線透過像を示す囊胞性腫瘍であるが、そのほかに充実型や混合型もある。
- 単房性のものは含歯性囊胞などとの鑑別が困難である。
- 原則的に顎骨内に発生するが、まれに顎骨外の軟組織内に発生することがある。このよう

なものを周辺性エナメル上皮腫というが、エプーリスや乳頭腫と似ており、病理診断を行わないと診断は困難である。

❷ 良性なのに再発

- 良性腫瘍に含まれるが再発することが多い。
- 再発傾向はあるが、治療としては開窓や摘出掻爬術などの顎骨の機能温存療法がまず行われることが多い。
- 悪性の細胞学的特徴を示し、転移を起こすものは悪性エナメル上皮腫と呼ばれる。

❸ 歯根がかじられていませんか

- 隣接歯の根尖がかじられたように、あるいはナイフで切ったように吸収されることが多い。
- 悪性腫瘍や顎骨嚢胞では歯根はあまり吸収されないので、この根吸収はエナメル上皮腫の診断につながる。
- 病理学的には歯根吸収は破骨細胞がみられない圧迫吸収と考えられている。

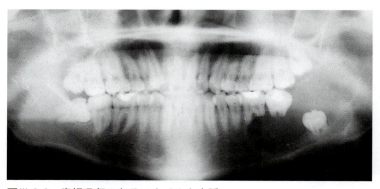

図Ⅲ-3-9　歯根吸収のあるエナメル上皮腫
左側下顎大臼歯部から下顎枝にかけてのエナメル上皮腫。̄8 が埋伏しており、含歯性嚢胞との鑑別となるが、鋭利にかじられたような特徴的な歯根の吸収像からエナメル上皮腫と診断される

患者さんの立場 part1

　17歳のときに、エナメル上皮腫と診断された。
　摘出手術を受け、経過良好で、しばらくは定期的にエックス線検査を受けていたが、歯学部進学および口腔外科教室入局などで、自分自身で管理するようになり、画像による経過観察がおろそかになっていた。15年後に何となく咬合時に違和感を感じてパノラマを撮ったところ、再発が見つかった。ちょうど病棟勤務だったこともあり、先輩医師に2回目の摘出処置をしてもらった。その後、順調である。
　「エナメル上皮腫は時間が経過しても再発することがあるため、半年程度の間隔で長期間にわたるフォローアップが必要です」と患者さんにはいっているが、いざ自分のこととなるとなかなかそうはいかない。いろんな点で反省することは多い。

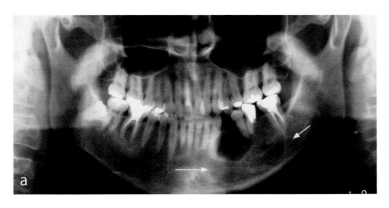
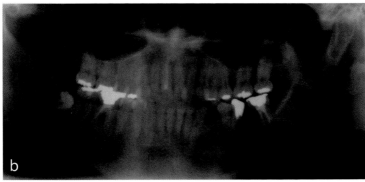

図Ⅲ-3-10a、b 再発したエナメル上皮腫
左側下顎単房性のエナメル上皮腫。摘出手術が行われ（矢印で示す範囲）経過良好であったが、15年後に中央部より再発した。「5 およびヘミセクション後の6」近心根尖部の吸収が認められる（a）。この症例は再度摘出手術が行われ、その後経過良好である（b）。エナメル上皮腫はこのようにかなり時間が経過しても再発することがあるため、長期間にわたるフォローアップが必要である

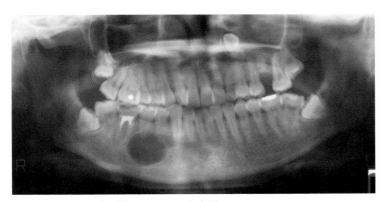

図Ⅲ-3-11 鑑別が困難なエナメル上皮腫
右側下顎小臼歯部のエナメル上皮腫。歯根の吸収はわずかに認められるが顕著ではない。このような症例では囊胞との鑑別は困難で、術後の病理ではじめてエナメル上皮腫と診断されることが多い

3 軟組織に生じる疾患

❶ 粘液囊胞は口唇だけではない

- 粘液囊胞は導管から漏れた唾液が組織中に貯留してできた囊胞である。
- 下唇が最も好発部位 であるが、舌、口蓋などにも小唾液腺が存在する部位 には発生する（図Ⅲ-3-12）。

❷ 口底部腫脹ならまずラヌーラ（ガマ腫）

- 口底にできた大きな粘液囊胞をラヌーラ（ガマ腫）という。
- 顎下腺、舌下腺の導管であるワルトン管あるいは舌下腺の近くに多数存在する小舌下腺の導管の障害により発生する。
- ラヌーラは片側の口底部に発生する。口底の正中部に生じ、おから状の泥状物が充満した類皮（表皮）囊胞と区別を要する。
- 顎舌骨筋の上にできる舌下型が基本であるが、ときには顎下部まで腫脹するものもある。

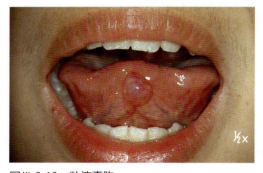

図Ⅲ-3-12　粘液囊胞
舌尖部下面に発生した粘液囊胞。Blandin-Nuhn囊胞と呼ばれる。軟らかく破れやすい

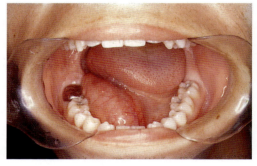

図Ⅲ-3-13　ラヌーラ
右側口底部に生じたラヌーラ。非常に軟らかく破れやすい。このようにラヌーラは口底部の右か左に発生する

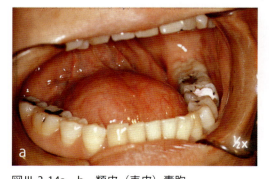
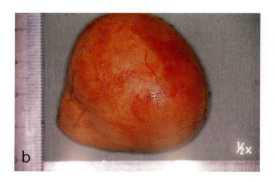

図Ⅲ-3-14a、b　類皮（表皮）囊胞
口底部の類皮囊胞。ラヌーラと異なり正中部に生じる。ラヌーラと比べると被膜もしっかりしており、全摘出も容易である

- ラヌーラは囊胞壁が薄いため、開窓療法が行われることが多い。再発を繰り返す場合には、舌下腺摘出術が行われる。
- 囊胞状リンパ管腫は、小児期に発生するものが大部分で成人ではまれであるが、ラヌーラとの鑑別が困難である。内容液の細胞診あるいは生化学検査が必要になる。

❸ 代表的な良性腫瘍について

- **線維腫**：反応性の線維性組織の増殖で舌、頰粘膜などにみられる。厳密な意味での腫瘍ではない。
- **乳頭腫**：慢性刺激による乳頭状あるいは疣状の反応性増殖物。表面は角化し白色を呈する。
- **血管腫**：青紫色の母斑状や腫瘤状。圧迫により退色することにより、血腫と区別する。
- **リンパ管腫**：血管腫と同様に過誤腫と考えられる。半透明の小水疱様あるいは顆粒状隆起。ときに巨舌症、巨唇症などを呈する。

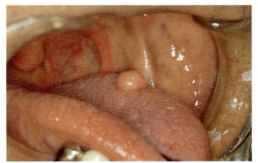

図III-3-15　線維腫
舌背の線維腫。表面平滑で境界明瞭

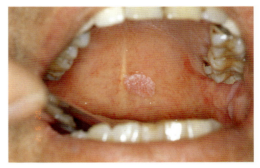

図III-3-16　乳頭腫
口蓋の乳頭腫。疣状に隆起し、白色を呈する

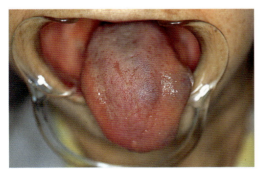

図III-3-17　血管腫
舌の血管腫。舌尖、舌縁、舌背の数カ所に青紫色の血管腫を認める

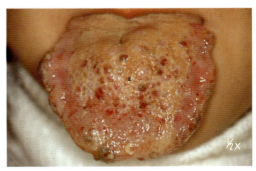

図III-3-18　リンパ管腫
舌のリンパ管腫。舌全体に拡がり巨舌症を呈する

■囊胞および良性腫瘍診断のフローチャート

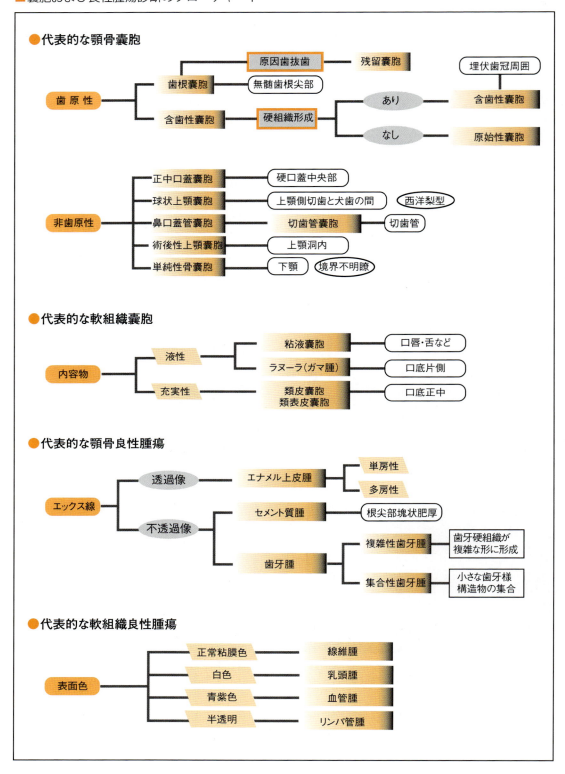

(古森孝英)

4 口腔感染症

1 どの程度の感染症まで開業医で対応可能ですか

・抗菌薬の内服投与で治療が可能な軽症から中等症までの口腔感染症であれば、歯科開業医で対応可能である。

1 腫脹は外側だけではない

・外から見て腫脹が小さいからといって安心してはならない。重度の開口障害や嚥下痛を認める場合は、内側の咽頭や深頸部へ炎症が波及しているおそれがあるので、CTを撮影する必要がある。
・特に呼吸苦の訴えがある症例では、咽頭部が狭窄していると考えられ、至急に膿瘍切開によるドレナージや気道を確保する処置を行う必要がある。
・CT撮影の結果、壊死性筋膜炎（ガス壊疽）と診断された場合、すぐに切開して壊死組織を徹底的に除去する処置が必要である。頭頸部の壊死性筋膜炎やガス壊疽では、処置の遅れから死に至ることもまれではない（図Ⅲ-4-1）。

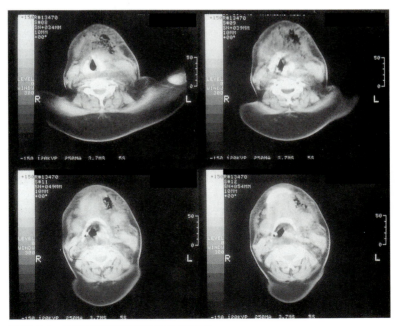

図Ⅲ-4-1　頸部壊死性筋膜炎のＣＴ写真
頸部は全体に腫脹し、ガス産生像がみられる。左内側の腫脹により、咽頭部は狭窄している

- 筆者らは、外観の腫脹は軽度であったが、皮下組織に沿って広範囲に壊死が進行していた壊死性筋膜炎（ガス壊疽）の症例[2]を経験したことがある（図Ⅲ-4-2）。
- 副咽頭隙へ炎症が進展した場合にみられる開口障害は、顎関節症と誤診しやすいので注意を要する。急性の顎関節症はまれであり、急に口が開かなくなった場合は炎症を疑ってみる（表Ⅲ-4-1）。

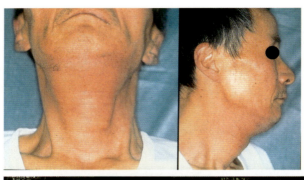

図Ⅲ-4-2a

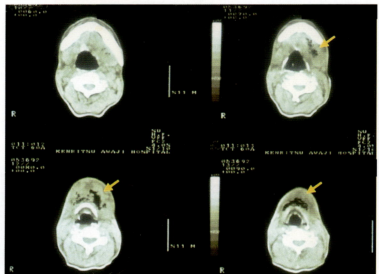

図Ⅲ-4-2b

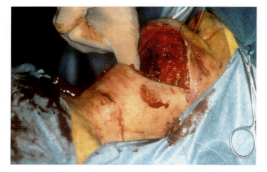

図Ⅲ-4-2c　頸部壊死性筋膜炎（ガス壊疽）症例
頸部の腫脹は軽度であったが、皮下組織は広範に壊死に陥っていた。CTではガス産生像が認められる

表Ⅲ-4-1　開口障害をきたす疾患　（文献1より引用）

1. 蜂窩織炎、放線菌症
2. 扁桃周囲炎、副咽頭間隙膿瘍
3. 顎関節症
4. 悪性腫瘍
5. 破傷風

❷ 発熱はありますか

- 口腔感染症では、口腔の局所所見にばかり注目しがちであるが、全身状態の観察も非常に重要である。局所の炎症所見が軽度なのに発熱が続くような場合は、敗血症あるいは感染性心内膜炎のような他臓器への感染も疑われるので、血液培養検査などの精査が必要である（図III-4-3）。
- 過去に経験した、抜歯後感染から髄膜炎、脳膿瘍へと進展した症例[2]では、発熱と頭痛が持続していたにもかかわらず、抜歯創の感染所見は乏しかったため、片麻痺の症状が現れてようやく脳膿瘍が判明した（図III-4-4）。脳内の膿汁からは歯性感染症の原因菌である *Streptococcus constellatus*、*Streptococcus salivarius*、*Capnocytophaga* species などが検出された（図III-4-5）。

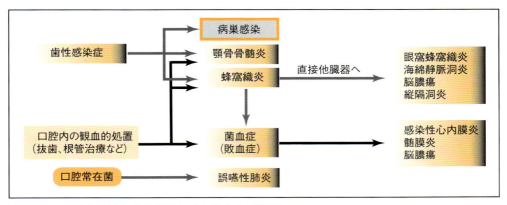

図III-4-3　口腔より派生する感染症（文献1より引用）

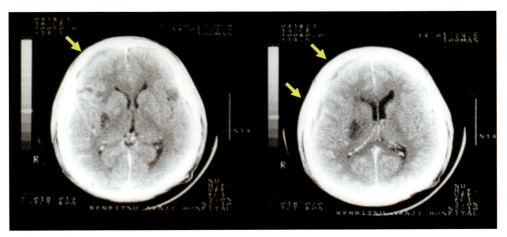

図III-4-4　抜歯後21日目に撮影した頭部CT写真
右側硬膜下に膿瘍形成が認められる

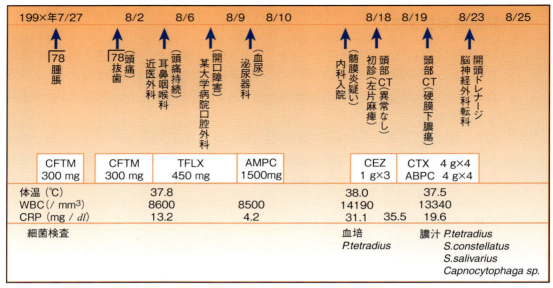

図III-4-5 臨床経過（文献2より引用、一部改変）

3 食事や水分摂取は大丈夫ですか

- 口腔感染症による激しい疼痛や疲労感のために、食事や水分摂取が不十分な症例では、抗菌薬の投与や切開などの消炎処置に加えて点滴による水分・栄養管理を行わなければならない。
- 特に高齢者や糖尿病など、免疫能が低下した患者さんが蜂窩織炎を発症した場合、食事や水分摂取困難から容易に全身状態の悪化をきたすこともあるので注意が必要である

2 重症度の評価はどうしますか

1 感染症の評価基準は

- 臨床症状から重症度を判定する指標には、全身所見として体温（発熱）、食欲不振、倦怠感、局所所見として腫脹、発赤、疼痛、嚥下痛、開口障害、リンパ節腫脹などがある。
- 日本歯科薬物療法学会では、全身所見、局所所見を点数化し、その合計点で抗菌薬の効果判定を行う点数表[3]を作成している（表III-4-2）。これを用いて炎症の重症度を評価することができる（表III-4-3）。
- 点数が13点以上で重症と評価された場合は、血液検査、CT撮影、抗菌薬の点滴投与が必要と考えられるため、対応が困難な場合は速やかに高次医療機関へ紹介する。

表III-4-2　歯科・口腔外科領域における抗菌薬の効果判定基準

全身所見	体温		0：37°C 未満 1：37°C 以上 37.5°C 未満 2：37.5°C 以上 38°C 未満 3：38°C 以上
局所所見	発赤 熱感	口腔内	0：なし 1：1〜2 歯程度の歯肉の発赤 2：3 歯以上の歯肉または隣接組織に及んだ発赤
		口腔外	0：なし 1：口腔外に発赤または熱感のあるもの 2：熱感を伴った発赤
	腫脹	口腔内	0：なし 1：1〜2 歯程度の歯肉の腫脹 2：3 歯以上の歯肉または隣接組織に及んだ腫脹
		口腔外	0：なし 1：口腔外に腫脹のみられるもの 2：広範囲の腫脹
	疼痛	圧痛	0：なし 1：強く押すと痛がるもの 2：弱く押しても痛がるもの
		自発痛	0：なし 1：自発痛のあるもの 2：激痛のあるもの
		嚥下痛	0：なし 1：唾液嚥下の際痛がるもの 2：唾液嚥下が困難なほど痛がるもの
	開口障害		0：開口域 30mm 以上 1：開口域 20mm 以上 30mm 未満 2：開口域 10mm 以上 20mm 未満 3：開口域 10mm 未満

表III-4-3　重症度の評価

軽症	中等症	重症
6〜8点	9〜12点	13 点以上

❷ 蜂窩織炎と壊死性筋膜炎の違いは

- **蜂窩織炎**とは、化膿性の炎症が限局せずに組織内にびまん性に広がったもので、境界不明瞭な紅斑、腫脹、局所熱感といった臨床所見を示す。
- 蜂窩織炎では、ひとたび膿瘍腔が開放されると炎症は快方に向かうが、抗菌薬投与を中心とした保存的加療のみで軽快する場合もある。
- 感染性炎症が皮膚・皮下組織や筋膜・筋肉などの軟部組織に沿って急速に進行し、それらが壊死に陥った病態を壊死性軟部組織感染症と総称し、広範囲にわたる壊死組織の外科的**デブリードマン**が必須となる[4]。ガス産生の有無により大きくガス壊疽と壊死性筋膜炎に分類される[5]。
- **ガス壊疽**は、組織内ガス像、筋組織破壊に伴う激しい疼痛と著明な発赤・腫脹、猛烈な腐敗臭で始まり、頭頸部領域では下行性に波及して縦隔炎を生じやすい（図III-4-6）。Clostridium 属に起因する Clostridium 性ガス壊疽と、それ以外の細菌による非

Clostridium性ガス壊疽に分類され、Clostridium性ガス壊疽が狭義のガス壊疽とされる。
- 一方、**壊死性筋膜炎**は筋組織ではなく筋膜の壊死として特徴づけられ、組織内ガス像はみられないが、ガス壊疽と似通った臨床症状を示す。蜂窩織炎の様相を呈しつつ、やがて皮膚水疱を形成し、皮膚皮下組織の壊死をきたすようになる（**図Ⅲ-4-7**）。偏性嫌気性菌を含む混合感染であるtype ⅠとA群β溶血性レンサ球菌（*Streptococcus pyogenes*）によるtype Ⅱに分類され、壊死性筋膜炎の多くはtype Ⅰである[6]。
- 本来、壊死性筋膜炎はガス産生を認めないが、起炎菌の一部はガス産生することがあり、壊死性筋膜炎は非Clostridium性ガス壊疽と病態、治療法はほぼ同じであることから、ガス産生を伴う壊死性筋膜炎は非Clostridium性ガス壊疽と同義であるとされる[7]。

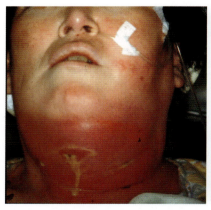

図Ⅲ-4-6a　入院時顔貌写真
頸部の著明な発赤、腫脹を認める

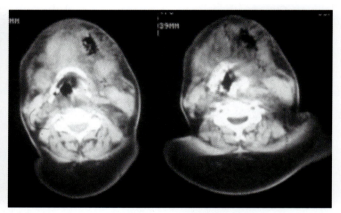

図Ⅲ-4-6b　CTで筋組織内のガス産生像を認める

図Ⅲ-4-6　頸部ガス壊疽症例（53歳　女性）

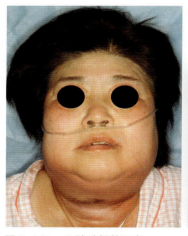

図Ⅲ-4-7a　入院時顔貌写真
頸部も発赤、腫脹を認める

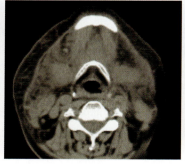

図Ⅲ-4-7b　CTでガス産生像はみられない

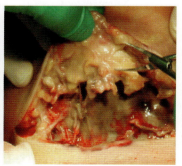

図Ⅲ-4-7c　頸部を切開すると、広範な皮下組織と筋膜の壊死がみられた

図Ⅲ-4-7　頸部壊死性筋膜炎症例（69歳　女性）

❸ 菌血症と敗血症について

- 局所の感染巣や創傷部位から一時的に細菌が血液中に入った状態を菌血症と呼ぶ。菌血症では全身症状はほとんどみられない。
- 抜歯などの歯科処置により菌血症が生じても、通常はすぐに除去されるため、一過性の菌血症と呼ばれる。歯科処置だけではなく、歯磨きをするだけでも一過性の菌血症がおこるといわれている[8]（表Ⅲ-4-4）。
- 敗血症は「感染症によって重篤な臓器障害が引き起こされる状態」と定義され、血液中で細菌が多数増殖して全身症状を示す状態をいう。
- 敗血症では循環不全や多臓器不全などによるショック状態を呈し、死にいたることもある。

表Ⅲ-4-4　一過性の菌血症の頻度

処置	頻度（%）
抜歯	18 〜 85
歯周外科	60 〜 90
スケーリング（歯石除去）	8 〜 79
歯磨き	0 〜 26
口腔洗浄器具	27 〜 50
咀嚼	38
感染根管治療	15

（文献 8 より引用改変）

3 抗菌薬の内服と点滴の違いは

　抗菌薬の投与方法には、主に経口による内服投与と静脈からの点滴投与の 2 種類の方法がある。

❶ 抗菌薬の組織移行について

- 感染症に対して抗菌薬を投与する場合、目的とする臓器へ抗菌薬を十分に移行させることが重要である。いくら優れた抗菌薬でも、感染局所で有効な濃度に達していなければ効果は期待できない。
- 抗菌薬を点滴で投与する方が内服よりも高い血中濃度が得られ、組織に移行する濃度も高くなる。

❷ 内服の利点と欠点

- 内服による抗菌薬は点滴に比べて投与が簡便で、針を刺す痛みもなく、安価で、投与中拘束されないという利点がある。しかしながら、内服された抗菌薬は腸管から吸収されて血中へ移行するため、血中濃度のばらつきが多く[4]、食事や併用薬の影響を受けて腸管からの吸収が阻害されると、有効な組織内濃度に達しないことがある（**図III-4-8**）。
- 併用薬の影響としては、抗潰瘍薬により胃酸の分泌が抑制されて胃粘膜のpHが上昇すれば、セフェムのプロドラッグは溶解が抑制されて吸収が低下することが知られている。
- 自分が処方する抗菌薬の特性を理解し、観血的処置中に血中濃度がピークとなるように患者さんに時間を指示して、処置前に内服させることで予防効果は高くなる（例：サワシリン®250mgを抜歯1時間前に内服など）。

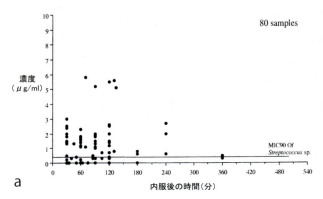

図III-4-8a　内服抗菌薬の抜歯創移行濃度

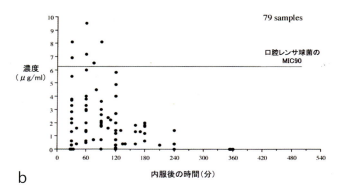

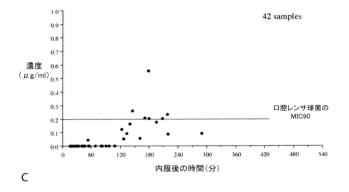

図Ⅲ-4-8b、c　内服抗菌薬の抜歯創移行濃度
bのセファクロルは抜歯創移行濃度は高いが、口腔レンサ球菌に対する感受性が低下している。cのセフジニルは抜歯創移行濃度が低い

❸ 点滴の利点と欠点

- 静脈からの点滴投与では、直接血管内に抗菌薬を投与できるために血中濃度の上昇が速やかで、病巣部位へ十分な量を移行させることができる。よって、内服では対処しきれない重症の口腔感染症の治療に用いられる。
- 全身麻酔下で行われるような手術時の術後感染予防や、感染抵抗性の低下した易感染性宿主や感染性心内膜炎のリスクが高い患者さんに対する歯科治療や小手術時の感染予防にも用いられる。
- 蜂窩織炎による腫脹や疼痛により水分や食事が十分に摂れていない患者さんに対しても、点滴投与なら抗菌薬と同時に水分やある程度の栄養補給を行うことができる。
- 欠点としては、皮膚に針を刺す痛みがあること（血管確保が難しい場合は一度の点滴で数回刺されることもある）や、点滴をしている間は通常ベッド上で安静にしていなければならず、自由が制限される点などがある。

4　膿瘍切開はどうするか

❶ 炎症の経過について

- 局所炎症の経過は3段階に分類される[9,10]（図Ⅲ-4-9）。
- 第Ⅰ期は急性期で、細菌などの起炎物質の刺激により血管の拡張や透過性の亢進が起こり、血漿成分が血管外に滲出し、組織や細胞間に局所的浮腫が起こる時期である。
- 第Ⅱ期は、起炎物質を除去するため白血球が血管外へ遊走し、貪食作用を行う時期で、組織は変性をきたして壊死や膿汁を生じることが多い。
- 第Ⅲ期は、組織修復のための肉芽形成がみられ、治癒に向かう時期である。
- 起炎物質が病巣内に残存すると、慢性炎症へと移行して不快症状が持続する。

図III-4-9　炎症の経過（文献10より引用、一部改変）

2 膿瘍切開のタイミング

- 原因菌の刺激により、組織や細胞間に滲出液が貯留、停滞して、浮腫や腫脹が起こりはじめた炎症の急性期には切開しないほうがよいという説がある。この時期は切開時の出血が強い上に、排膿はほとんどみられないからである。しかしながら、内圧の亢進による痛みの訴えが強い時は、減圧を目的に切開処置を行う場合もある。
- 抗菌薬の投与により、化膿性炎症が限局化して膿瘍が形成されると、腫脹は少しやわらかくなり、波動を触れるようになる。この時期がきたら、積極的に切開・排膿を行うべきである（図III-4-10）。
- 根尖性歯周炎から骨膜下膿瘍を形成しているような場合、歯肉表面だけでなく、骨膜まで切開を加えなければ十分な排膿を促すことはできない。
- 適切な時期に切開、排膿処置を行うことにより、治療期間の短縮がはかれる。
- 切開時には一過性の菌血症を生じるため、切開する前に抗菌薬を投与しておくことが望ましい。

3 切開後にドレーンは必要か

- 腫脹の内部がすべて膿汁化しており、切開排膿処置により完全に腫脹が消失するような場合はドレーンの必要はない。
- 炎症がまだピークには達しておらず、膿瘍切開排膿後もさらに膿汁化が起こりそうな場合は、ドレーンを挿入するのがよい。これにより切開創の閉鎖を防ぎ、持続的な排膿を促すことができる。
- 皮膚切開による排膿処置でドレーンが必要な場合は、ペンローズドレーンを留置する（図III-4-11）。口腔内にはタンポンガーゼをドレーンとして用いることが多い。

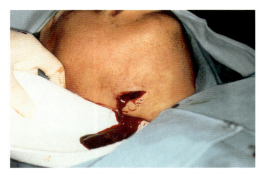

図Ⅲ-4-10　右側顎下隙膿瘍の切開ドレナージ処置
下顎下縁より約2cm下方の皮膚を切開し、顎下隙膿瘍を開放すると多量の膿汁がみられた

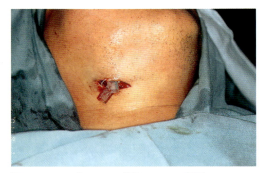

図Ⅲ-4-11　ペンローズドレーンの留置
右側顎下隙膿瘍の切開ドレナージ後にペンローズドレーンを留置し、持続的な排膿を促した

5　感染の原因歯の処置のタイミング

1　抜歯か根管処置か

- 智歯や残根が蜂窩織炎のような重症感染症の原因歯となった場合、消炎後に抜歯するのが望ましい（**図Ⅲ-4-12**）。
- 根尖性歯周炎が原因で重症感染症となった場合、根尖病巣が根管治療により改善するものであれば保存できるが、改善が期待できなければ抜歯などの外科的処置を行う。
- 根管治療を行って保存しても同様の炎症を繰り返すようであれば、抜歯の適応となる。

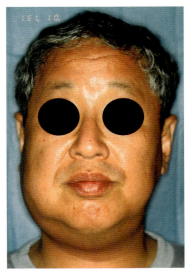

図Ⅲ-4-12a　初診時の顔貌写真

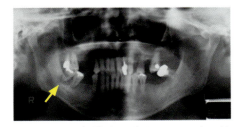

図Ⅲ-4-12b　初診時のパノラマエックス線写真

図Ⅲ 4-12　右側下顎智歯の根尖性歯周炎からの蜂窩織炎
右側下顎智歯の根尖性歯周炎が原因で右側顎下部蜂窩織炎を発症症例。消炎後に右側下顎智歯は抜歯した

❷ 消炎前か消炎後か

- 原因歯が根尖性歯周炎の場合、根管の開放処置や咬合調整は消炎前に行うべきである。
- 原因歯の抜歯を炎症の急性期に行うと炎症を増悪させる可能性があるため、抗菌薬の投与や膿瘍切開により、炎症が消退してから抜歯するほうがよい。

6 感染性心内膜炎（IE）への対応は

❶ 対象となる疾患は

- 感染性心内膜炎（IE：Infective endocarditis）とは、心内膜に細菌を含む疣腫を形成し、持続的な菌血症を生じることにより、血管栓塞、心障害などの多彩な症状を呈する全身性敗血症性疾患である（図Ⅲ-4-13）。
- 感染性心内膜炎の発症は人口100万人あたり年間10〜50例で、このうち歯科処置に関連するのは35%程度という報告がある[13]。
- 急性心内膜炎と亜急性心内膜炎があり、歯科処置との関連性が高いのは亜急性心内膜炎といわれている（表Ⅲ-4-5）。
- 治療には、内科的治療（抗菌薬投与）と外科的治療（弁置換術）がある。
- 感染性心内膜炎の予防に関するガイドラインは、国により対応に違いがある。
- 本邦における、日本循環器学会・日本胸部外科学会・日本小児循環器学会・日本心臓病学会合同研究班がまとめた『感染性心内膜炎の予防と治療に関するガイドライン（2008年改訂版）』[15]では、感染性心内膜炎になりやすい患者すべてに歯科処置時の抗菌薬予防投与を推奨している。
- 2008年の米国心臓病学会（AHA：American Heart Association）のガイドライン[16]や

感染症状	心症状
・発熱 ・全身倦怠感 ・頭痛 ・悪心、嘔吐 ・脾腫 ・貧血	・心雑音（疣贅や穿孔により出現） ・心不全症状 ・不整脈（刺激伝導系に炎症が及ぶと出現）
塞栓症状	**皮膚症状**
・脳梗塞、脳出血による麻痺 　（意識障害、失語など） ・眼底のRoth斑 　（出血性梗塞で中心部が白くみえる） ・心筋梗塞による胸痛 ・脾梗塞 ・腎梗塞による血尿、腎機能障害	爪下線状出血 Janeway斑（手掌・足底にみられる無痛性紅斑） Osler結節（指腹や指趾の先にみられる有痛性紅斑）

図Ⅲ-4-13　IEの臨床症状（文献12より引用改変）

2009年の欧州のガイドライン[17]では、リスクの高い疾患を限定して歯科処置時の抗菌薬の予防投与を推奨している（**表III-4-6、7**）。

表III-4-5　感染性心内膜炎の分類

急性心内膜炎
　弁膜に対する侵襲が激しく、健常な弁を侵す頻度が高い。数日～数週間以内の急激な経過をたどり、死亡率が高い。
【原因菌】
・Staphylococcus aureus（黄色ブドウ球菌）
・Streptococcus pneumoniae（肺炎球菌）
・A群β溶連菌 など

亜急性心内膜炎（歯科処置との関連性が高い）
　リウマチ性弁膜症や先天性疾患などの基礎疾患によって障害された弁または心内膜が侵されることが多い。数週間から数カ月のやや緩慢な経過をたどる。
【原因菌】
・Viridans Streptococci（緑色連鎖球菌）
・Enterococcus faecalis（腸球菌）
・HACEK group
　（Haemophilus sp., Aggregatibacter actinomycetemcomitans,
　Cardiobacterium hominis, Eikenella corrodens, Kingella kingae ）
・Candida sp.（稀）

（文献14より引用改変）

表III-4-6　2008年の米国心臓病学会のガイドライン（AHA 2008）

歯科処置時の抗菌薬投与の対象症例

1）　人工弁置換術後あるいは弁の修復に人工材料を使用
2）　感染性心内膜炎の既往
3）　先天性心疾患
　・修復をしていないチアノーゼ性先天性心疾患で、一時的なシャントおよびコンジットを含む。
　・完全に修復された先天性心疾患でも、処置から6カ月以内の場合。
　・修復後にもまだ欠損を伴う先天性疾患で、欠損あるいは隣接部分 に内皮化を阻害する人工パッチまたは人工装置がある。
4）　心臓移植患者で弁に異常がある。

（文献16より引用改変）

表III-4-7　2009年の欧州のガイドライン（Eur Heart J 2009）

歯科処置時の抗菌薬投与の対象症例

1）　人工弁置換術後あるいは弁の修復に人工材料を使用
2）　感染性心内膜炎の既往
3）　先天性心疾患
　・修復をしていないチアノーゼ性先天性心疾患で、一時的なシャントおよびコンジットを含む。
　・完全に修復された先天性心疾患でも、処置から6カ月以内の場合。
　・修復後にもまだ欠損を伴う先天性疾患で、欠損あるいは隣接部分 に内皮化を阻害する人工パッチまたは人工装置がある。

（文献17より引用改変）

❷ どのような歯科処置が問題になりますか

- 本邦の『感染性心内膜炎の予防と治療に関するガイドライン（2008 年改訂版）』[15] では、抗菌薬の予防投与を必要とする手技の Class Ⅰ（感染性心内膜炎の予防として抗菌薬投与をしなくてはならないもの）に、「出血を伴ったり、根尖を超えるような大きな侵襲を伴う歯科手技（抜歯、歯周手術、スケーリング、インプラントの植え込み、歯根管に対するピンの植え込みなど）」が記載されている。

- AHA のガイドライン [16] では、予防投与が必要な歯科処置として、歯周組織や歯の根尖部へ操作がおよぶ処置、あるいは口腔粘膜を貫通する処置を挙げている。また、予防投与が不要な歯科処置としては、感染のない局所の麻酔注射、抜糸、エックス線撮影、義歯や矯正器具の装着や調整、乳歯の脱落、口唇や口腔粘膜の創傷を挙げている。

- 2008 年の英国医療技術評価機構（NICE：National Institute for Health and Clinical Excellence）のガイドライン [18] では、歯科処置だけでなく、泌尿生殖器や耳鼻咽喉科領域などの処置でも抗菌薬の予防投与は必要ないとしている（**表Ⅲ-4-10**）。しかしながら、英国では NICE のガイドラインが出た 2008 年以降、感染性心内膜炎の発症例が増加したという報告 [19] がある。

表Ⅲ-4-8　2008 年英国（NICE）のガイドライン

IE 予防を目的とした抗菌薬予防投与が必要でない疾患
・歯科処置を行う症例
・次のような部位の処置を行う症例 　上部・下部消化管 　泌尿生殖器（泌尿器科、婦人科、産科的処置、出産を含む） 　上部・下部呼吸器（耳、鼻、咽喉、気管支鏡を含む）

（文献 18 より引用改変）

❸ 適切な IE 予防法は

- 感染性心内膜炎の発症を予防するためには、菌血症の頻度を減らすことが重要であり、歯科処置時には Viridans Streptococci に対して抗菌力の高いペニシリン系抗菌薬の処置前 1 回投与が推奨されている。

- 本邦の『感染性心内膜炎の予防と治療に関するガイドライン（2008 年改訂版）』[15] における抗菌薬の予防投与法は、AHA のガイドライン [16] に準拠しており、経口投与可能であればアモキシシリン 2g 内服、経口投与不可能であればアンピシリン 2g 点滴となっている。

- 2009 年の欧州のガイドライン [17] では、アモキシシリン 2g 内服またはアンピシリン 2g 点滴と記載されており、ペニシリンアレルギーがある場合の代替薬はクリンダマイシンのみとなっている（**表Ⅲ-4-9**）。

- 近年の各種ガイドラインの傾向は、抗菌薬予防投与を強調するだけでなく、口腔内を清潔に保つことの重要性と患者自身の病期に対する知識の重要性が強調されている。

- 本邦の『感染性心内膜炎の予防と治療に関するガイドライン（2008 年改訂版）』[15] においても、感染性心内膜炎の発症リスクを減らすには、良好な口腔環境の維持と定期的な歯科検診がより重要と記載されている。

表III-4-9　欧州のガイドライン（Eur Heart J 2009）におけるリスクのある歯科処置に勧められる予防投与法

処置前 30 〜 60 分に単回投与

	抗菌薬	成人	小児
ペニシリン、アンピシリンにアレルギーなし	アモキシシリン（サワシリン®）アンピシリン（ビクシリン®）	2g 経口または 静脈内投与	50mg/kg 経口または 静脈内投与
ペニシリン、アンピシリンにアレルギーあり	クリンダマイシン（ダラシン®）	600mg 経口または 静脈内投与	20mg/kg 経口または 静脈内投与

（文献 17 より引用改変）

7 歯性上顎洞炎への対応は

- 歯および歯周組織の病変が原因で生じる上顎洞炎を歯性上顎洞炎という。
- 解剖学的に上顎の小臼歯および大臼歯の根尖は上顎洞底に近接しているため、根尖部の炎症が上顎洞に波及しやすい。
- 上顎洞炎全体のなかで、歯性上顎洞炎は 4 〜 13％を占める[20]。
- 一般に鼻性の上顎洞炎は両側性が多いのに対して、歯性のものは片側性に発症し、腐敗臭が強いとされている。

❶ 画像診断のポイントは

- 画像診断には、ウォーターズ法（Waters 法）などの頭部単純エックス線写真や CT 写真が有用であり、洞粘膜の肥厚や膿の貯留による不透過性が亢進することにより容易に診断される。
- パノラマエックス線写真は、歯と上顎洞との関係を観察するのに適しているが、炎症が軽度の場合には上顎洞不透過性の左右差が不明瞭である。
- Waters 法は、上顎洞炎によるエックス線不透過像を比較的明瞭に描出できるが、歯と上顎洞の位置関係の観察には適していない（図III-4-13）。
- CT 写真は上顎洞の観察に最も有用で、歯との位置関係も明瞭であることから、診断価値が高い（図III-4-14）。

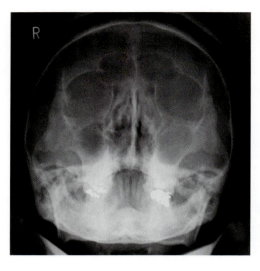

図Ⅲ-4-13　左側歯性上顎洞炎症例の頭部エックス線写真（ウォーターズ法）
左側上顎洞の不透過性の亢進が明瞭であるが、歯との関連は不明瞭である

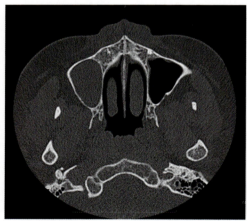 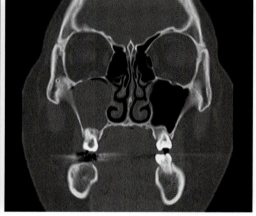

図Ⅲ-4-14　右側歯性上顎洞炎症例のCT写真
右側上顎洞粘膜の肥厚の程度や上顎大臼歯と上顎洞との位置関係が確認できる

❷ 保存治療か外科治療かの判断は

- 上顎洞炎では、まず薬物療法などの保存治療が実施される。
- 保存治療で症状の改善がみられないときは、手術が必要となる。

❸ 保存治療はどうしますか

- 保存治療では、抗菌薬および抗炎症薬による消炎が行われる。急性期にはペニシリン系（サワシリン®など）やニューキノロン系（クラビット®など）抗菌薬が、慢性期にはマクロライド系抗菌薬（クラリス®、ルリッド®など）が投与される。
- 特に慢性期にはマクロライド系抗菌薬が長期投与されることも多く、鼻汁の融解作用など

- を期待して消炎酵素薬（エンピナース®P錠など）の併用も行われる。
- 原因歯がある場合には抜歯や根管治療などの処置を行う。抜歯窩と上顎洞が交通している場合は、抜歯窩より洞内を洗浄する。
- 上顎洞炎の症状改善後も、抜歯窩と上顎洞が交通したままの場合は、口腔・上顎洞瘻孔閉鎖術を行う（**図Ⅲ-4-15**）。

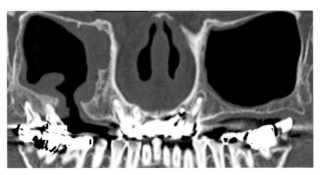

図Ⅲ-4-15a　術前のCT画像

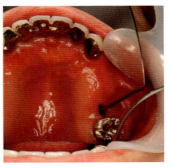

図Ⅲ-4-15b　術前の口腔内写真（ミラー像）

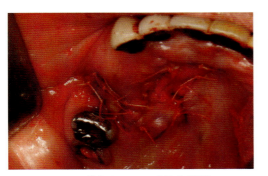

図Ⅲ-4-15c　口蓋弁を用いて瘻孔を閉鎖

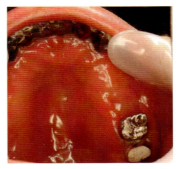

図Ⅲ-4-15d　術後の口腔内写真（ミラー像）

図Ⅲ-4-15　右側上顎第一大臼歯抜歯後の口腔・上顎洞瘻孔閉鎖術

❹ 外科治療はどうしますか

- 鼻性の上顎洞炎では内視鏡下副鼻腔手術（ESS）が行われるが、上顎洞底や上顎洞前壁に繊細な手術操作を加えることは困難であることから、歯性のものでは**上顎洞根治術**（Caldwell-Luc法など）が行われてきた。
- 上顎洞根治術では下鼻道対孔が形成されるが、術後10〜20年が経過して対孔が閉じると術後性上顎嚢胞を生じることがある。
- 近年は、上顎洞粘膜を全摘する上顎洞根治術は回避するべきという意見もみられる[21]。

8 顎骨骨髄炎への対応は

❶ 骨髄炎の診断根拠は何ですか

- う蝕に継発する根尖部の炎症や、智歯周囲炎あるいは抜歯後感染が進展して発症し、炎症の主体が顎骨の骨髄内にあるものを**顎骨骨髄炎**と呼ぶ[22]（図Ⅲ-4-16）。
- 上顎骨は骨髄が少ないため骨髄炎の罹患率が低く、顎骨骨髄炎の多くは下顎に発症する。
- 急性と慢性に分類され、急性顎骨骨髄炎は経時的変化により、初期・進行期・腐骨形成期・腐骨分離期の 4 期に分類されるが、抗菌薬や歯科治療の進歩に伴い、最近では典型的な経過をたどるものは減少している（表Ⅲ-4-10）。
- エックス線写真では、初期には原因歯の歯根膜空隙の拡大や歯槽硬線の消失などの変化しかみられないが、骨髄炎の進行とともに骨吸収や骨硬化像が散在性に発現する。慢性期になると、不透過性の亢進した腐骨の周囲を一層の透過帯が囲む腐骨分離像がみられるようになる（図Ⅲ-4-17）。
- 慢性顎骨骨髄炎は、不完全や不適切な治療により急性化膿性骨髄炎が根治せずに、慢性顎骨炎に移行したものが多いが、当初から慢性の経過をとることもある。歯肉や皮膚瘻孔からの排膿を認め、エックス線検査では、ほとんどの例で骨吸収像が認められ、周囲に硬化像を伴うことが多い（図Ⅲ-4-18）。

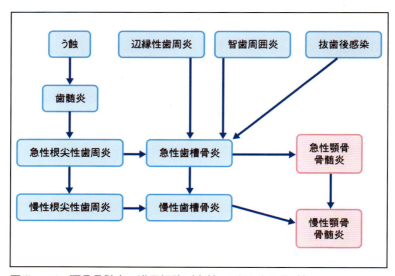

図Ⅲ-4-16　顎骨骨髄炎の進展経路（文献 22 をもとに作成）

表Ⅲ-4-10　化膿性顎骨骨髄炎の病期別の分類

IE 予防を目的とした抗菌薬予防投与が必要でない疾患

- 第Ⅰ期（初期）
  原因歯の接触痛、咬合痛、自発痛、顎下リンパ節の腫脹・圧痛

- 第Ⅱ期（進行期）：周囲組織へ炎症波及
  高熱、拍動性激痛、開口障害
  下顎骨；骨髄炎進行部位に一致した歯の打診痛（弓倉症状）
  　　　罹患側オトガイ神経支配領域の知覚麻痺（Vincent 症状）

- 第Ⅲ期（腐骨形成期）：炎症波及の停止
  発熱は寛解、自発痛や打診痛は軽減
  頰部や顎下部の腫脹は増大、皮膚の発赤、瘻孔形成、排膿

- 第Ⅳ期（腐骨分離期）：組織の回復
  全身症状の改善、自発痛の消失、腐骨分離

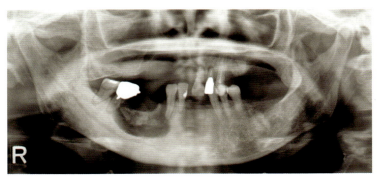

図Ⅲ-4-17　腐骨分離時のパノラマエックス線写真
右側下顎骨骨体部に腐骨分離像を認める

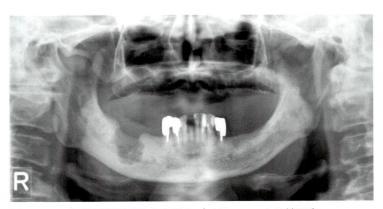

図Ⅲ-4-18　慢性下顎骨骨髄炎症例のパノラマエックス線写真
右側下顎骨骨体部の骨吸収像と周囲の骨硬化像を認める

❷ 骨髄炎の標準的な治療法は

- 急性期には、十分な栄養補給とともに全身的・局所的安静を保ち、抗菌薬および抗炎症薬による消炎を行う（**表Ⅲ-4-11**）。
- 骨髄内減圧により症状が軽減することから、原因歯の抜歯や骨髄内への穿孔により排膿をはかる。
- 膿瘍形成があれば切開排膿処置を行い、腐骨形成を確認すれば、細菌増殖の場となることから腐骨除去術を行う。
- 抗菌薬の骨髄移行性を高めるために、硬化した皮質骨を除去したり、高気圧酸素療法が行われることもある。

表Ⅲ-4-11 化膿性顎骨骨髄炎の治療法

①抗菌薬の投与
②全身、局所の安静
③維持療法（栄養、水分の補給と維持）
④膿瘍形成→切開・排膿
⑤急性症状が改善すれば、原因歯の抜去
⑥腐骨形成があれば腐骨除去

❸ MRONJ（薬剤関連顎骨壊死）への対応は

- **ビスフォスフォネート**（BP：Bisphosphonate）製剤は骨粗鬆症、悪性腫瘍に伴う高カルシウム血症や溶骨性骨転移、多発性骨髄腫などの骨吸収が亢進する疾患の治療薬として広く用いられ、骨痛や病的骨折などの予防や治療に臨床的有用性の高い薬剤である（**表Ⅲ-4-12**）。
- BP製剤の副作用として顎骨壊死（**BRONJ**：BP-Related Osteonecrosis of the Jaw）が生じることが、2003年にMarx[23]によって報告されて以来、欧米を中心に多くの報告がなされ、本邦においてもその発症例は増加を続けている。
- さらに、RANKL（receptor activator of nuclear factor kappa-B ligand）に対するヒト型IgG2モノクロナール抗体製剤であるデノスマブ（ランマーク®、プラリア®）投与患者にも、顎骨壊死の発症が報告[24]されるようになった。
- 2014年に米国口腔顎顔面外科学会（AAOMS：American Association of Oral and Maxillofacial Surgeons）は、顎骨壊死に関連する薬剤として、BP製剤やデノスマブだけでなく、血管新生阻害薬（**表Ⅲ-4-13**）を挙げ、これらの薬剤に起因する顎骨壊死を総じて薬剤関連性顎骨壊死（MRONJ：Medication-related ONJ）と名付け、従来のポジションペーパーを改訂している[25]。
- 改訂されたポジションペーパーでは、MRONJの診断基準（**表Ⅲ-4-14**）や病期分類（**表Ⅲ-4-15、図Ⅲ-4-19**）についても一部変更されている。
- MRONJの発症頻度については報告者により異なるが、悪性腫瘍製剤の方が骨粗鬆症治療

表III-4-12　現在国内で販売されているビスフォスフォネート製剤

	一般名	商品名	投与法	適応症
悪性腫瘍用製剤	アレンドロン酸ナトリウム水和物	テイロック®	点滴静注	癌による高 Ca 血症
	パミドロン酸二ナトリウム	アレディア®	点滴静注	癌による高 Ca 血症 乳癌の溶骨性骨転移
	インカドロン酸二ナトリウム	ビスフォナール®	点滴静注	癌による高 Ca 血症
	ゾレドロン酸水和物	ゾメタ®	点滴静注	癌による高 Ca 血症 多発性骨髄腫 骨転移による骨病変
骨粗鬆症用製剤	エチドロン酸二ナトリウム	ダイドロネル®	経口	骨粗鬆症 骨 Paget 病
	アレンドロン酸ナトリウム水和物	フォサマック® ボナロン®	経口 経口、点滴静注	骨粗鬆症
	リセドロン酸ナトリウム水和物	アクトネル® ベネット®	経口 経口	骨粗鬆症
	ミノドロン酸水和物	ボノテオ® リカルボン®	経口 経口	骨粗鬆症
	イバンドロン酸ナトリウム水和物	ボンビバ®	ワンショット静脈	骨粗鬆症
	ゾレドロン酸水和物	リクラスト®	点滴静注（1 年 1 回）	骨粗鬆症

表III-4-13　BP、デノブマブ以外に顎骨壊死に関連する薬剤

名称	作用	投与される癌種
スニチニブ（スーテント®）	VEGF 阻害薬	腎細胞癌、 消化管間質腫瘍 など
ソラフェニブ（ネクサバール®）	VEGF 阻害薬	肝細胞癌、 腎細胞癌
ベバシズマブ（アバスチン®）	VEGF 阻害薬	結腸・直腸癌、 非小細胞肺癌、 卵巣癌、乳癌など
シロリムス（ラパリムス®） 〔別名：ラパマイシン〕	免疫抑制剤	リンパ脈管筋腫症

（文献 25 より引用改変）

表Ⅲ-4-14　MRONJの診断基準

1）現在または過去に骨吸収抑制薬か血管新生阻害薬による治療歴がある。
2）顎顔面領域に、骨露出または口腔内外の瘻孔より骨の触知が認められ、その状態が8週間以上持続している。
3）顎骨への放射線照射歴がなく、明らかな顎骨への転移性の疾患がない。

（文献26より引用改変）

表Ⅲ-4-15　MRONJの病期分類

リスク有り	明らかな骨壊死がなく、経口的または経静脈的に骨吸収抑制薬か血管新生阻害薬が投与されている。
Stage 0	骨壊死は認めないが、非特異的な臨床所見やエックス線所見や症状がある。
Stage 1	無症状で感染を伴わない骨露出、骨壊死、またはプローブで骨を触知できる瘻孔がある。
Stage 2	感染を伴う骨露出、骨壊死、またはプローブで骨を触知できる瘻孔がある。骨露出部に疼痛、発赤を伴い、排膿がある場合とない場合がある。
Stage 3	疼痛、感染または1つ以上の下記症状を伴う骨露出、骨壊死、またはプローブで骨を触知できる瘻孔がある。 ・歯槽骨を超えた骨露出（下顎では下顎下縁や下顎枝、上顎では上顎洞や頬骨にいたる） ・病的骨折　・口腔外瘻孔 ・鼻・上顎洞口腔瘻孔形成　・下顎下縁や上顎洞までの進展性骨溶解

（文献25より引用改変）

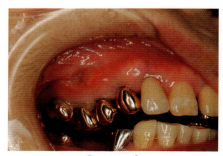

Stage 0

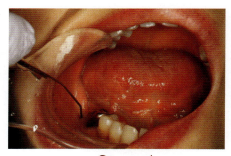

Stage 1

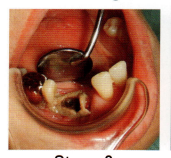

Stage 2

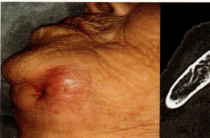

Stage 3

図Ⅲ-4-19　MRONJの病期分類

薬よりも発症頻度が高く [25]（**表III-4-16**）、治癒しにくい [26]（**図III-4-20**）。

- MRONJ の予防としては、口腔衛生を良好に保つために患者教育を十分に行う。加えて感染源を減らすために抜歯、歯周治療、根管治療、義歯などの歯科治療は BP やデノスマブ投与前に行い、可能であれば歯科治療が終了するまで投与の延期を処方医に依頼する。

- BP 製剤投与中の患者に対して抜歯などの侵襲的歯科治療を行う際には、症例によっては BP 製剤の休薬を検討する。骨折のリスクが低く、休薬が可能な場合、休薬の期間は少なくとも 2 カ月が望ましい。また、侵襲的歯科治療後の BP 製剤再開までの期間は、術創が再生粘膜上皮で完全に覆われる 2 週間〜 2 カ月後が目安となる（**図III-4-21**）。

- BP 製剤の休薬や変更の可否は、必ず処方医が決定し、歯科医師単独で休薬を指示してはならない。MRONJ 発症を防ぐには、処方医と歯科医師との密な連携が重要となる。

- BP 製剤投与中や投与歴のある患者に対して侵襲的歯科治療を行う場合は、必ず MRONJ 発症のリスクについてインフォームドコンセントを取得しておく。

- 日本の顎骨壊死検討委員会は、2016 年に従来のポジションペーパーを改訂した「骨吸収抑制薬関連顎骨壊死の病態と管理：顎骨壊死検討委員会ポジションペーパー 2016」[27] を発行し、BP 製剤やデノスマブに関連して発症する顎骨壊死を骨吸収抑制薬関連顎骨壊死（ARONJ：Anti-resorptive agents-related ONJ）と総称している。

表III-4-16　近年の MRONJ の発症頻度に関する報告

報告者 （報告年）	ゾメタ®	経口 BP 製剤	ランマーク®	プラリア®
Marui ら (2009)	0.33 %			
Vahtsevanos ら (2009)	6.7 %			
Coleman ら (2011)	0.7 %			
Scagliotti ら (2012)	0.8 %		0.7 %	
Qi ら (2014)	1.1 %		1.9 %	
Lo ら (2010)		0.1 %		
Malden ら (2012)		0.004 %		
Papapoulos ら (2012)				0.04 %

（文献 25 より引用改変）

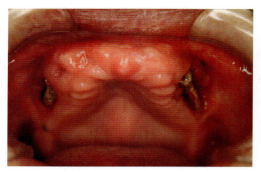
図Ⅲ-4-20a　当科初診時

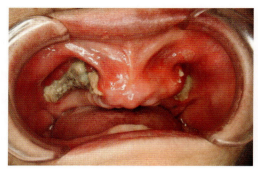
図Ⅲ-4-20b　初診から8カ月後

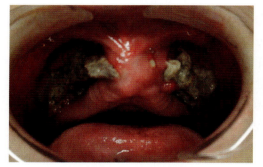
図Ⅲ-4-20c　初診から1年2カ月後

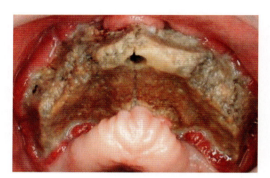
図Ⅲ-4-20d　初診から2年後

図Ⅲ-4-20　悪性腫瘍製剤（ゾメタ®）に関連した上顎MRONJ症例

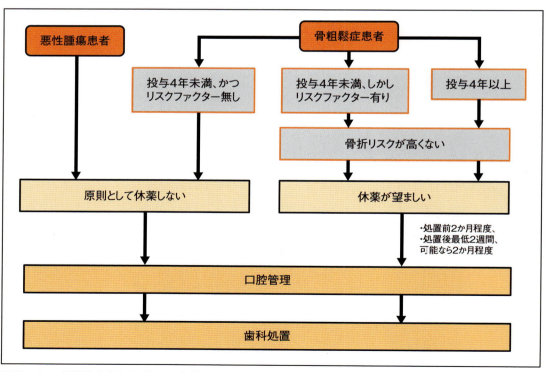

図Ⅲ-4-21　侵襲的歯科処置時のBP製剤休薬に向けてのフローチャート

❹ 放射線性骨髄炎への対応は

- 放射線性骨壊死とは、放射線治療後数カ月から数年を経過して、照射野に含まれていた顎骨が失活した状態をいい、さらに口腔内細菌の感染をきたして骨髄炎を発症した状態を**放射線性骨髄炎**という。
- 照射野内の慢性歯周組織炎の存在や抜歯などの侵襲的処置が誘因となる．
- 総線量 50 〜 60 Gy 以上で発症リスクが増大し[28)]、下顎骨の大臼歯頬側から下顎枝にかけての外斜線部に好発する。照射野外には拡大しない。
- 局所症状は、口腔内に骨が露出し、慢性骨髄炎の症状を呈する。経過中に急性炎に移行した場合は、著明な疼痛、腫脹、開口障害を起こし、膿瘍や瘻孔の形成が認められる。骨体部が広範囲に冒されると**病的骨折**を起こす（**図Ⅲ-4-22**）。
- 治療としては、骨露出部や瘻孔があれば洗浄し、抗菌薬の投与と口腔管理で経過観察を行う。壊死骨分離を待ち、分離を認めた場合は腐骨除去を行う。
- 骨壊死が広範な場合や病的骨折をきたした場合は、下顎骨区域切除術や腓骨皮弁による再建術が行われる（**図Ⅲ-4-23**）。

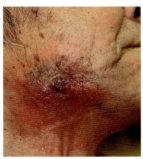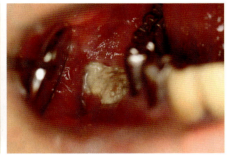

図Ⅲ-4-22a　右側顎下部の皮膚瘻孔、右側下顎歯肉に骨露出を認める

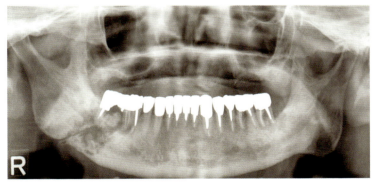

図Ⅲ-4-22b　パノラマエックス線写真。右側下顎角部に病的骨折をきたしている

図Ⅲ-4-22　放射線性顎骨骨髄炎による下顎骨病的骨折症例
80歳、男性。中咽頭癌で 10 年前に放射線外照射 70Gy 施行されていた

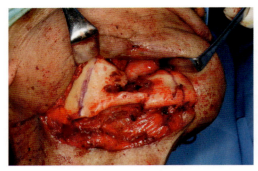
図Ⅲ-4-23a　放射線性顎骨骨髄炎の範囲を確認

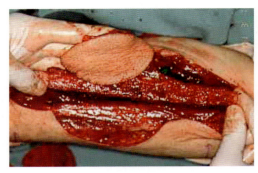
図Ⅲ-4-23b　腓骨皮弁の挙上

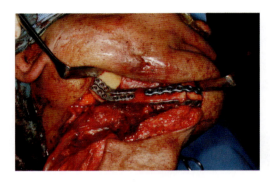
図Ⅲ-4-23c　下顎骨区域切除を行い、腓骨により再建

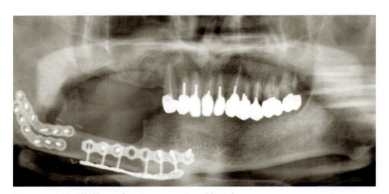
図Ⅲ-4-23d　術後のパノラマエックス線写真

図Ⅲ-4-23　放射線性下顎骨骨髄炎に対する腓骨皮弁再建症例（69歳　男性）

- 高気圧酸素療法（HBO）は、単独での改善率は高くないが、外科的治療との併用により外科的治療の効果が向上するという報告がある[29]。
- 放射線照射後の口腔内は、粘膜萎縮、唾液分泌障害、瘢痕、線維化のため、自浄作用が著しく低下し、歯周炎やう蝕が進行しやすく、辺縁性や根尖性歯周炎、義歯潰瘍などから骨への外傷、感染が加わり、放射線骨髄炎発症のリスクが増大する。
- 放射線性顎骨壊死を予防するためには、顎骨への放射線照射前に感染源となりうる歯の処置や保存不可能な歯の抜歯を行うことが重要である。

■口腔感染症診断のフローチャート（文献30より引用、一部改変）

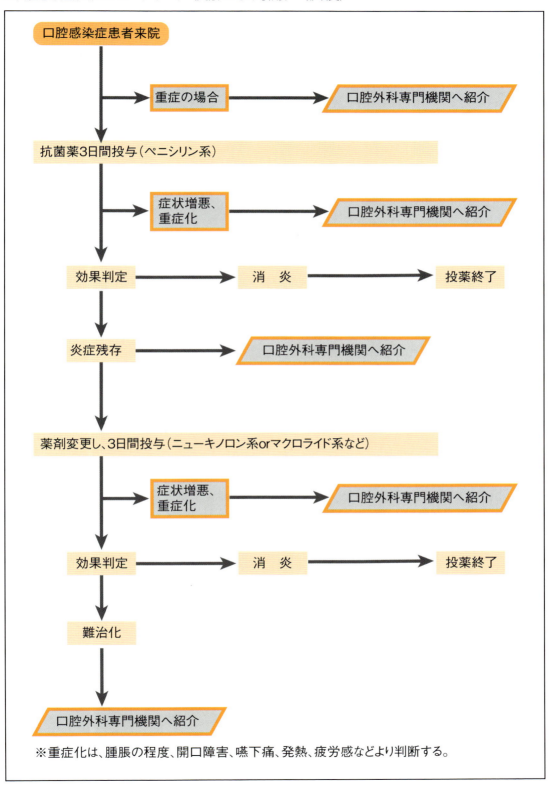

※重症化は、腫脹の程度、開口障害、嚥下痛、発熱、疲労感などより判断する。

■参考文献

1）吉位　尚，他：口腔より派生する重症感染症の問題点と口腔ケアの課題．口腔感染症学会雑誌（5）：28-34，1998.

2）Yoshii T., et al.：Subdural empyema after tooth extraction in which Capnocytophaga species was isolated. Scand J Infec Dis（32）：704-705, 2000.

3）山根伸夫：歯科口腔外科領域における抗菌薬効果判定基準（新評点法）．歯薬療法（17）：103-109，1998.

4）近藤誠二，他：広範な頬部皮膚皮下組織壊死を伴った壊死性軟部組織感染症の一例．Dental Medicine Research 32：199-204，2012.

5）Anaya DA, et al: Necrotising soft-tissue infection: diagnosis and management. Clin Infect Dis 44: 705-710, 2007.

6）楠元順哉，他：頭頸部領域における壊死性筋膜炎に対するLRINEC scoreの有用性の検討，日口外誌 61: 505-512，2015.

7）土田哲也：重症皮膚・軟部組織感染症（壊死性筋膜炎）の鑑別と対処法．日皮会誌 120: 11-14, 2010.

8）Everrett ED and Hirschmann JV: Transient bacteremia and endocarditis prophylaxis. A review. Medicine 56: 61-77, 1977.

9）Yoshii T., et al.：Evaluation of oral antimicrobial agent levels in tooth extraction. Oral Surg Oral Med Oral Pathol（91）：643-648, 2001.

10）伊藤喜久：炎症と生体反応．Medical Technology別冊 病気の成り立ちと臨床検査．31-39，医歯薬出版，東京，1993.

11）石川武憲：口腔外科学（宮崎　正　編）．第2版，医歯薬出版，東京，133-175，2000.

12）医療情報科学研究所　編：病気がみえるvol.2．循環器疾患．第1版，MEDIC MEDICA，東京，186-189，2004.

13）Nakatani, S., et al.：Current characteristics of infective endocarditis in Japan: an analysis of 848 cases in 2000 and 2001. Circ J 67: 901-905，2003.

14）西原崇創：そこが知りたい！感染症一刀両断！．第1版，三輪書店，東京，149-151，2006.

15）宮武邦夫，他：感染性心内膜炎の予防と治療に関するガイドライン（2008年改訂版）．循環器病の診断と治療に関するガイドライン2007年度合同研究班（日本循環器学会、日本胸部外科学会、日本小児循環器学会、日本心臓病学会），2008.

16）2008 AHA Guideline-Bacterial Endocarditis Prophylaxis. J AM Coll Cardinal 52: 676-685, 2008.

17）Guidelines on the prevention, diagnosis and treatment of infective endocarditis update 2009: European Heart Journal 30: 2369-2413, 2009.

18）National Institute for Health and Clinical Excellence: Prophylaxis against infective endocarditis 2008. www.nice.org.uk

19）Dayer M J, et al: Incidence of infective endocarditis in England, 2000-13: a secular trend, interrupted time-series analysis. Lancet 385: 1219-1228, 2015.

20）高橋雅幸：歯性上顎洞炎の診断と治療．日歯先技研会誌 15：64-69，2009.

21）國弘幸伸：上顎洞疾患の治療に関する最近の考え方．日本口腔外科学会編：別冊the Quintessence 口腔外科 YEAR BOOK口腔外科ハンドマニュアル'12. 1　88-194，2012.

22）藤田清秀　編著：日本臨床内科医会叢書─内科医に必要な口腔疾患の知識─．2003.

23）Marx R E: Pamidoronate(Aredia) and zoledronate(Zometa) induced avascular necrosis of the jaws: a growing epidemic. J Oral Maxillifac Surg 61: 1115-1118, 2003.

24）Tara LA, Sarah MD, et al: Stage 0 osteonecrosis of the jaw in a patient on denosumab. J Oral Maxillofac Surg 72: 702-716, 2014.

25）American association of oral and maxillofacial surgeons: Medication-related osteonecrosis of the jaw- 2014 update.

26）古土井春吾，他：ビスフォスフォネート製剤関連顎骨壊死症例の転帰に影響する因子についての検討．口腔感染症誌 21: 2-7, 2014.

27）顎骨壊死検討委員会：骨吸収抑制薬関連顎骨壊死の病態と管理：顎骨壊死検討委員会ポジションペーパー2016(https://www.jsoms.or.jp/ medical/ wp-content/uploads/2015/08/position_paper2016.pdf)

28）大石伸一郎：顎骨切除を行った下顎骨放射線性骨壊死症例の臨床病理組織学的検討．日口外誌 47:8-18, 2001.

29）原　巌，他：放射線性骨壊死に対して高気圧酸素治療を主体として治療を行った4例．九州歯会誌 64:6-13,2010.

30）麻柄真也：開業医の口腔感染症治療と病診連携．口腔感染症学会雑誌（9）：28-30，2002.

〔古土井春吾・古森孝英〕

5 顎変形症

1 開業医が行う歯列・咬合の診査

1 正常咬合と不正咬合

① 正常咬合〜診査ポイント

A．顎顔面（顔貌）

a）正面観（図Ⅲ-5-1）
- 上顔面の正中線を基準に左右対称性をチェック（オトガイの左右ずれ、左右口角の高さ、口唇線 lip line（上唇下縁のライン）の水平性）
- 上中下顔面高の黄金比（垂直的なバランス）

現在の美しい顔貌の基準が西洋化しており、西洋美人の黄金比（髪の生え際、眉間、鼻下点、オトガイ下縁間が3等分の比率）が理想型ともいわれるが、顔全体と各パートが調和しているかどうかの評価は、実際には杓子定規なものではなく、最も個性的な部分であるために難しい。

b）側面観（図Ⅲ-5-2）
- 側貌から骨格型を読む

骨格型分類（頭蓋を基準にして、上顎骨、下顎骨の前後的位置関係）も軟組織から類推〜眉間を通る眼耳平面の垂線を基準にして、軟組織の眉間点、鼻翼点、オトガイ点のうち外れているところが問題点！（図Ⅲ-5-3）

c）その他の審美的評価ポイント

垂直的なバランス、esthetic line（鼻尖〜オトガイを結ぶ線と上下唇の位置関係。日本人成人標準値で、上唇0mm、下唇2mm前方、増齢的に減少する。西洋人では鼻尖が高いため上下唇が少しライン内側に位置する）（図Ⅲ-5-2）

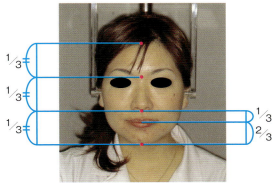

図Ⅲ-5-1

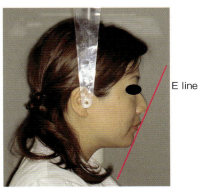

図Ⅲ-5-2

B．口腔内外診査（図III-5-4～6）

a）歯（数・置・形態・萌出状態の異常、歯列弓の変形）

b）軟組織（lip line～安静時に上顎中切歯切端より上１～３mm、小帯付着位置、舌のサイズ・置・運動、口蓋扁桃腫脹など）

c）咬合状態（上下歯列正中のずれ、前歯部被蓋（overjet／overbite 約＋２～３mm 標準）、第一大臼歯の近遠心咬合関係 I、II、III級（図III-5-3）～上顎第一大臼歯の近心頬側咬頭三角隆線が下顎第一大臼歯頬側溝と咬合している関係がI級）、交叉咬合・鋏状咬合、早期接触の有無など）

C．動的・機能的な所見

・**Smile line**（図III-5-4）、顎関節症、下顎運動路の偏位、発音障害など

D．エックス線診査（パノラマ）

・歯（欠損歯、過剰歯、埋伏歯）、歯槽骨・上顎洞の状態、下顎頭形態

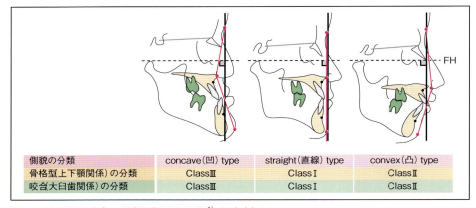

図III-5-3　不正咬合の分類（W.R.Proffit[1]）を改変）

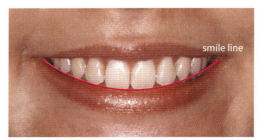

図III-5-4　整った歯並びと口元
smile line（上顎前歯切端を結ぶ仮想彎曲線）は 4+4 切端の彎曲が、笑った時に下唇上端に一致し、８本の前歯がきれいに見えている状態が美しいといわれる

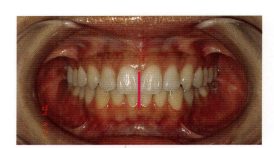

図III-5-5　上下正中一致

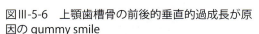

図III-5-6　上顎歯槽骨の前後的垂直的過成長が原因の gummy smile
（笑ったときに、lip line が高く上顎前歯歯肉がみえてしまう状態⇒上顎前歯部が乾燥しやすいため、う蝕や歯周病などに罹患しやすくなる）

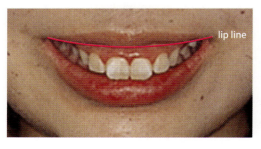

② **不正咬合【顎変形症例】**

A. 下顎前突症例（図III-5-7 〜 8）

　主訴：咀嚼障害。骨格性下顎前突であるため、外科的矯正治療（下顎骨後方移動 15mm）にて主訴改善を行った。

【術前】concave（陥凹）type、臼歯関係III級、
　　　　overjet － 9.5mm ／ overbite ＋ 1 mm【両側臼歯部交叉咬合】

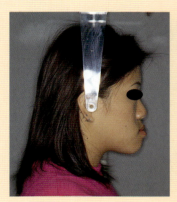
図III-5-7a

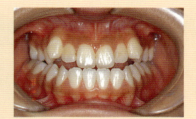
図III-5-7b

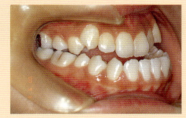
図III-5-7d

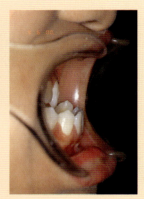
図III-5-7c

【術後】両側下顎枝矢状分割術

図III-5-8a

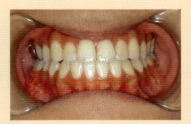
図III-5-8b

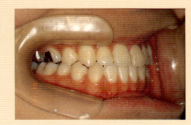
図III-5-8d

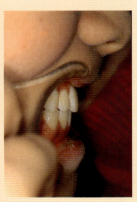
図III-5-8c

B．上顎前突・開咬症例（図Ⅲ-5-9～10）

主訴：咀嚼障害。骨格性開咬であるため、外科的矯正治療で上顎臼歯部の圧下および下顎前歯部の挙上を行った結果、術後は前歯部での咬合も可能となった。

【術前】convex（前突）type，臼歯関係Ⅱ級、
　　　　overjet ＋ 12.5mm ／ overbite － 13mm【開咬】

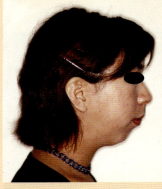

図Ⅲ-5-9a

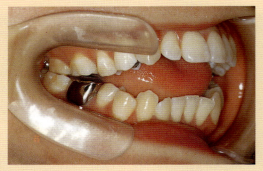

図Ⅲ-5-9b

【術後】Le Fort Ⅰ、両側下顎枝垂直骨切り術

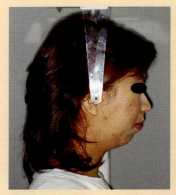

図Ⅲ-5-10a

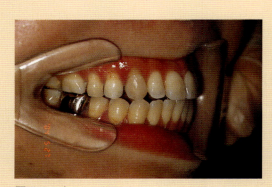

図Ⅲ-5-10b

C．上下顎骨偏位症例（図Ⅲ-5-11～12）

主訴：咀嚼障害、顎関節疼痛。上下顎骨の骨格的な偏位があったため、外科的矯正治療を施行。口唇線や下顎枝およびオトガイ部の左右非対称感がなくなり、咬合平面もほぼ水平となった結果、主訴も改善された。

【術前】

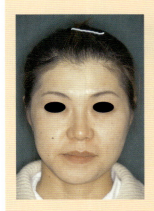
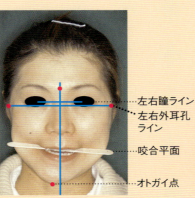
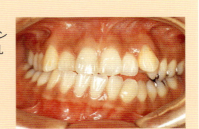

図Ⅲ-5-11a　上下顎骨の左右非対称　　図Ⅲ-5-11b　咬合平面右上がり　　図Ⅲ-5-11c　下顎歯列右方偏位、左側前臼歯部開咬

【術後】Le Fort Ⅰ、右側下顎枝矢状分割術、左側下顎枝垂直骨切り術

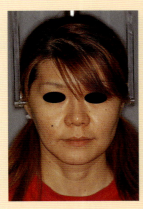
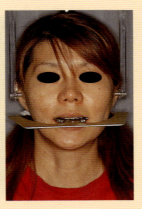
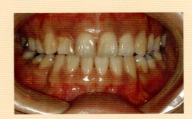

図Ⅲ-5-12a　　図Ⅲ-5-12b　　図Ⅲ-5-12c

❷ 生理機能的に整った個性正常咬合（treatment goal）

- 咬合を構成する個々の条件には、非常に個人差がある。矯正治療で目指すゴールは、各個人にとって最良の咬合状態であり、これをいわゆる**個性正常咬合**という。
  - ●生理機能的に整った個性正常咬合（歯並び・咬み合わせ）
  - ●健康な歯周組織（歯肉・歯槽骨）
  - ●均整のとれた顔貌とリラックスした自然な口元（リップライン・リップシール）
  - ●調和のとれた口腔周囲筋と健康な顎関節
- これらの四つの各要素は、相互間に強く影響を及ぼし合って、健全な口腔の環境を作っている。矯正治療においては、これらの要素が一つ欠けても、長期に安定した治療結果が望めない。
- 外科的矯正治療を適用することで、これらの各要素に対してより安定した treatment goal が設定できる場合もある。

2 口腔習癖への対応

❶ 代表的な口腔習癖と具体的な対処法 （表Ⅲ-5-1）

- 発生頻度の最も多い習癖は吸指癖で、乳児期には生理的な現象であるが、幼児期には 1/3 〜 1/2 と徐々に減少していく。
- 反対に爪咬みは 5 〜 6 歳（学童期）から増加していくことから、ストレスなどの原因も考えられる。
- 精神心理的なことが誘因の場合、習癖を強制的に止めさせようとすると、別の心理的な問題を引き起こすことも多い。動機づけを工夫しながら、根気よく、生活環境なども充分考慮して習癖除去の指導を行う必要がある。

表III-5-1

習癖	チェックポイント	誘発されやすい不正咬合や習癖	対処法
指しゃぶり（吸指癖）	指ダコの有無をチェック	⇒開咬、上顎前突と歯列狭窄、高口蓋、舌突出癖	5歳頃までに止めさせれば、不正咬合の自然治癒も多い
舌突出癖	舌足らずな発音（発音時に歯の間からよく舌が観察できる）	⇒舌突出部の前突や開咬、空隙歯列外科的矯正治療後の後戻りの代表的原因のひとつ	舌運動・嚥下・発音トレーニング
異常嚥下癖（幼児型嚥下の残留）（図III-5-13（p.146「正常嚥下のパターン」）参照）	異常嚥下癖（幼児型嚥下の残留）では、嚥下時に舌が上下の前歯間から突出したり【舌突出癖】、前歯舌側を強く押したりする。同時に口輪筋・オトガイ筋の強い緊張も観察される。ときに、上下の歯が接触しない嚥下もみられる【無咬合型嚥下】	⇒前歯唇側傾斜・開咬、外科的矯正治療後の後戻りの代表的原因	舌運動・咀嚼・嚥下トレーニング
咬唇癖・吸唇癖	唇周囲の乾燥や荒れなど	力の方向によって、開咬や上顎前突へ。たとえば、下唇を前歯にはさむ癖が続くと次のような悪循環サイクルへ陥ってしまう。⇒上顎前歯唇側傾斜と下顎成長抑制による上顎前突へ⇒上顎前突がすすむと口唇閉鎖（リップシール）が困難に⇒口呼吸になり、口輪筋の力が弱まる⇒上顎前歯唇側傾斜、上顎前突がますます悪化	精神的な発育状態や生活環境などの背景因子にも考慮が必要
口呼吸	リラックスした状態にさせ（水平位でも可）、鼻の前にミラー、口の前に少量の綿をかざしてしばらく観察する左右の鼻呼吸の有無はミラーの曇り状態で、口呼吸は綿の揺れで判断できる	⇒口輪筋弛緩と頬筋の過活動⇒上顎狭窄歯列弓　⇒下顎骨の後下方回転　⇒上顎前突・骨格性開咬・アデノイド様顔貌	アデノイド・口蓋扁桃肥大・慢性鼻咽頭疾患がある場合は専門医のもとでの治療を勧める
【低位舌】（図III-5-14）	舌が口底に付いたままで、動きが悪い状態口呼吸や下顎前突者によく観察され、下顎を前下方へ突出させる原因にもなる低位舌の見つけ方：口を大きく開けても、舌位が変化せず舌尖も後退しない状態【弱い舌運動】	⇒下顎骨の前下方回転と低位舌⇒下顎前突外科的矯正治療後の後戻りの代表的原因のひとつ	舌運動トレーニング
咬爪癖（爪かみ）（図III-5-15・鉛筆咬み）	爪などをチェック		精神心理的なストレスなど、背景因子にも考慮が必要できるだけ早く習癖除去を勧める
術後の安定を妨げる姿勢や態癖（頬杖、食事中の片側噛み、睡眠態癖、片寄った姿勢、楽器演奏、パイプ喫煙、鉛筆噛みなど）	いずれも作用時間が長く、力の強いものほど歯列への影響が大きい		

III

❺ 顎変形症

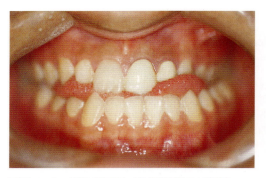
図Ⅲ-5-13 異常嚥下癖（幼児型嚥下の残留）

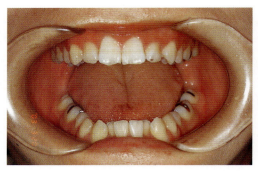
図Ⅲ-5-14 低位舌

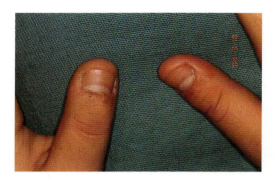
図Ⅲ-5-15 咬爪癖（爪かみ）
咬爪癖のため爪切りの必要がない親指

■ 正常嚥下（成人型嚥下）のパターン（図Ⅲ-5-16）

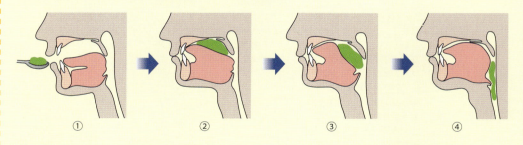

図Ⅲ-5-16 （文献2より引用改変）

①摂取した食物はよく咀嚼した後、舌背の上に集める。
②舌尖を上顎前歯よりやや後方の口蓋に当てて、舌背前方部から後方部を順に硬口蓋へ押し上げながら（舌の挙上）、食塊を軟口蓋へ送り込む。
③舌後方部と軟口蓋を使って、さらに咽頭部へ送り込む。
④嚥下反射により、咽頭部から食道へ送られる。
観察ポイントは
　・臼歯は噛みしめられており、咬筋など咀嚼筋の活動がある。
　・口輪筋の活動はほとんどなく、口元の緊張はみられない。
　・舌が外から観察できない。
離乳期は正しい嚥下パターン修得に非常に大切な時期である。早期に普通食に移行したために、補食、咀嚼、嚥下の自然発達が阻害され、幼児型嚥下が残存する場合もある。

❷ 習癖への対応は早期解決

- 歯に対して何らかの力が加わった場合、たとえ弱い力であっても、作用時間が長ければ、歯は簡単に移動させられてしまう【持続的で弱い力】（図Ⅲ-5-17）。
- 歯列不正や顎骨形態異常の原因とも成り得る悪い生活習慣や軟組織の問題は、骨格性の不正咬合に移行する前に早期（**dental age ⅢA 頃：p.148 コラム参照**）に手をつけるのが一番（図Ⅲ-5-18）。

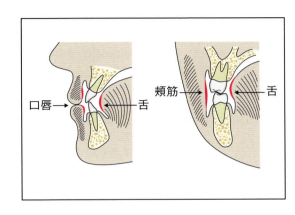

図Ⅲ-5-17　歯や歯槽骨は、口腔周囲筋から三次元的に常に力を受けている（T.M.Graber[3]）

● 舌、唇など軟組織の位置と咬合の関係（B.E.Lischer[*3]）

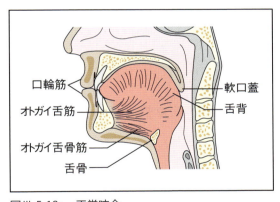

図Ⅲ-5-18a　正常咬合

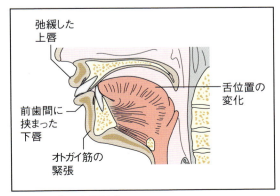

図Ⅲ-5-18b　上顎前突

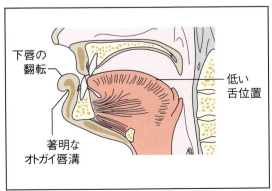

図Ⅲ-5-18c　下顎前突

- 長期間の習癖で不正咬合が進むと、発音や機能障害が生じたり、顎骨の変形にもつながるため、専門医のもとで適切な時期に習癖除去と不正咬合改善のために矯正装置を適用する。
- 早期治療は、患者さんの負担も少なく、自然に正しい嚥下、咀嚼、発音機能を身につけやすく、顎顔面や口腔周囲器官の健全な発達も期待できる。
- 軟組織の問題は、顎骨を短期間で大きく動かす外科的矯正治療後の予後安定にも大きく影響する。

■ よく使われる Hellman の歯（年）齢について

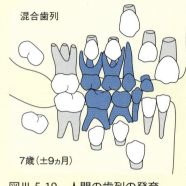

混合歯列
7歳（±9ヵ月）

ⅡA（attainment）：乳歯咬合完成期　　いわゆる乳歯列
ⅡC（commencement）：第一大臼歯および前歯萌出開始期
ⅢA：第一大臼歯萌出完了と前歯萌出完了または萌出中
　　　　　　いわゆる混合歯列前期（図Ⅲ-5-19）
ⅢB（between）：側方乳歯群脱落・後継永久歯萌出期
　　　　　　いわゆる混合歯列後期
ⅢC：第二大臼歯萌出開始期
ⅣA：第二大臼歯萌出完了期
　　　　　　いわゆる永久歯列

図Ⅲ-5-19　人間の歯列の発育
（Schour and Massler[3] より改変）

---

3 審美と咬合の兼ね合い

❶ 要求は患者さんによりマチマチ

- 顎変形症に対する外科的矯正治療は、現在わが国において、健康保険給付の対象＊として認められている。これは顎変形症すなわち顎顔面骨格や咬合の異常に起因する顎口腔機能障害を改善することが、患者さんの QOL 改善に大きく寄与すると考えられているためである。
- これらの手術後には顔貌に大きな変化が現れることも事実であり、形態（審美）と機能（咬合）は相互に関連性が強い。外科的矯正治療はこの双方に満足の得られるように計画を立て、治療を行う点で、審美を重視する美容整形とは治療目的や内容が異なる。
- 患者さんの具体的な主訴は、たとえ同じような病態であっても個々に異なり、術後の満足度に違いが出る場合もある。無用のトラブルを防ぐためには、術者だけでなく患者さんも、術前に外科的矯正治療で改善できることをよく理解し、治療の目的・内容について十分把握しておくことが大切である（図Ⅲ-5-20、21）。

● 下顎骨後方移動術後に丸顔になって男らしさがなくなったと訴えた例

【術前】

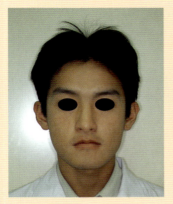

図III-5-20a

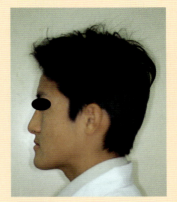

図III-5-20b

【術後】

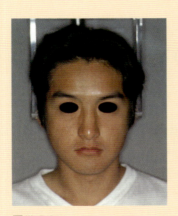

図III-5-21a

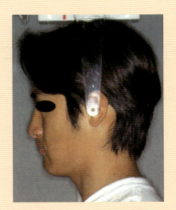

図III-5-21b

◆◆顎変形症以外にも、先天異常に起因する次の50疾患の矯正治療および外科的矯正治療が保険適用として認められている【自立支援医療（育成医療）】◆◆

1 口唇口蓋裂、2 ゴールデンハー症候群（鰓弓異常症を含む）、3 鎖骨・頭蓋骨異形成、4 トリチャーコリンズ症候群、5 ピエールロバン症候群、6 ダウン症候群、7 ラッセルシルバー症候群、8 ターナー症候群、9 ベックウィズ・ヴィードマン症候群、10 ロンベルグ症候群、11 先天性ミオパチー（先天性筋ジストロフィーを含む）、12 顔面半側肥大症、13 エリス・ヴァン・クレベルド症候群、14 軟骨形成不全症、15 外胚葉形成不全症、16 神経線維腫症、17 基底細胞母斑症候群、18 ヌーナン症候群、19 マルファン症候群、20 プラダーウィリー症候群、21 顔面裂、22 大理石骨病、23 色素失調症、24 口-顔-指症候群、25 メービウス症候群、26 カブキ症候群、27 クリッペル・トレノーネイ・ウェーバー症候群、28 ウィリアムズ症候群、29 ビンダー症候群、30 スティックラー症候群、31 小舌症、32 頭蓋骨癒合症（クルーゾン症候群、尖頭合指症を含む）、33 骨形成不全症、34 口笛顔貌症候群、35 ルビンスタイン-ティビ症候群、36 常染色体欠失症候群、37 ラーセン症候群、38 濃化異骨症、39 6歯以上の先天性部分（性）無歯症、40 チャージ症候群、41 マーシャル症候群、42 成長ホルモン分泌不全性低身長症、43 ポリエックス症候群、44 リング18症候群、45 リンパ管腫、46 全前脳（胞）症、47 クラインフェルター症候群、48 偽性低アルドステロン症（ゴードン症候群）、49 ソトス症候群、50 グリコサミノグリカン代謝障害（ムコ多糖症）

2 軟組織と硬組織の関係

- 一般的に、骨格形態のずれや不調和の改善を行っても、その周りの軟組織へ反映される割合は100%ではない。このため機能の回復と比較して、審美面での改善度が低くなる場合もある。
- 下顎骨後方移動後の下唇の後退量は、顎骨移動量のおよそ 2/3 ともいわれるが、実際に軟組織が変化する様相は、部位やその性状、個体によっても差異が大きく、特に上下唇など動きのある部位の正確な変化量予測は難しい（図Ⅲ-5-22）。

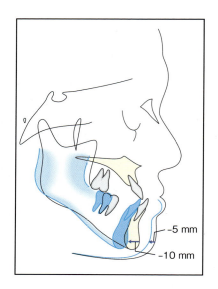

図Ⅲ-5-22　下顎後方移動術での後退骨のオトガイ部－10mm、軟組織オトガイ部－5mm

4 顎矯正治療の開始時期について

1 矯正は何歳まで可能でしょうか

- 症例による個人差もあるが、原則的には歯槽骨があれば歯の移動は何歳でも可能である。
- ただし増齢的に骨再生能が低下するので、歯の移動スピードや術後のリカバリーが遅くなったり、歯周病の充分なコントロールが必要となったり、後戻りしやすかったりと、若年者に比べるといろいろな面でハンディキャップがあることも知っておかねばならない。
- 顎骨の成長コントロールが必要な症例には、小児期からの矯正治療が必要であり、成長終了まで経過を見守るため治療期間も長くかかる。

2 目安としての骨年齢

- 骨年齢は骨成熟度の指標の一つであり、身体の成長状態と強い相関がある。標準的な成長を示す小児の骨成熟状態を、その暦年齢と同じ数値の骨年齢（Bone age）とすることが定義されている。
- 骨年齢評価法の代表的なものには、左手部（骨端骨・手根骨）のエックス線写真を使って形状変化を評価する Greulich-Pyle 法や TW2 法などがある【スコア法】。
- 簡便な方法には、TW2 法に基づいた標準成熟像を示す、日本人小児左手部エックス線写真をアトラスとして用いる方法[4]もあり、一般の矯正臨床でもよく利用されている【アトラス法】（図Ⅲ-5-23）。
- 拇指尺側種子骨（sesamoid）の出現（図Ⅲ-5-23c）は、男子では思春期の身長最大発育期ごろ、女子ではピークの約半年前ごろを示すともいわれる。

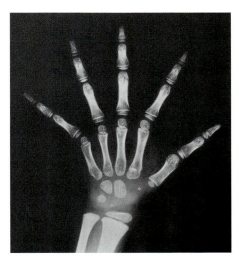

図III-5-23a　男子　骨年齢 6.3 歳

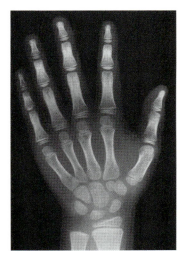

図III-5-23b　男子　骨年齢 7.9 歳

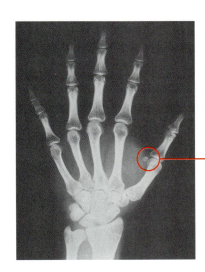

― sesamoid

図III-5-23c　男子　骨年齢 adult

（図III-5-23a 〜 c：日本人標準骨成熟アトラス．村田光範ら[4]より転載）

❸ 思春期との関係

- 思春期性のスパートで身長の伸びる時期には、顎骨（特に下顎骨）成長も著しい。矯正治療では、骨年齢評価法を活用して、適切な時期から顎骨の成長コントロールが開始される。
- 一般的に顎変形症の手術適応時期は、咬合の安定を考慮した場合、思春期性のスパートも終えて骨年齢が成人に達し、身長や顎骨の成長がなくなってから（女性 17 〜 18 歳以降、男性 18 〜 20 歳以降）がよいといわれる（それまでは成長コントロールの治療適用）。
- 非常に重篤な顎変形がある場合や、早期に変形の治療をすることで咀嚼や発音機能の早期改善が期待され、社会心理学的にも大きなメリットがある場合は、将来的に二次手術も受け入れてもらえる条件で、早期の手術適用も考えられる。
- 骨延長術の適用についても、延長距離の非常に大きな重篤症例については、軟組織の柔軟な適応能力などの問題から、若年者への適用も積極的に考える必要性が出てきている。

5 顎矯正手術の選択基準は

❶ 手術をするのかしないのか

- 歯の移動による矯正治療では限界があり、顎骨の変形を改善する必要がある場合に手術適用となる。原則として成長が終了した後に実施する。
- 鑑別診断には、精密検査（正面・側面セファログラム、CT、顔貌診査など）の形態・機能分析が必要である。
- 最近普及している dental CT も利用し、骨や歯を精査する（皮質骨・切歯管など骨内構造物、歯槽骨幅径、歯冠歯根比、歯根形態などの情報から歯の移動量の限界を確認）（**図Ⅲ-5-24、25**）。
- 患者自身の顔面変形に対する認識内容・治療動機・外科手術への期待度・社会適応性・術後ストレスへの耐性度などの評価を十分行い、心理・精神面から手術適用の可否を評価することも重要である。

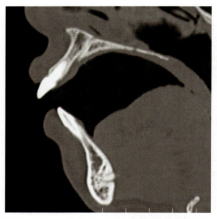

図Ⅲ-5-24　上顎前方歯槽骨切り術適用例
上下顎歯槽骨幅径狭窄、前歯短根で切歯管近接、前歯の歯軸改善が望めない上顎前突・開咬

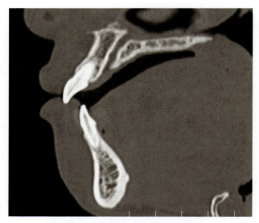

図Ⅲ-5-25　非手術矯正治療適用例
上顎前歯と切歯管の間の歯槽骨幅があり、上顎前歯舌側傾斜による咬合改善が望める上顎前突

❷ 下顎単独かそれとも上下顎か

- 顎変形の原因が上・下顎骨のどこに起因するのか正確に精査し、上顎骨の変形も顕著で改善の必要がある場合には上下顎骨の手術適用となる
- 構造的な移動限界（下顎骨筋突起、下顎骨後縁、翼状突起、翼口蓋窩、鼻腔）を考慮し、それぞれの適正移動範囲を超える場合には、上下顎手術を選択する。
- 手術の侵襲差異、術後麻痺の範囲・頻度、術後安定性・後戻りなども考慮する。

❸ SSRO か IVRO か

- 最も汎用される下顎骨分割術として口内法の2術式があり、下顎骨形態や骨片移動量・方向の術前予測などを考慮して適用を選択する。
- 骨格性下顎前突・後退症、下顎非対称、骨格性開咬症、陳旧性変性治癒下顎骨骨折などが適応症。

[下顎枝矢状分割術 sagital splitting ramus osteotomy（SSRO）]（図Ⅲ-5-26）

下顎枝を矢状方向に内外の骨片（筋突起・関節突起を含む近位骨片と下顎骨体を含む遠位骨片）に分割し、遠位骨片の移動量・移動方向の許容範囲が大きい手術。術中の骨片固定が必要で、固定前に下顎頭の位置確認が重要。

- 下歯槽神経の鈍麻など術後合併症を回避するためには、下顎管と外側皮質骨間にスペースのある、下顎枝幅が厚いタイプ向き（**図Ⅲ-5-27**）。
- 骨片固定を行うため IVRO より入院・顎間固定期間が短く不要な場合もある。下顎骨の前方移動術も可能であるが、術後の PCR（Progressive Condylar Resorption 進行性下顎頭吸収）には配慮が必要。

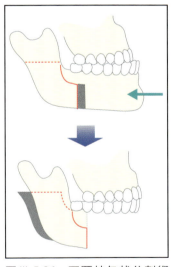

図Ⅲ-5-26　下顎枝矢状分割術
（文献5より転載）

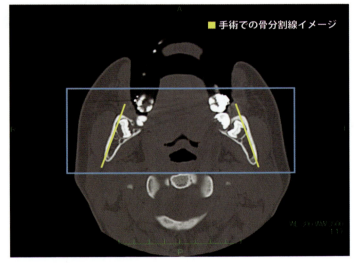

図Ⅲ-5-27　SSRO 適用例
IVRO 分割想定線を確認～左右側下顎枝外側皮質骨と下顎管の間の海綿骨幅が十分存在（下顎埋伏智歯の事前抜歯必要）

[下顎枝垂直骨切り術 intraoral vertical ramus osteotomy IVRO]（図Ⅲ-5-28）

下顎枝を下顎孔後方で垂直（下顎切痕～翼突筋付着部）に分割し、関節突起を含む近位骨片と筋突起を含む遠位骨片に分割する方法。骨片固定不要も、顎間固定と術後エラスティックトレーニングが必要で、怠ると下顎骨後退や開咬が出現する。

- 術後の下顎幅径拡大を避けるには、下顎枝幅が狭い骨形態に適用。
- 骨片固定しないため、術後の下顎頭位置は咀嚼筋などによる自然位をとる。顎関節は生理的な状態に再構築されるため、術前の下顎頭・関節円板の位置偏位例、顎関節に問題がある症例などに適用しやすい。

- 下顎骨の前方移動術で骨接触が得られない場合は適用できない。
- 下顎埋伏智歯の抜歯残存例へも適用可能（**図Ⅲ-5-29**）。
- 一般にSSROと比較し分割断面が小さく、出血量が少なく、下歯槽神経鈍麻の発症率が低い（**図Ⅲ-5-30**）。

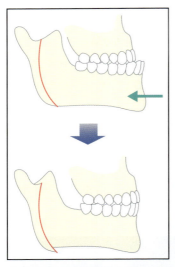

図Ⅲ-5-28　下顎枝垂直骨切り術（文献5より転載）

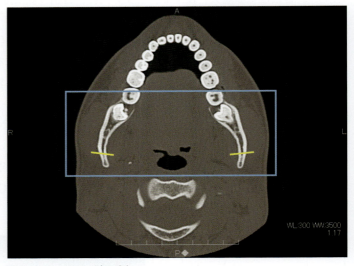

図Ⅲ-5-29　IVRO適用例
IVRO分割想定線を確認〜左右側下顎枝外側皮質骨と下顎管の接触、下顎枝後方部の内側弯曲を認める

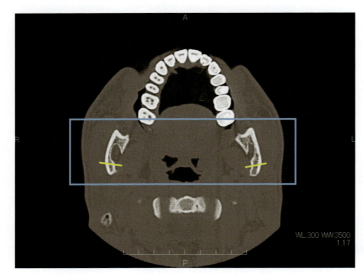

図Ⅲ-5-30　IVRO適用例
IVRO分割想定線を確認〜左右側下顎枝外側皮質骨と巨大下顎管の間の海綿骨狭窄を認める

④ Le Fort I 型か 歯槽部骨切り術か

[Le Fort I 型骨切り術]（図III-5-31）
- 上顎骨の前後的あるいは垂直的劣・過成長症例、上顎咬合平面の水平的位置異常や傾斜を認める上顎骨が非対称な偏位症例が適応症。
- 上顎骨の Down fracture 後に直視化で骨削除を行うが、後方移動量の限界は上顎結節の範囲内に設定する。
- 口蓋裂など上顎の血流不良例へは慎重な適用が必要で、後戻りも考慮する必要がある。

[上顎前歯部歯槽骨切り術]（図III-5-32）
- 上顎骨前方部の過大や垂直的過成長に対して、縮小や挙上による改善が必要な場合（上顎前突症、ガミースマイルなど）に適用。
- 通常、術中に上顎左右第一小臼歯を抜歯し、同部の歯槽骨と口蓋側の骨切りを行い、前歯歯槽骨を上方・後方に移動させる。口蓋粘膜骨膜を横断的に切開剥離する［Wunderer 法］、トンネル状に骨膜剥離する［Wassmund 法］などがある。骨片移動量の予測診断時には前歯の根尖位置に配慮が必要。

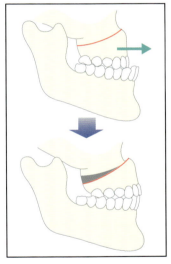

図III-5-31　Le Fort I 型骨切り術（文献5より転載）

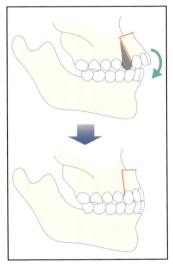

図III-5-32　上顎前歯部歯槽骨切り術（文献5より転載）

[上顎臼歯部歯槽骨切り術]
- 上顎臼歯部の垂直的過成長に対して短縮挙上改善が必要な場合（開咬症、上顎咬合平面非対称・傾斜など）

■ 顎変形症診断のフローチャート

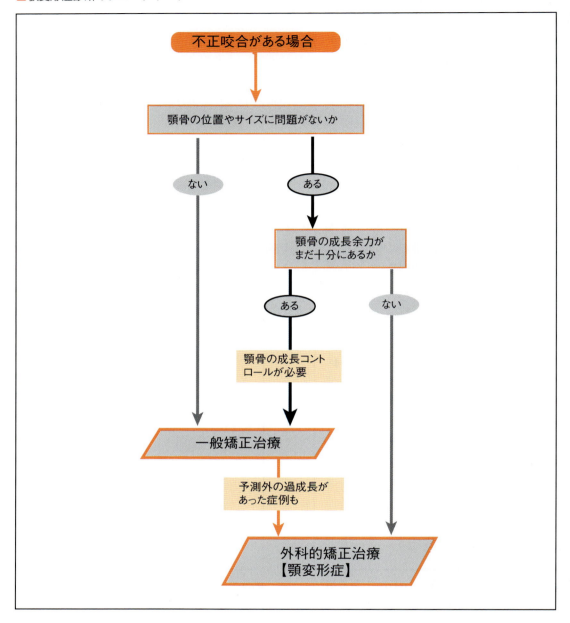

■ 参考文献

1) 高田健治 訳, 作田 守 監修：プロフィトの現代歯科矯正学．クインテッセンス出版, 東京, 158, 1989.
2) 山口秀晴, 大野粛英, 佐々木 洋 監修：口腔筋機能療法の臨床．わかば出版, 東京, 59, 62, 63, 1998.
3) 中後忠男, T.J.青葉, 松本光夫, 吉田建美, 浅井保彦 訳：グレーバー歯科矯正学（上）．医歯薬出版, 東京, 101, 156, 327, 1976.
4) 村田光範ら 骨成熟研究グループ 共著：日本人標準骨成熟アトラス〜TW2法に基づく〜．金原出版, 東京, 31, 37, 69, 1993.
5) 古森孝英 編：歯科衛生士講座 口腔外科学第2版．永末書店, 京都, 64, 2017.

（立石千鶴・古森孝英）

6 外傷

1 歯の外傷はスピード勝負

1 脱臼歯の歯髄処置はどうしますか

① 亜脱臼の場合

- 不完全脱臼は、震盪、亜脱臼、側方脱臼、陥入、挺出に分類される。
- 亜脱臼の場合、通常、固定は必要ないが、動揺と疼痛がある場合は1～2週間の固定を行う。
- 歯根未完成歯の亜脱臼では歯髄壊死の危険性は低い。仮に歯髄診断（－）の場合は、歯髄壊死の有無を確認するため少なくとも1年間は経過観察を行う。
- 歯髄診断（－）のほかに歯冠の変色、打診痛、根尖病巣などの歯髄壊死の症状がみられた場合は歯髄処置を行う。処置方法は無麻酔下でアクセスオープニングを行い、知覚反応がある（歯髄が生きている）ところまで拡大、清掃し、水酸化カルシウム製剤を充填後、経過を観察する。根尖まで歯髄壊死がみられる場合は**アペキシフィケーション**を行い、根尖が閉鎖してから根管充填を行うのがよい。
- 根完成歯でも亜脱臼歯の歯髄再生を認めることがあるため、最低1年間は注意深い観察を行い、その間に歯髄壊死の所見が認められた時は根管処置を行う。この場合でも、まずアペキシフィケーションを試みた後で根管充填を行うのがよい。
- 外傷による歯髄壊死は歯冠変色が進行することが多いため、歯冠修復の前に漂白を行うことも多い。

② 完全脱臼歯はまず再植を試みる（図III-6-1）

- 以下の項目で完全脱臼歯治療の概要を理解して頂きたい。

■ **ちょっと詳しく…**

- 固定が1～2週間では短くない？
固定期間を長くすると、歯根膜の生物学的機能回復が望めないばかりでなく、骨性癒着の原因となり歯根吸収を引き起こす。
- なぜ1年間の経過監察か？
根尖部で断裂した歯髄への血液供給が根尖からの髄腔内への毛細血管の増殖とともに再開される、いわゆる「歯髄の治癒」が1年以内に起こることがあるからである。
- アペキシフィケーションてなんだっけ？
歯髄が失活した根尖未完成歯の根尖をセメント質で閉鎖させようとする治療法（根尖閉鎖術）。水酸化カルシウム製剤を根尖まで充填する。通常6カ月後には根尖がセメント質で閉鎖され、その後完全な根管充填を行う。

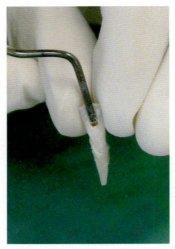

図Ⅲ-6-1　ちょっと待って!!
脱臼歯に急いで歯髄処置をする必要がありますか？

2 脱臼歯の勧められる保存法は（図Ⅲ-6-2）

- 脱臼歯の理想的な保存法は、牛乳や専用の保存液に可及的に早く浸漬させることである。牛乳では24時間、専用の保存液では24〜48時間の間、歯根膜細胞を生存させることができる。

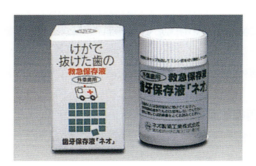

図Ⅲ-6-2　市販されている歯の保存液

■ 歯根膜細胞の生存に適しているのは？
　歯根膜細胞は乾燥に弱く、口腔外で乾燥状態にさらされると約30分では半分以上、120分では大半が死滅する。また、浸透圧やpHの変化に弱い。水道水は浸透圧が低いため歯根膜細胞は急速に細胞融解を起こす。唾液中では2時間生存可能といわれているが、やはり浸透圧が低いため保存という点では問題がある。生理食塩水は30分で歯根膜細胞活性化の喪失が始まり、保存可能時間も1〜2時間と短い。牛乳は患者さんの身近にもあり、またその浸透圧（230〜270mOsm/kg）とpH（6.5〜6.7）は歯根膜細胞の生存に非常に適している。

❸ 再植はスピードが命

- ・再植歯の生存率に最も影響を及ぼすのが、歯根膜の有無とその生死である。
- ・歯根膜は乾燥に弱く、乾燥状態で30分以上放置されてしまうと半分以上、2時間の放置ではそのほとんどが壊死に陥る。
- ・30分以内の再植を即時型再植といい、30分以上24時間以内の再植を遅延型再植という。しかし、脱離直後から牛乳や保存液に保存された24時間以内の再植は即時型再植に該当するとの考えもある。
- ・即時型再植では根管処置は行わず、まず再植することが優先される。遅延型再植では付着している歯根膜が死滅している状態の再植であるが、この場合も脱臼当日に再植を行うことが重要である。
- ・処置法の詳細は専門誌に譲るが、遅延型再植のゴールはアンキローシスであることを十分認識しておく必要がある。

2 変化する外傷歯処置の考え方

❶ 歯根吸収はどうすれば防げるのでしょうか

- ・外傷歯の歯根吸収には二つのパターンが考えられる。
- ・一つは固定期間が長いために歯根膜の生物学的機能回復が望めないばかりでなく、骨性癒着（アンキローシス）の原因となり歯根吸収（置換性吸収）を引き起こすこと。
- ・もう一つは、脱臼歯の歯髄壊死を放置することによって炎症性吸収が生じること。この炎症性吸収は通常3カ月以内に観察されるので、歯髄治癒を待つ場合には特に注意して観察する必要がある。炎症性吸収は、歯髄処置によって吸収を停止させることが可能である。

■ 置換性吸収と炎症性吸収

　置換性吸収は遅延型再植のゴールである。これは、歯根膜をもたない歯が骨組織のリモデリングに取り込まれることによって生じる。すなわち、骨組織の中に存在する破骨細胞による歯根吸収と骨芽細胞による骨の添加が同時に起こるカップリング現象によってもたらされる。一方、炎症性吸収は歯髄が壊死した歯にみられる現象で、部分的な歯根膜の欠落部において破骨細胞によってセメント質が吸収され、象牙細管が露出した時点から開始される。露出した象牙細管を通して壊死物質や細菌が歯根表面に達し炎症反応が起き、その結果出現する破骨細胞によって歯根吸収が進行する。このように歯根の吸収には破骨細胞が関与しているが、乳歯の生理的歯根吸収は破骨細胞に類似した破歯細胞によって行われることは興味の尽きないところである。

❷ 勧められる脱臼歯の固定法（図Ⅲ-6-3）

- 歯根の癒着を抑制し、歯根膜や歯槽骨の再生を促すためには、早期に生理的な状態に曝したほうがよい。したがって固定法も、顎骨骨折や歯槽骨骨折がない限り柔軟な固定法がよい。
- 完全脱臼の場合は、まず脱臼歯を抜歯窩へ軽く挿入し、歯肉と歯頸部を密接に適合させるために歯肉縫合を行う。その後、弾力性ワイヤーと接着性レジンを用いて固定するのが最良の方法である。

図Ⅲ-6-3 外傷歯の固定法（歯槽骨骨折と不完全脱臼の合併症例）

❸ 歯根破折イコール抜歯ではない（図Ⅲ-6-4）

- 複雑歯根－歯冠破折と浅部歯根破折、深部歯根破折に分けて記述する。

① 複雑歯根－歯冠破折と浅部歯根破折

- これらの歯牙破折は破折線が骨縁下まで到達しており、歯周組織からの出血も認められるため、破折片の再接着は困難である。露髄を伴っているため抜髄処置を行う。
- 生物学的幅径が破壊されていることから、複雑歯根－歯冠破折の場合は歯槽縁の一部を含め歯周外科を行うが、浅部歯根破折の場合は外科的挺出、矯正的挺出や意図的再植術を行った後に補綴的な歯冠修復を行うのがよいとの報告もある。

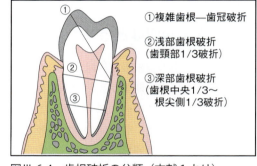

①複雑歯根－歯冠破折
②浅部歯根破折（歯頸部1/3破折）
③深部歯根破折（歯根中央1/3～根尖側1/3破折）

図Ⅲ-6-4 歯根破折の分類（文献1より）

- しかし、破折線が多数に及ぶ場合や浅部歯根破折において残存歯根が短い場合は、抜歯の適応となる。

② 深部歯根破折

- あわてて抜歯はしない。まず歯冠側破折片の整復固定を行う。この場合、歯根膜損傷は軽度なため、歯根膜再生の考慮は必要ない。固定期間は破折部の歯髄治癒を考えて3カ月程度必要とする文献がある。
- 固定を行いながら歯髄の治癒を待つが、歯髄壊死の所見が認められたら歯髄処置を行う。
- 水酸化カルシウム製剤で充填することにより、歯髄腔開口部にアペキシフィケーションと同じ現象が起こり、切断面はセメント質で閉鎖される。
- 閉鎖確認後の根管処置により根尖側の治癒が得られない場合は、根尖切除術の適応となる。

■ **生物学的幅径**（図Ⅲ-6-5）

　生物学的幅径とは、骨縁上にある約1mmの歯肉－歯根間結合組織付着と約1mmの上皮付着を合わせた2mmの幅に、健全な歯肉溝の深さの1mmを加えた骨縁上の約3mmの幅を指す。これは歯肉溝から歯周組織への細菌感染を防御するための生体が必要とする幅である。

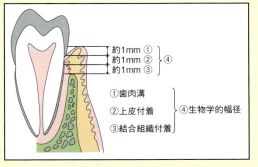

図Ⅲ-6-5　生物学的幅径（文献1、9より）

4 特に外傷乳歯について

　ここでは、特に陥入と完全脱臼について記述する。ほかの乳歯外傷の処置法などについては、専門書を参考にされたい。

① 陥入
- 陥入が1/3程度であれば、再萌出してくることが多い。また1/3以上の陥入でも歯根未完成乳歯であれば再萌出してくることもあるので、消毒、抗菌薬の投与以外何も処置する必要はない。勇気をもって経過観察することが重要である。
- しかし、重篤な陥入では後継永久歯への影響を考慮し抜歯の適応となる。

② 完全脱臼
- 乳歯の再植の適応はきわめて狭い。
- 低年齢の患者では、後続永久歯萌出までの数年間の歯の欠落による審美的、機能的、精神的問題を回避するために再植を試みる意義はある。

3 抜歯の際にも起こる顎骨骨折

- 抜歯中の下顎骨骨折はきわめてまれであるが、医療紛争となった例もあるため、その対策、処置には特に慎重を要する。

1 顎骨骨折が起こりやすいケースとは

- 好発部位は智歯部で、特に水平智歯抜去時の下顎角部である。
- 根尖から下顎下縁までの距離が短い症例は要注意。
- 放射線照射や骨疾患の既往がある場合などは、下顎骨そのものが脆弱となっているため注意を要する。
- 高齢者の顎骨は若年者に比較し弾力性に乏しいため、埋伏歯の抜歯には骨ノミの使用は可及的に避ける。しかし、骨再生能力も低いため、タービンなどによる過度の骨削除は抜歯後の骨折の原因となる。

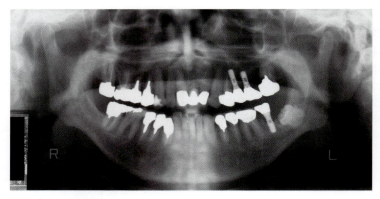

図III-6-6a　骨折前

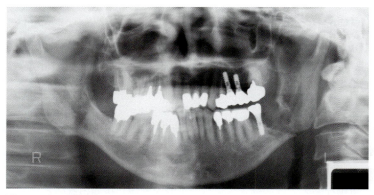

図III-6-6b　骨折後
抜歯後の骨折の一例。78歳男性。|8 の強度の自発痛を主訴に当科を初診。高齢に加えパノラマ所見による埋伏智歯の状態および下顎骨の形態から、下顎骨の骨折など、抜歯のリスクを考慮し抗菌薬の投与と局所洗浄を繰り返していた（a）。しかし疼痛の軽減が認められなかったため、全身麻酔下に抜歯を施行した。智歯と下顎骨との癒着は非常に強く、頬側の骨を大きく開削しながら抜歯を施行した。帰棟後、止血ガーゼを咬合した際、骨折音とともに軽度の咬合偏位を呈したためパノラマを撮影したところ、智歯相当部の下顎角部に骨折が認められた（b）。患者さんには術前より骨折の可能性を強く説明していたので、特に問題なくその後の骨折治療に移行できた

❷ 起きてしまった骨折への対処法

- 不幸にも骨折を起こしてしまった場合には、通法に従って観血的、非観血的に整復、固定をはかるが、患者さんに対して十分な説明と了解を得て、口腔外科専門施設へ速やかに紹介する。

4 軟組織損傷への対応は

❶ 破折歯片の迷入はありませんか

- 軟組織の損傷を伴う外傷の場合、注意を要するのは異物や破折歯の迷入である。
- 迷入歯が下顎骨膜下に存在する場合は発見が容易であるため、手指で顎下部を圧迫し口底

より迷入歯を持ち上げるようにして歯科用鋭匙、外科用吸引管などを使って摘出する。

- しかし、舌側の骨膜を破り舌下隙や顎下隙に迷入した場合には、口底粘膜切開や顎下部切開が必要となり、舌神経、顎下腺管、舌下動脈などの損傷に注意を要する（**図II-1-19参照**）。
- さらに、これらの隙は炎症が波及しやすい部位であるため、この領域への迷入が疑われた場合には十分な抗菌薬の投与が必要になる。
- 特に咀嚼筋間隙に炎症が波及すると重度の開口障害が生ずる。この場合は消炎を待って摘出することになる。
- 上記のごとく迷入歯は摘出を行わなければならないが、その位置確認にはCT撮影が必要な場合もあり、口腔外科専門施設に速やかに紹介することが必要である。その際、場合によっては全身麻酔下の処置が必要となるため、紹介元でも十分な患者説明をお願いしたい。

2 歯槽骨骨折はどうですか

- 歯槽骨骨折は一般的には軟組織外傷、歯の外傷を伴っていることが多い。処置に際しては、外傷歯の保存に重点を置き、安易な抜歯は避けなければならない。
- 脱臼歯（完全、不完全）と同時に骨折部を整復し適切な固定を行う。骨膜から分離した小骨片は感染などの原因になるため除去するほうがよい。

3 止血と縫合

- 新鮮創で拍動性の出血は動脈性の出血である。動脈性の出血がみられた場合には、まず圧迫を行う。たとえば口唇動脈に対する徒手による圧迫、顔面動脈に対する下顎下縁部の圧迫、口底部に対するガーゼ挿入による双手による圧迫などである。確実な止血には出血部位を確認して結紮する必要がある。
- 動脈性出血以外では、数分間程度の圧迫や浸潤麻酔の併用で必ず止血するので、安心して処置を行えばよい。縫合は軟組織の開放創において最も基本的な処置であると同時に、止血のためにも重要な処置である。詳細は「**IV編1．切開と縫合**」の項で記述する。

5 関節突起骨折への対応は

1 関節突起骨折はここが問題

- 「口腔顎顔面外傷ガイドライン2015」では、成人の変位を伴う片側下顎骨関節突起骨折患者（**図III-6-7**）に対して、非観血的治療より観血的治療を行うことが弱く推奨されているが、エビデンスの質は非常に低い（この解釈にはGRADEシステムの理解が必要）。
- 観血的治療では、顔面神経の存在（**図III-6-8**）などにより手術が困難で、顔面神経運動麻痺やフライ症候群発症の可能性、さらには三叉神経第III枝障害による下唇の知覚鈍麻の報告がある。また、全身麻酔などに関する負担もある。

- これまでのわれわれの経験から、手術をするしないに関係なく予後にそれほど差がないことから、非観血的治療が優先される。
- 非観血的治療では、顎間固定期間が約2週必要となりその負担は大きく、固定解除後には開口訓練が必要となる。

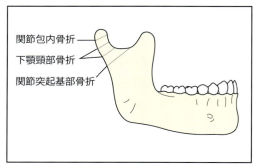

図III-6-7　下顎関節突起骨折の分類（文献10をもとに作成）

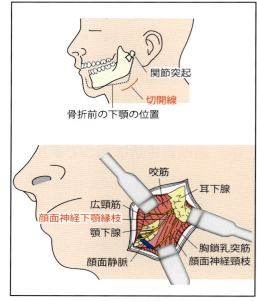

図III-6-8　関節突起到達のための皮膚切開と顔面神経下顎縁枝（文献11より引用改変）

❷ 観血的治療（手術療法）と非観血的治療（保存療法）の境目

- 「口腔顎顔面外傷ガイドライン2015」には、両側の場合は観血的治療（手術療法）が選択されると記述されている。
- 同様に従来は片側の場合は非観血的治療（保存療法）が主流であったが、最近では観血的治療（手術療法）が行われるようになってきたと記述されている。
- しかし、これまでのわれわれの経験から、両側、片側ないしは手術をするしないに関係なく予後にそれほど差がないと考えている。
- 非観血的治療（保存療法）によって咬合の回復が得られない場合には手術が行われることは論を待たない。

■外傷歯治療のフローチャート

歯根完成歯

歯冠破折
- 覆髄
  - ↓
- 裏装
  - ↓
- 歯冠修復

歯根破折
- 歯冠部固定
  - ↓
- 経過観察
  - ↓
- 歯髄処置
  - ↓
- 根尖切除術

不完全（亜）脱臼
- 固定
  - ↓
- 経過観察
  - ↓
- 歯髄処置か
  歯髄治癒（再生）か

完全脱臼
- 再植
  - ↓
- 固定
  - ↓
- 歯髄処置
  - ↓
- 経過観察

歯根未完成歯

歯根破折

歯頸部1/3の破折
（保存が難しく、抜歯の適応になることが多い）
- Apexogenesis
  - ↓
- 歯根完成後に抜髄、根管充填処置
  - ↓
- 歯冠修復

歯根中央1/3～根尖側1/3の破折
- 歯根完成歯に準ずる

※Apexogenesisとは、歯根未完成歯の冠部歯髄を除去して健全な生活歯髄を保存することにより、生理的に近い形で歯根形成を行わせることをいう。

不完全（亜）脱臼

完全脱臼
- まず再植（即時型再植をめざす）

- 固定（1～2週間）
  - ↓
- 経過観察（1年）

歯随反応（＋）
- ↓
- 生着

歯随反応（一）

一部歯随壊死
- Apexogenesis
  - ↓
- 経過観察
  - ↓
- 根完成後に歯髄処置を検討

全歯随壊死
- Apexificationによる根尖閉鎖
  - ↓
- 根管充填

III
❻外傷

■ 参考文献

1) 月星光博：外傷歯の診断と治療．クインテッセンス出版，東京，2002．
2) 山村武夫　監修：下野正基，飯島国好　編集：治癒の病理　ペリオ・エンドの臨床のために．医歯薬出版，東京，1988．
3) 宝田　博：顎口腔の小外科．医歯薬出版，東京，1994．
4) 朝波惣一郎，笠崎安則：日常歯科臨床のこんなときどうする（口腔外科編）．クインテッセンス出版，東京，2004．
5) Andreasen J.O. : Traumatic injuries of the teeth. 2nd revised and enlarged edition. Munksgaard, Copenhagen, 1981.
6) Andreasen J.O.,Andreasen F.M.:Text book and color atlas of traumatic injuries to the teeth.3rded,Munksgaard,Copenhagen,1994.
7) Hammarstrom L.,Pierce A., Blomlof L., Feiglin B., Lindskog S.：Tooth avulsion and reolantation－A review. Endodontics and Dental Traumatology 2:1-8,1986.
8) Andreasen J.O., Hjortin-Hansen E.:Replantation of teeth.II.Histological study of 22 replanted anterior teeth in humans. Acta Odont Scand 24:287-306,1966.
9) Ingber J.S.:The "biologic width"－A concept in periodontics and restorative dentistry.Alpha Omegan,Scientific Issue,Dec.:62，1977．
10) 戸塚靖則，高戸　毅　監修：口腔科学．朝倉書店，東京，770，2013．
11) 日本口腔外科学会編：イラストでみる口腔外科手術．クインテッセンス出版株式会社，東京，202-203，2011

（横尾　聡・古森孝英）

医療トラブル

　医療事故やインシデントも口腔外科医療を行っていると避けては通れない。下歯槽神経に関する知覚鈍麻が多いが、実際に裁判を経験したのは下顎枝矢状分割術に関する1例のみである。
　この症例では手術後SWテストなどの検査値では知覚鈍麻は回復傾向にあったが、何度か話し合いの場を持った後に、裁判となった。裁判では知覚鈍麻に関する十分な説明がなされていたか、手術の際に医療者側にミスがあったかどうかなどが争点となったが、結局、医療者側にミスはなくわれわれの勝訴となった。
　この患者さんは、工学の製造業にかかわる仕事をしていたが、「製造業では製品に問題がある場合は必ず製造過程にミスがある」ので、今回の事例でも同様に「知覚鈍麻が起こったので必ずどこかに医療ミスがあった」と主張していた。これに対して、「医療では過程にミスがなくても結果が悪い場合がある。まったく同じ治療が行われても一人一人結果は異なる」と主張し、また実際に明らかな医療者側のミスがなかったことから勝訴となったが、医療の特性を考えさせられる事例であった。

7 顎関節疾患

1 一般医が対応する顎関節疾患とは

- 顎関節疾患には発育異常、外傷、炎症、退行性関節疾患あるいは変形性関節症、腫瘍および腫瘍類似疾患、全身性疾患に関連した顎関節異常、顎関節強直症、そして顎関節症が挙げられる（**表III-7-1**）[1]。
- このなかで一般医が対応する疾患としては顎関節症と外傷に含まれる顎関節脱臼が挙げられる。

表III-7-1　顎関節・咀嚼筋の疾患あるいは障害（2014年）

A. **顎関節の疾患あるいは障害**

　1. 先天異常・発育異常
　下顎関節突起欠損、下顎関節突起発育不全、下顎関節突起肥大、先天性二重下顎頭

　2. 外傷
　顎関節脱臼、骨折

　3. 炎症
　非感染性顎関節炎、感染性顎関節炎

　4. 腫瘍および腫瘍類似疾患

　5. 顎関節強直症
　線維性、骨性

　6. 上記に分類困難な顎関節疾患

B. **咀嚼筋の疾患あるいは障害**
　筋委縮、筋肥大、筋炎、線維性筋拘縮、腫瘍、咀嚼筋腱・腱膜過形成症

C. **顎関節症**

D. **全身疾患に起因する顎関節・咀嚼筋の疾患あるいは障害**
　自己免疫疾患（関節リウマチなど）、代謝性疾患（痛風など）

■ 鑑別診断が重要

　筆者らは下記のように腫瘍性疾患や炎症性疾患などを顎関節症と誤診した経験があり、安易に顎関節症と診断せぬようあえて注意を喚起したい。必要があれば画像診断や血液検査を行い、診断が確立してから治療計画を立てることが望ましい。

①上顎臼歯の抜歯後に開口障害を訴えて来院したが、抜歯窩は治癒しているうえ、そのほかに発赤や腫脹がまったく認められず、MRIにて非復位性の円板前方転位がみられたために顎関節症Ⅲb型と診断してしまったが、実際には抜歯後感染より咀嚼筋間隙膿瘍が生じていた1例[2]（**図Ⅲ-7-1a、b**）。

②非復位性の円板前方転位がみられた開口障害の患者に対して顎関節症Ⅲb型と診断し治療を開始したが、その後、MR画像から関節窩の軟骨芽細胞腫が指摘され、脳神経外科に転科した1例（**図Ⅲ-7-2a～c**）。

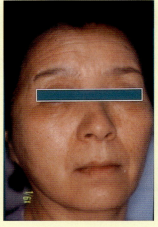

図Ⅲ-7-1a　初診時顔貌写真：顔面皮膚には発赤や腫脹はまったくみられない

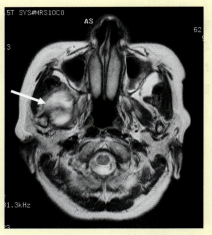

図Ⅲ-7-1b　顔面部MR（水平断）写真
右側咀嚼筋隙に腫瘍形成（矢印）がみられる

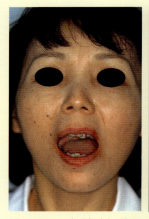

図Ⅲ-7-2a　初診時顔貌写真
顔面皮膚には発赤や腫脹はまったくみられないが、開口障害がみられる

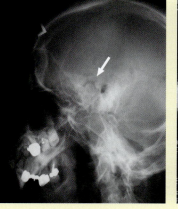

図Ⅲ-7-2b　経頭蓋側斜位方向エックス線撮影
右側下顎頭直上の側頭骨に吸収像（矢印）がみられる

図Ⅲ-7-2c　顎関節部MRI写真
右側側頭骨内に腫瘍性病変（矢印）がみられる

2 どの程度まで開業医で対応可能でしょうか

❶ 可逆的な治療と非可逆的な治療

- 日本顎関節学会の『顎関節症診療に関するガイドライン』[1] では「天然歯の削合などの非可逆的な治療は避け、ひとまず可逆的な保存的治療により症状の改善に努め、症状の改善がみられなかったり、的確な診断が困難な症例では、専門の施設へ紹介する。」とされている。

❷ いわゆる保存療法について

- 保存療法としては、スプリント療法、パンピング・マニピュレーション、顎関節腔洗浄療法、薬物療法、理学療法などが挙げられる。

3 スプリント療法で注意すべきことは [4]

- 顎関節症患者であること、咀嚼筋痛を主訴としていること、精神・心理的要因に起因していないこと、明らかな bruxism に起因していないこと、症状が中等度であること、これらの選択基準を満たしていれば上顎型のスタビライゼーションスプリント（全歯接触型・ハードアクリル型）を使用してもよいとされている（**図Ⅲ-7-3a〜c**）。
- ただし、その有用性に明らかなエビデンスはなく、2週間使用しても効果がない場合は専門医に紹介する必要がある。
- スプリントを用いる治療によって、さまざまな慢性疾患（腰痛・アトピー性皮膚炎・体のバランスなど）も改善するという一部の意見があるが、これに関するランダム比較試験を用いた研究報告は存在しない。
- 治療のゴールは咀嚼筋痛の軽減であり、その疼痛の強さが「0（ゼロ）」となるエビデンスはない。
- スタビライゼーションスプリントの使用により違和感・口の渇き・不眠・逆に朝の疼痛増強などが生じる可能性がある。
- 日中を含めた、長時間の使用は避ける。

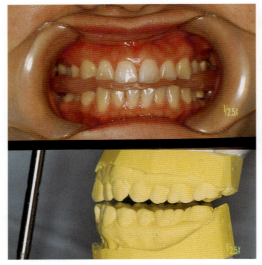

図III-7-3a 上：口腔内でワックスにより咬合採得を行っているところ。上下歯列に2～3mmの隙間ができるあたりで咬合採得を行う
下：石膏模型を咬合器に装着したところ

図III-7-3b 模型上でレジンを盛り、スプリントを作製しているところ

図III-7-3c できあがったスプリント

4 歯列接触癖（Tooth Contacting Habit/TCH）とは？

1 TCHとは？[5]

- 上下歯列接触時間は合計で1日平均17.5分とされているが、こうした機能時以外にも歯列接触を持続させる習癖のことをTCH（歯列接触癖）という。
- 歯が接触しただけで咬筋や側頭筋の活動が高まり、接触が長時間に及べば咀嚼筋は疲労する。
- 顎関節は絶えず圧迫されて関節への血液供給が阻害されることにより、疼痛の過敏化、潤滑低下から関節運動の摩擦抵抗の増大が生ずると推測される。
- 顎関節症患者の多元的調査では、初診まで1週間以上疼痛を持続している患者の約50～70%にTCHがあったと報告されている。

2 TCHと関連する所見とは？

- 頬粘膜や舌の咬癖痕、歯冠の異常咬耗や楔状欠損、歯破折、骨隆起（口蓋隆起、下顎隆起など）、緊張型頭痛などがあればTCHのリスクは高い[6]。

- また、環境変化（引っ越し、入学、入社、退職、昇進、人事異動など）、ライフイベントや日常動作（パソコンの使用、細かい作業を伴う趣味や家事、スポーツ、楽器演奏、受験勉強、旅行、人間関係の変化やストレス）、健康状態の変化（病気、けが、精神的な不調）、気候変化、口腔内変化（補綴などの歯科治療）などは TCH の発症契機となりうる[7, 8]。

③ TCH が原因となって生じる、または悪化すると考えられる歯科的問題

- 顎関節症、義歯性疼痛、舌痛症、口内炎の繰り返しや重症化、咬合の違和感、歯の圧下、発音の不明瞭化、歯周病の悪化、補綴物の脱落、歯の咬耗や破折、舌・頬粘膜の誤咬、歯列矯正中の顎関節症、根管治療歯の疼痛持続、難治性の知覚過敏などが挙げられる[8]。

④ TCH の治療

- TCH のほとんどは無意識下で生じており、患者本人は自覚していない場合が多い。したがって患者に TCH を気づかせることが最大のポイントとなる。まずは TCH を正しく理解させ、行動変容、強化の順に行っていく。下顎は普段から安静位をとるように指示し、必要に応じて補足的に徒手による開口訓練（開口ストレッチ）の指導を行う[6]。

5 顎関節症と全身の症状との関係は

① 顎関節症に関係する症状

- 顎関節症の全身的随伴症状として、頭痛、首筋のこり、肩こり、背中の痛み、五十肩、腰痛、目のかすみ、耳鳴り、手足の冷えやしびれ、杖がないと歩けない、胃腸障害、便秘、下痢、心悸亢進、血圧異常、生理痛、生理不順、昼間眠い、姿勢が悪い、歩き方がおかしいなどが含まれるとの考え方がある[9]。
- ※顎関節症の疼痛の基本は運動時痛であり、たとえ側頭部（側頭筋付近）の疼痛であっても安静時にみられる場合は頭痛と診断する。

② すべて顎関節が原因ですか

- 顎関節症と全身症状の両者の関係を医学的または歯学的に証明することはいまだに不十分である。
- たとえ両者に関係があったとしても、顎関節症が原因で全身症状が生じているのか？　全身症状が顎関節症を引き起こしたのかがはっきりしない。
- 全身の症状についてはまず専門医に紹介し、ほかの疾患の有無を確認しておきたい。
- 他疾患がない場合でも、いきなり咬合を変えるなどの非可逆的な処置は避け、スプリント療法などの可逆的処置から開始するほうが無難である。

6 顎関節脱臼への対処法

❶ 関節脱臼整復は歯科医の常識

- 顎関節脱臼には前方、側方、内方、後方脱臼が挙げられるが、その大部分が前方脱臼である。
- 顎関節前方脱臼の新鮮例（おおよそ1週間以内くらい）であれば、まず徒手整復を試みる。
- 術者が患者の前に立つ **Hippocrates 法**と、後ろに立つ Borchers 法があるがどちらでも構わない。
- 整復のコツは下顎枝部を後ろではなく、下方へ強く押すことである。
- 患者をできるだけリラックスさせ、筋の抵抗を少なくするほうがやりやすい。
- 整復後は顎の安静が必要であり、場合により弾力包帯などで開口制限を図る。

❷ 整復困難な場合の対応

- 整復困難な場合には全身麻酔をかけて行う場合がある。
- 頻回に脱臼する場合には下顎頭の可動域を制限する手術を勧める。

> ※習慣性顎関節脱臼に対して上関節腔および関節包周囲に自己血を注入し下顎頭の可動域を制限する方法が紹介されている。切開などが必要なく簡便であることから有用性は高いと思われるが、いまだに症例が少なく、また保険適用もない[10]。

■引用文献

1) 「顎関節症の概念（2013年）」「顎関節症と鑑別を要する疾患あるいは障害（2014年）」「顎関節・咀嚼筋の疾患あるいは障害（2014年）」および「顎関節症の病態分類（2013年）」の公表にあたって．日本顎関節学会雑誌，第27巻(3)：231-236，2015年．

2) 吉川朋宏，渋谷恭之，真砂　洋，梅田正博，古森孝英：初診時に単なる顎関節症と診断した咀嚼筋間隙膿瘍の1例．日口診誌（12）：543-547，1999年．

3) 大西正俊：顎関節症診療に関するガイドライン．日本顎関節学会、口腔保健協会、東京、2001（第一版）．

4) 日本顎関節学会　初期治療ガイドライン作成委員会：顎関節症患者のための初期治療診療ガイドライン．http://kokuhoken.net/jstmj/

5) 木野孔司：日本歯科医師会雑誌 60（11）：6-13，2008年．

6) 齋藤博之：特集　TCH是正咬合療法の現在　―理論的根拠から臨床の実際まで―　1. TCH是正咬合療法を知る　3. TCH是正咬合療法の術前診査．歯科展望（128）：852-860，2016年．

7) 木野孔司：特集　TCH是正咬合療法の現在　―理論的根拠から臨床の実際まで―　1. TCH是正咬合療法を知る　2. TCH是正咬合療法のためのTCHの基本．歯界展望（128）：847-851，2016年．

8) 渡邉晴美：特集　TCH是正咬合療法の現在　―理論的根拠から臨床の実際まで―　2. TCH是正咬合療法を実践する　6. メインテナンスに必要なTCHコントロール．歯界展望（128）：1198-1202，2016年．

9) 日本顎関節学会：顎関節症．永末書店，京都，2003年（第1版）．

10) 高橋喜久雄，田中千恵子，山木　誠：自己血注入療法が奏効した習慣性顎関節脱臼の1例．日口外誌（49）：409-411，2003年．

11) 矢谷博文：新たに改訂された日本顎関節学会による顎関節症の病態分類（2013年）と診断基準日本顎関節学会雑誌 27（2）：76-86，2015年．

■ 顎関節症診断のフローチャート

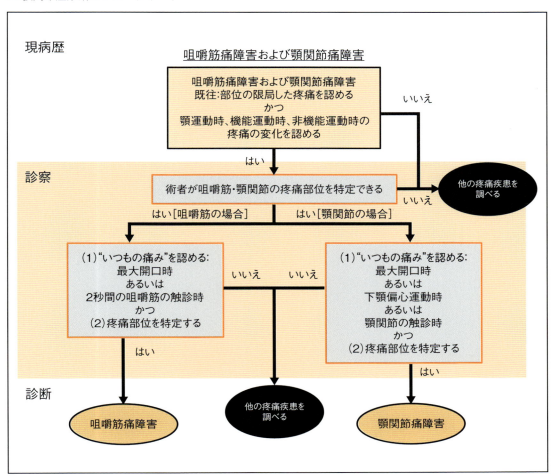

新たに改訂された日本顎関節学会による顎関節症の病態分類（2013 年）と診断基準
（文献 11 より、引用）

（渋谷恭之・古森孝英）

患者さんとの触れ合い

　35年を超えて大学病院に勤務し、大勢の患者さんに接してきたが、歯学部を卒業して間もない頃の自分と今の自分を比べてみると、患者さんとの触れ合いという点では、はるかに以前の自分のほうが患者さんと1対1の関係でいられた。
　卒業したての頃は点滴を入れるのが大事な仕事の一つなので、病室へ行くと、「鬼が来た、鬼が来た」といいながらもニコニコして腕を出してくれた患者さん。当直の夜に自分が担当だった、下顎歯肉癌が進展して皮膚のNekroseが広がった末期癌の患者さんに「不安で眠れないので先生そばにいて」といわれて、夜が明けるまでしばらく手を握ってあげたこと。
　今でもその光景はしっかりと焼きついている。
　それに比べると今の自分は一つの科の責任者の立場で、すべての患者さんに平等に接しなければいけないという意識が働き、また直接担当医とはならないこともあって、手術に入っても、一人ひとりの患者さんとのかかわりという点では希薄になってしまったような気がする。
　自分の置かれている立場、今優先してやらないといけないことを絶えず考えておかないといけないが、臨床医としてはできるだけ多くの時間を患者さんと共有することが基本になると思っている。

IV編

基本的手技と小手術のポイント

Surgical Techniques

1 切開と縫合

1 必要な器具

1 メスの基本的使い分け（図Ⅳ-1-1）

- メス刃の種類は数多くあるが、＃15メス（円刃刀）、＃11メス（尖刃刀）が最も使いやすい。ただし、＃11メスは先が尖っているだけに深く切り込む傾向があり、習熟しないかぎり使いこなすのが難しい。
- 骨膜まで一気に切る場合は＃15、膿瘍切開などでは＃11が原則である。
- 口腔内は狭い空間であるため、直刀では操作が困難なことも多く、その場合は＃12メスのような鎌型刀が有用である。

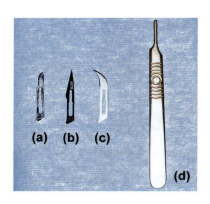

図Ⅳ-1-1　口腔内手術に有用な替刃メス
(a)：＃15、(b)：＃11、(c)：＃12、(d)：替刃ホルダー

2 摂子（ピンセット）もいろいろあります（図Ⅳ-1-2a、b）

- Atraumaticな操作を行うためにはピンセットの尖端はシャープかつ把持力のあるものが望ましく、マッカンドーの有鉤ピンセットが使いやすい。
- 歯肉弁の挫滅防止にはグレーフェのピンセットがよい。把持力もしっかりしていて使いやすい。

> ■ 有鉤か無鉤か
> Atraumaticな操作に必要なのは有鉤か無鉤かという議論が昔からある。これは軟部組織をつかむのに、点でつかむ（有鉤）か面でつかむ（無鉤）かの差であり、口腔粘膜は有鉤が、筋組織は無鉤のほうがatraumaticとなりやすいようである。しかし、どのピンセットを用いても、過度の力で軟部組織をつかめば一様にtraumaticであることには変わりはない。要するに必要なのは、組織を損傷させないという心構えである。

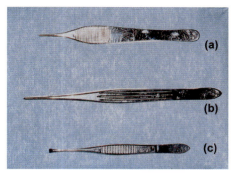

図Ⅳ-1-2a　口腔内手術に有用なピンセット
(a):アドソン型、(b):マッカンドー型、(c):グレーフェ型

図Ⅳ-1-2b　グレーフェ型ピンセットの先端

③ 持針器とハサミについて（図Ⅳ-1-3）

- 持針器は多くの種類があるが、口腔外科手術で使用するのは主にHegar型とMathew型である。
- 微細な縫合を目的とする時はHegar型を使用する。把持よりも指で持つほうが微細な操作が可能だからである。
- 小型のMathew型持針器はHegar型と同様の使用法が可能である。
- 軟組織を切るためのハサミも多様である。
- ハサミは主に頰粘膜、舌・口底などへの対応であるが、メッチェンバウム型剪刀が使いやすい。
- スティーブン剪刀はハサミの尖端が特殊な形態をしており、血管、神経、さらには結合組織の剝離に有用である。

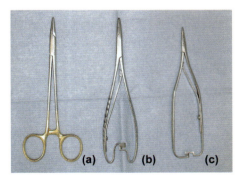

図Ⅳ-1-3a　口腔内手術に有用な持針器とはさみ
持針器(a):Hegar型持針器、(b):Mathew型持針器、(c):小型Mathew型持針器（口腔内の微細な縫合に有用）

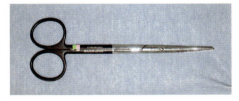

図Ⅳ-1-3b　メッチェンバウム型剪刀

図IV-1-3c　スティーブン剪刀

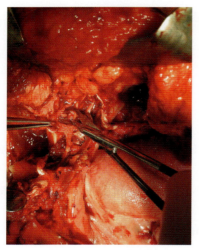

図IV-1-3d　スティーブン剪刀による神経の剥離

④ 針と縫合糸の基本（図IV-1-4）

- 一般に皮膚真皮のように硬い組織に針を通す時には逆三角針（reverse cutting、通称：角針）を選択し、舌、口底、頬粘膜などの粘膜には組織の損傷を防ぐため丸針（taper）を選択する。
- 歯肉や硬口蓋粘膜は粘膜直下に骨膜が存在し、硬口蓋では粘膜固有層がきわめて厚い。この場合、粘膜だからといって丸針（taper）を選択すると、針が負けて折れ曲がることになる。
- 歯肉や硬口蓋などの咀嚼粘膜では先端角針（cut taper）が有用である。これは丸針の先端を三角形の鋭縁にして刃をつけた、いわば丸針（taper）と角針（cutting）の中間である。
- 縫合は皮膚、粘膜、血管、腸管など多様な部位に行われ、それぞれの特徴を有した針と縫合糸が使用される。
- 口腔粘膜の縫合には、天然素材であり従来の絹糸の欠点が補われた軟質絹糸やナイロン糸が頻用されている。
- 全身麻酔下での口腔外科手術においては、術後抜糸が不可能な部位の縫合も多く、合成系吸収性縫合糸、なかでもグリコール酸と乳酸エステルの高分子化合物であるバイクリル®、サフィール®の3-0がよく用いられている。デタッチ型を使用すれば針と糸が分離できるので、手結びが可能である。

●逆三角針 (REVERSE CUTTING)
針断面が逆三角形をしていて、刃が湾曲の外側に付いており、内側は三角形の底辺となっています。主に硬く刺通しにくい組織に適しています。

●先端角針 (CUT TAPER)
丸針の先端を三角形の鋭縁にして刃を付けたため、硬組織の縫合に適しています。

●丸　針 (TAPER)
先端が細く鋭いので、主に柔らかい組織の縫合に適しています。

●丸　針 (TAPER)
先端が太く曲がりに強いため、主に硬組織の縫合に適しています。

図IV-1-4　口腔内手術に有用な縫合針（マニー株式会社カタログより）

■ 縫合糸のいろいろ

- 絹糸は抗張力が大きく、結びやすく、ほどけにくいが、組織反応が強い。また編み糸であるため、繊維間に血液などの異物が停滞し炎症を惹起する欠点がある。軟質絹糸はその欠点を補うためにセリシン※を除外し、表面をシリコンコーティングしたもので黒染である。

    ※セリシンとは…
    セリシンは蚕が創り出す天然タンパクの一種で、保湿機能、抗酸化機能、紫外線吸収作用などヒトに対して非常に有用な機能をもつことから、最近では化粧品やヘアケア商品をはじめ、さまざまな分野において利用されている。しかし、縫合糸の絹糸ではかえってその保湿機能のために、血液や異物が吸着、浸透しやすくなり、炎症反応の原因となってしまうのである。

- ポリグリコール酸系合成吸収糸は、生体内抗張力保持が埋没後3週間で50%が維持され、吸収期間は70日前後である。組織反応が少なく加水分解されて吸収される。

2 守らないといけない切開の基本事項

❶ メスは手前に引いて

- メスは引いて切る。こうすると最も良く切れる。
- 可動性のある粘膜（頬粘膜、口底、口唇、軟口蓋）の切開は他手の示指を目標におき、その指先に沿ってメスを動かす。

❷ 血流を考えていますか（図Ⅳ-1-5）

- 血流を保持するために、粘膜骨膜弁の基部は可及的に広くデザインする。
- 血行を考慮しないと、粘膜骨膜弁の壊死や創の離開を起こす。

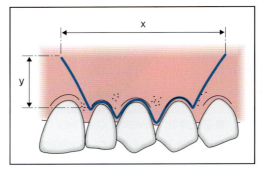

図Ⅳ-1-5　粘膜骨膜弁デザインの基本（文献1、2より引用改変）
フラップの先端は基部より小さくデザインする。x＝2yが基本である

❸ 気持ちだけでなく、組織も緊張させて

- 可動性のある粘膜（頰粘膜、口底、口唇、軟口蓋）の切開は、粘膜を指で緊張させて切る。これで鋭利かつ正確に切開ができる。ここでも重要なのが切開するという気持ちの緊張と正確に切るという心構えである。
- 可動性のある粘膜では、一気に深く切開しない。ゆっくりと正確に一度浅く切り、次いで深く切ることを心掛ける。

❹ メスの刃の直下に骨がある場合

- 口腔の歯肉粘膜骨膜弁は粘膜直下に骨膜と骨が存在するので、可動性のある粘膜とは切開法が異なる。
- 粘膜骨膜弁を作成する場合は骨面に達するまで一気にメスを進め、粘膜・骨膜を同時に切開する。
- 特に下顎智歯抜歯の切開にあたっては、切開線を指で触って確実に骨があることを確認する。切開が骨からずれると、大変なことに…（「Ⅱ-1-2」メスを持つ前にもう一度確認すべき項目は）、「Ⅳ-3．智歯を中心とした難抜歯」参照）。

3 縫合の際の注意事項

❶ 組織がちぎれていませんか

- 縫合針の刺入は一発で決める。
- 粘膜弁や粘膜骨膜弁は以外と脆弱。縫合針の刺入を何度も行うと組織がちぎれて縫合不能に陥る。
- 粘膜の種類（被覆粘膜か、咀嚼粘膜か、粘膜骨膜かなど）によって針を選択することも重要。切れない針は組織の損傷を招く（「Ⅳ-1-1）**必要な器具－針と縫合糸の基本**」参照）。
- 組織の把持方法にも注意が必要。atraumaticな操作を心掛けることはすでに述べた。

❷ 糸が弛んでいませんか

- 粘膜骨膜弁（歯肉、口蓋粘膜）は骨膜の存在により、弁の伸展性が悪い。
- 確実な縫合を実施しないと、糸がゆるみ創部が哆開する。
- 頰粘膜、口底、口唇、軟口蓋などの粘膜や舌では、深く大きめな縫合を心掛ける。

❸ 縫合後の組織に無理な力がかかっていませんか

- 縫合後の組織は、緊張がかからずに少し盛り上がる程度に縫合する。
- 縫合後の組織に無理な力がかかり緊張していると、辺縁の血行が不良となり、創部の哆開を招く。
- 緊張のかかる組織の縫合に際しては、粘膜弁では弁の undermine が、粘膜骨膜弁では骨膜の減張切開が必要となる。

4 縫合の際に針を曲げていませんか

❶ どうして針が曲がってしまうのでしょう（図Ⅳ-1-6）

- 縫合針には4種類の彎曲度がある。
- 歯肉や硬口蓋粘膜は粘膜直下に骨膜が存在し、特に硬口蓋では粘膜固有層もきわめて厚い。この場合、粘膜だからといって丸針（taper）を選択すると、針が負けて折れ曲がることがある。

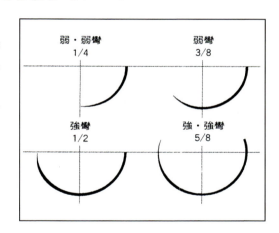

図Ⅳ-1-6　縫合針の彎曲の種類
（ジョンソン・エンド・ジョンソン株式会社のエチコン製品カタログより）

❷ 針を曲げないひと工夫

- 縫合針は彎曲に合わせて回転させながら組織を通す。これが針を曲げないコツであり、縫合針刺入の基本である。
- 歯肉や硬口蓋などの咀嚼粘膜では先端角針（cut taper）が有用である。これは丸針の先端を三角形の鋭縁にして刃をつけた、いわば丸針（taper）と角針（cutting）の中間である。
- 口腔内は狭い3次元空間であるため、特に頰側の歯肉弁と舌側の歯肉弁の縫合などでは、直針が使用しやすい時もある。
- 下顎智歯抜歯の縦切開部の縫合では特に針を曲げやすいので、剝離していない側の歯肉も「縫いしろ」として2～3mm 剝離しておくとよい。

5 糸結びの基本

❶ 糸結びが上手な外科医は手術が上手である

- 糸結びは術者の技量ばかりでなく、手術姿勢をも反映する。
- どんなに大きな手術でも、すべて基本的手技をひとつずつこなして完成する。
- 一回一回の糸結びを大事にする姿勢は術者の誠実さを表している。
- 全身麻酔下の大きな口腔外科手術でも局所麻酔下の歯科外科手術でも、外科手術を行う以上、術者は糸結びにこだわり、練習を重ねて技術を維持しなくてはならない。
- 現代は多くの動画でその手技を学ぶことができる。

❷ 両手むすびをマスターする（図Ⅳ-1-7）

- 糸を左右均等な力で十分強く絞めることのできる最も基本的な結紮法。
- 結紮点の横ずれが少なく、重要な血管結紮などに有用である。
- 両手を用いて結紮するため、空間が必要である。
- 最も確実な結紮法は「**男結び**」である。
- 「**女結び**」は結紮スピードが早いのが特徴であるが、ほどけやすさを指摘する術者もいる。
- 最初の半結びの時に糸を二重に絡ませて男結びを行う方法を「**外科結び**」という。最初の半結びの抵抗が大きくほどけにくい利点を有する反面、最初の半結びが締まりにくいという欠点もある。「ほどけにくいが締まりにくい」結紮法である。
- 実際の結紮手技にはいろいろなテクニックがあるため詳細は専門書に譲るが、最終的な結紮の仕上がり（男結び、女結び、外科結び）をよく理解しておく必要がある。

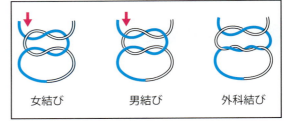

図Ⅳ-1-7 糸結びの仕上がり
↓（矢印）男結びと女結びの相違点

❸ 器械結びもマスターする（図Ⅳ-1-8）

- 片手結びを持針器を用いて行う。
- 持針器は指より細く長いので、狭い口腔内には適している。
- 細かい操作に適した持針器は**図Ⅳ-1-3**に示した。

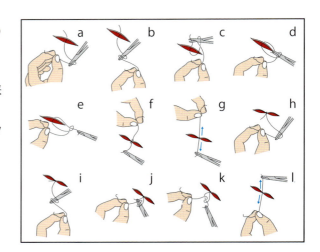

図Ⅳ-1-8 持針器による器械結びの手順（a~l）
（文献4より引用改変）

6 縫合ができないから切開もできない

1 最低限必要な縫合

- 縫合の種類には、結節縫合（一針ごとに結紮する）、連続縫合（連続して縫い合わせ、最初と最後に結紮する）、マットレス縫合（縫合線表層と糸が交差せずに結紮され、水平マットレス縫合と垂直マットレス縫合がある）がある。
- 切開の部位や切開創の状態によってそれぞれ使い分ける。
- 歯周外科ではさらに特別な縫合法があるので、それを応用することは意義がある。詳細は専門書で確認されたい。

2 縫合の基本練習（図Ⅳ-1-9a、b）

- 結節縫合と水平マットレス縫合の二つをマスターすれば、日常臨床の小手術は万全。

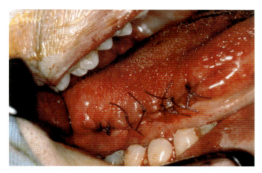

図Ⅳ-1-9a 結節縫合（縫合糸はポリグリコール酸系縫合糸のバイクリル®）

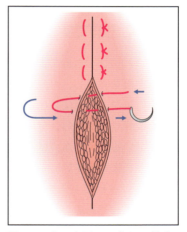

図Ⅳ-1-9b 水平マットレス縫合：弁を十分引き寄せたい場合に行う縫合法

図Ⅳ-1-9 最低限必要な口腔粘膜の縫合

■ 参考文献

1) 瀬戸皖一，野間弘康，香月　武，上田　実　編：一般臨床家　口腔外科医のための口腔外科ハンドマニュアル'03．クインテッセンス出版，東京，2003．
2) Peterson L.J., Ellis E., Hupp J.R., Tucker M.R. : Contemporary Oral and Maxillofacial Surgery. 3rd ed, Mosby Co., St. Louis, 1998.
3) 福田　修：新しい縫合法（形成外科手術手技シリーズ）．克誠堂出版，東京，1981．
4) 波利井清紀：外科医のための形成外科基本手技の要点．「手術」別冊シリーズ．金原出版，東京，5，1988．

（横尾　聡・古森孝英）

2 止血

1 止血の基本は圧迫である

1 日常臨床における止血法

- 局所的な止血方法としては、圧迫による一時的な止血法、器機・器材を用いた永続的な止血法、局所止血剤を用いた止血法の3つに区分できるが、実際の臨床ではこれらを組み合わせて用いることが多い。

2 とにかく圧迫です

- 上記3つの方法のなかで、最もすばやく簡単に対応できるのが圧迫止血法である。
- まずは血液を吸引し、ガーゼをあてながら落ち着いて出血点を探す。
- 出血点付近をガーゼにて圧迫し、徐々に出血点を絞り込む。
- 出血点を探し当てたら、その部位を5～10分程度以上は圧迫してみる。
- 圧迫している間、出血点は心臓の位置よりも高い方が有効であり、また患者の血圧は低めのほうが止まりやすい。
- 圧迫するガーゼに1千～1万倍程度のエピネフリン（ボスミン）を染み込ませておくとさらに効果的である。
- 市販のボスミン液は1千倍なので原液で用いるか、生理食塩水で10倍希釈するとよい。
- 出血量が多く鮮紅色の場合には動脈性の出血を疑い、出血部の中枢側にある動脈そのものを圧迫する。
- ただし実際に口腔領域で圧迫可能な動脈は顔面動脈、上唇動脈、下唇動脈、大口蓋動脈などである（図Ⅳ-2-1）。

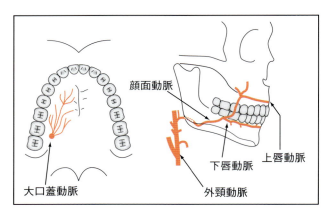

図Ⅳ-2-1　口腔領域で圧迫可能な動脈

■ 実際にあった恐ろしい話

　かなり以前にある医局員がアルバイト先で埋伏下顎智歯を抜歯した。抜歯中に一度出血したがその後は止血し、経過はまずまずであった。ところが驚くことにその1週間後に患者は口腔から大量に出血し、収縮期血圧が40mmHgまで低下した状態で病院歯科に搬送された。すぐに輸血を開始しながら抜歯窩を圧迫したがなかなか止血しない。もしやと思い顔面動脈を圧迫したところピタリと出血が止まった。恐らく歯冠分割の際に歯肉頬移行部付近下方で顔面動脈を損傷し外傷性動脈瘤が生じ、それが1週間後に破裂したと考えられた。患者はその後元気に回復したが、今でもこの話は医局員の間で語り継がれている。

2　局所止血薬の使い分けは

❶ 止血薬のいろいろ

- 局所止血薬は血管収縮剤、凝固因子製剤、血液粘度上昇剤の3つが挙げられる。
- 血管収縮剤としてはボスミンがある（前述）。
- 凝固因子製剤としてはトロンビンが挙げられる。これは血漿より抽出したプロトロンビンをトロンビンに転化したものであり、その血漿はヒト由来製剤とウシ由来のものがある。
- 血液粘度上昇剤としては吸収性セルロースや吸収性ゼラチンスポンジが挙げられる。吸収性セルロースは木材を原料としているが、吸収性ゼラチンスポンジはウシのコラーゲンなどを原料にしている（**表IV-2-1**）。

表IV-2-1　主な血液粘度上昇薬（医薬品）

・吸収性セルロース（酸化セルロース）	サージセル・アブソーバブル・ヘモスタット®（ジョンソン）
・吸収性ゼラチンスポンジセルロース（ゼラチン）	スポンゼル®（山之内） ゼルフォーム®（住友—ファイザー） ゼルフィルム®（住友—ファイザー）

❷ あくまで補助薬と考えて

- どの局所止血薬も動脈や中等度以上の太さの静脈からの出血を止めるには及ばない。
- 当然、圧迫や凝固、結紮といったほかの止血法を併用するのが原則である。
- またBone Waxやサージカルパックなども広い意味での局所止血薬として用いられている。

3　抜歯後出血への対応について

❶ 抜歯後出血の原因

- 抜歯後出血の原因としては、下顎管や周囲血管の損傷、術後の高血圧、不良肉芽の残存、不適当な圧迫止血、過度の含嗽、縫合不良、出血部位の感染などが挙げられる。

❷ 本当に出血していますか

- 唾液量の多い患者の場合、血液が混入した唾液そのものを多量の出血と思い込む場合があるので事前に説明しておく。
- 口腔内からの出血は普段経験することがないためにパニックになる患者も時折見受けられる。女性の場合にはご自身の通常の生理時の出血と比較して同程度の量であれば、生命に危険が及ぶようなものではでないと理解していただく。

❸ 局所麻酔薬もかなり有効です

- 通常の局所麻酔薬には止血薬でもあるエピネフリンなどが含有されており、周囲に浸潤させるだけでも十分止血効果が期待できる。
- 抜歯後再出血で患者さんが来院した時も、抜歯窩周囲に局所麻酔を打つだけで止血することも多い。

❹ 効果的な止血法

- まずはガーゼをしっかり抜歯窩にあてて咬んでもらう。
- これで止血しない場合は抜歯窩の血餅を除去し、抜歯窩に直接小さいガーゼを挿入し、再度圧迫をはかる。この際、前述のボスミンガーゼを用いるとさらに効果が期待できる。
- ボスミンガーゼを挿入している間は止血するが除去すると再度出血を繰り返す場合には、ボスミンガーゼをそのまま翌日まで抜歯窩に留置しておくことも可能である。
- 出血が小康状態に落ち着いたら吸収性セルロースや吸収性ゼラチンスポンジを抜歯窩に圧入し、可能であれば緊密に縫合する。
- 縫合ができない場合はサージカルパックや圧迫床にて抜歯窩を覆う。

4 止血困難な患者さんへの対処法

❶ なぜ止血しないのでしょう

- 術後の高血圧、不良肉芽の残存、不適当な圧迫止血、患者の過度の含嗽、縫合不良などがないかどうか再度確認する。
- それでも止血しない場合はその原因を局所的および全身的なものに分けて考える。
- 局所的な原因の1つとして動脈性出血がある場合は圧迫や局所止血薬の使用のみでは止血できない（後述）。

❷ 全身状態の再確認も必要です

① まずすべきことは

・脈拍、血圧を測定し、眼瞼結膜にて貧血症状を確認する。
・おおよその出血量を問診やガーゼの様子などで把握する。

> ※献血では約 200 ～ 400mL の血液を採取するが、これは循環血液量の 4 ～ 8% 程度にあたる。出血量がそれ以上であっても循環血液量の 15%（約 750mL）以下であれば、症状はまったくみられないか、あっても皮膚の冷感、不安感、立ちくらみ程度であることが多い。ただし元来貧血持ちの患者の場合にはこの限りではない。

② 次に確認することは

・既往歴として出血傾向を伴う疾患や抗凝固療法を必要とする疾患（**表IV-2-2、3**）がないか再確認する。特に投薬内容は本人の認識があいまいな場合があり、実物もしくは薬剤情報提供書にて確認する。
・最近、皮下出血斑などができやすくないか、また血縁に出血傾向を伴う疾患がないかどうか問診にて再確認する。
・肝炎やアルコール性肝障害の既往があれば、肝硬変へ移行している可能性を考慮する。

表IV-2-2　出血傾向を伴う主な疾患

・血友病などの凝固系障害
・特発性血小板減少性紫斑病・白血病・肝硬変などの血小板減少症

表IV-2-3　抗凝固療法を必要とする主な疾患

深部静脈血栓症
肺血栓塞栓症
人工弁置換後
急性心筋梗塞などの急性冠症候群
血栓性素因
心房細動　など
※上記以外に透析時にも用いられる

❸ 勧められる対処法

・脈拍、血圧の異常や眼瞼結膜の貧血症状が進んでいる場合には状態に合わせて病院に紹介または搬送する。
・全身疾患や投薬内容に起因したものである可能性がある場合は専門医と相談する（ただしそのようなことがないように事前の問診は十分に行っておく必要がある）。
・原因がよくわからない場合でも念のために血液検査を行い血小板数や凝固系異常の有無を確認する。

5 緊急事態における止血処置

❶ 緊急事態が予想されるケースとは

- 出血傾向を伴う疾患を合併している場合や抗凝固療法中の場合。
- 手術範囲が顎骨や軟組織の深い部位に及ぶ場合。

❷ 止血鉗子は使えますか

- 代表的な止血鉗子は先端に鉤のついたコッヘル鉗子（図IV-2-2）と無鉤のペアン鉗子である。
- コッヘル鉗子の先端の鉤は1度把持した組織の滑脱を防ぐが、組織そのものを挫滅させる可能性がある。
- 組織挫滅の軽減を図る場合には無鉤のペアン鉗子が有用である。
- 皮下などの浅い部位では先端が細く血管のみを把持しやすいモスキート鉗子が有用である（図IV-2-3）。
- 組織を鉗子で把持する場合の基本は、いきなり組織を鉗子でつかむのではなく、つかみたい組織をいったんピンセットで持ち上げた後にそのピンセットの下方を鉗子で把持する。この際、鉗子の先端が見えるように少し余らせて組織を把持する（図IV-2-4）。
- つかんだ組織は電気メスを通電させて焼灼（図IV-2-5）するか、結紮糸にて結紮する。

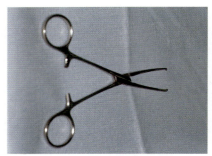

図IV-2-2　コッヘル鉗子
先端に鉤がついている

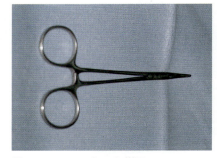

図IV-2-3　モスキート鉗子
先端が細い

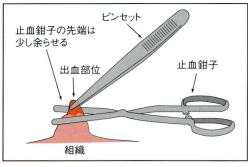

図IV-2-4

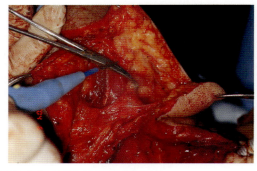

図IV-2-5　電気メスによる焼灼
止血鉗子で出血部の組織を把持した後、電気メスを止血鉗子に通電させ焼灼している（頸部郭清の術中において）

❸ 動脈性出血への対処法

- 動脈性出血の場合は前述の圧迫や局所止血剤の使用のみでは止血できない。
- 正確に出血点を把握しその中の血管の断端を探し出し、止血鉗子で把持する。
- 把持した血管が微小な場合（径が 0.数 mm 程度の場合）は電気メスを止血鉗子に通電させ焼灼してもよい。
- 血管の径が太い場合には必ず結紮糸にて結紮する（**図IV-2-6**）。
- 結紮糸の太さは血管の径に比例させるが、1mm 前後径であれば 3-0 絹糸を用いる。
- どうしても血管そのものを把持できない場合には周囲組織と合わせて縫合結紮する場合もあるが、この際血管が確実に縫合結紮されていることを確認しなければならない。
- 骨内からの出血には Bone Wax が有効な場合もある。
- どうしても止血できない場合には、より中枢側の同じ血管を探し出し結紮する。

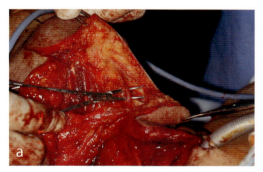

図IV-2-6a　動脈を剖出させ、その下に止血鉗子をくぐらせているところ

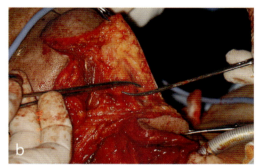

図IV-2-6b　切断する部分の両端をそれぞれ止血鉗子にて把持しているところ

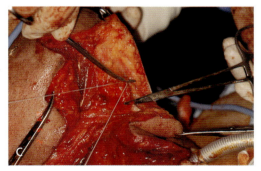

図IV-2-6c　動脈を切断後、一方の止血鉗子を絹糸にて結紮しようとしているところ

図IV-2-6　動脈の結紮・切断の実際（頸部郭清において）

（渋谷恭之・古森孝英）

3 智歯を中心とした難抜歯

1 抜歯すべきか抜歯せざるべきか

1 なぜその歯を抜くのですか

智歯（特に下顎智歯）を抜歯する理由には以下のようなものがある。

- **智歯周囲炎を起こす**：顎の発育が不十分だと智歯が萌出するスペースがなく、埋伏・半埋伏したり、近心傾斜となることが多い。そのような場合には智歯歯冠周囲が不潔となり、しばしば感染を起こす（図Ⅳ-3-1）。
- **第二大臼歯遠心面にう蝕を生じる**：智歯が近心傾斜すると第二大臼歯との間にプラークの停滞を招き、第二大臼歯遠心面のう蝕を生じる。しばしば遠心歯根面が侵され、第二大臼歯の保存が困難となることも多い（図Ⅳ-3-2）。
- **第二大臼歯遠心面に深い歯周ポケットが形成される**：智歯が近心傾斜すると、第二大臼歯遠心面の歯周炎を起こし、深く非可逆性のポケットを生じる。第二大臼歯の保存が困難となることも多い（図Ⅳ-3-3）。

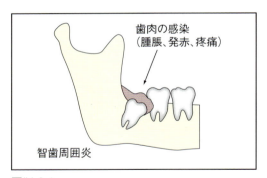

図Ⅳ-3-1

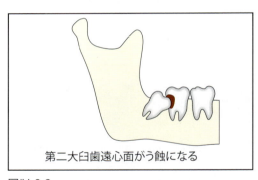

図Ⅳ-3-2

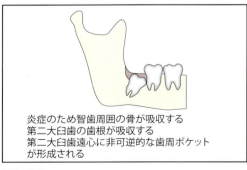

図Ⅳ-3-3

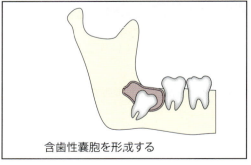

図Ⅳ-3-4

- **含歯性嚢胞を形成する**：智歯が完全埋伏すると含歯性嚢胞を形成することもある（**図IV-3-4**）。
- **ほかの歯に歯列不正を起こさせる**：第二大臼歯に萌出異常を生じたり、ほかの歯を押し出して歯列不正を生じたりする（**図IV-3-5**）。
- **歯列矯正を行う上で支障になる**：歯列矯正（特に叢生治療や下顎歯の遠心移動）を行う場合には、智歯が萌出する際に前の歯を押し出してしまう可能性がある。そのために場合によっては歯胚の段階で除去（germectomy）を行うことがある。
- **自家歯牙移植のドナー**：特に若年者で第一大臼歯をう蝕のために抜歯する際には、智歯を抜歯し自家移植すると良好な結果が得られることがある。

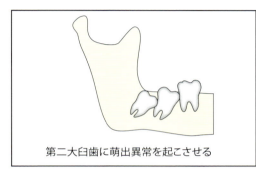

第二大臼歯に萌出異常を起こさせる

図IV-3-5

❷ その歯を保存するとどうなりますか

- 現在無症状の埋伏智歯であっても、将来にわたり前述のようなさまざまな障害を起こすことがある。智歯周囲炎をそのつど投薬や洗浄で保存的に治療した場合、一定の年齢を過ぎると智歯周囲炎自体の発生頻度は低くなるが、第二大臼歯遠心のう蝕や歯周病のリスクは加齢的に高くなる。抜歯のリスクとその歯を保存した場合の将来の障害の可能性の両者を患者さんに説明し、抜歯の適応を決定する必要がある。

❸ 抜歯に関係する全身疾患は

- 抜歯すべきか抜歯せざるべきかを決定するうえで、上に述べたような抜歯あるいは保存のメリットデメリットを考えるのと同時に、患者の全身状態および抜歯侵襲の程度を考慮に入れる必要がある。
- 全身疾患と抜歯の可否に関する明確な基準はないが、以下に一つの考えを示す。

① **高血圧**
- 最高血圧が 160mmHg 以上の場合は慎重に、200mmHg 以上の場合は緊急性がなければ抜歯は延期する。止血に注意が必要。

② **糖尿病**
- HbA1c が 7 以上は慎重に、8 以上は緊急性がなければ抜歯は延期する。抜歯後感染に注

意が必要。

③ 心不全

- NYHA 分類Ⅱ度（心不全はあるが、安静時には無症状。日常的な身体活動で疲労、心悸亢進、呼吸促拍、狭心症状が生じる）では慎重に、Ⅲ度（日常生活活動を軽度に制限しても疲労、心悸亢進、呼吸促拍、狭心症状などが出現）では緊急性がなければ抜歯は延期する。低侵襲の抜歯操作が必要。最近血中の BNP（脳性ナトリウム利尿ペプチド）が心不全の診断に用いられるようになったが、抜歯適否との関連についてはいまだ明らかにされていない。

④ 腎不全（透析中）

- 透析の翌日に抜歯する。腎性高血圧や貧血に対する注意も必要。後出血や薬剤の投与量にも注意。

⑤ 血小板減少症

- ITP など血小板数低下のみの場合、5 万以下では埋伏抜歯は延期、3 万以下では普通抜歯も延期する。肝硬変など血小板数低下と同時に凝固能も低下している場合は血小板数 10 万でも後出血をきたすことがあるので注意。抜歯する場合は血小板輸血が行える施設で。

⑥ 抗癌剤服用中

- 白血球数が低下している場合は感染に注意。白血球数 1000/μL 以上、好中球 500/μL 以上が抜歯可の一つの目安となるが、さまざまな因子が関係するので、がん治療医との連携が必要。

⑦ 放射線治療の既往

- 顎骨に放射線治療の既往がある場合は抜歯はなるべく避ける。がん治療医との連携が必要。

⑧ 人工弁置換術後

- 後出血と感染性心内膜炎（IE）の予防が必要。ワルファリンを服用していることが多い。IE 予防のために抜歯 1 時間前にアモキシシリン 2g を服用させることが推奨されている。

⑨ ワルファリン投与

- ワルファリン継続下で抜歯する。PT-INR が 2.0 〜 3.0 なら慎重に、3.0 以上なら緊急性がなければ抜歯は延期する。後出血の対応が可能な施設で。

⑩ 抗血小板薬投与

- 抗血小板薬継続下で抜歯する。高齢者、腎機能低下患者では後出血に注意。後出血の対応が可能な施設で。

⑪ 骨代謝調節薬（BMA）（ビスフォスフォネート製剤、デノスマブ製剤など）投与

- 低用量 BMA（骨粗鬆症）の場合、以前は休薬してから抜歯を行うことが一般的であったが、最近では継続下で抜歯することも多い。消炎してから抜歯。高用量 BMA（悪性腫瘍）の場合、以前は抜歯は避けられていたが、抜歯により患者の QOL が向上する場合は BMA 継続下で抜歯も可。消炎してから抜歯。いずれも抜歯窩は閉創したほうがいい。

2　全身麻酔下での処置が勧められる難抜歯とは

❶ 保険での難抜歯と実際の難抜歯

- 保険請求のうえでは、骨開削や歯根分割を要した抜歯は難抜歯と算定される。
- 実際には、熟練した口腔外科専門医であっても、抜歯に30分以上、ときには1時間以上要することがあり、そのような場合を臨床上の難抜歯という。抜歯（特に下顎智歯）の難易度はさまざまな要因によって決定され、あらかじめ予測をすることが可能である。
- **埋伏の深さ**：埋伏智歯の歯冠の最上端が、第二大臼歯の咬合面とほぼ一致する「高位」、第二大臼歯咬合面と歯頸部の中間にある「中間位」、第二大臼歯の歯頸部かそれ以下に位置する「低位」の順に、抜歯は容易から困難になっていく（**図IV-3-6**）。
- **傾斜度**：近心傾斜の程度が、ほぼ垂直位のものから、45度程度のもの、水平位、逆性になるにつれて、抜歯は困難となる。また、遠心傾斜や舌側傾斜の場合にも難抜歯となることも多い（**図IV-3-7**）。
- **歯根の形態**：歯根の形態は単根よりも複根、円錐型のものよりも肥大根や彎曲根のほうが抜歯は困難である（**図IV-3-8**）。
- **年齢**：20歳前後では骨が比較的軟らかいが、30歳代、40歳代となるにつれて骨は硬くなり、同じ程度の埋伏状態であれば、若年者のほうが抜歯は容易である。

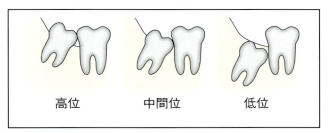

図IV-3-6

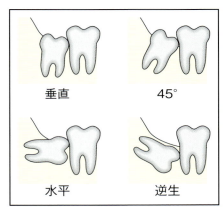

図IV-3-7

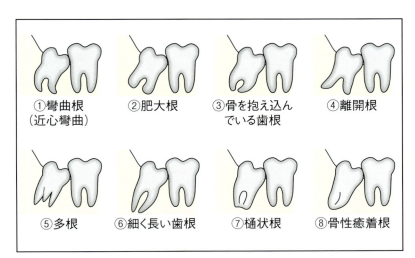

図IV-3-8　抜歯を困難にする歯根の異常

❷ 麻酔のリスクと抜歯難易度の兼ね合い

- 局所麻酔、全身麻酔にかかわらず、麻酔には一定のリスクを伴う。
- 局所麻酔は全身に及ぼす影響も少なく、リスクは小さいと一般に考えられているが、実際には、難抜歯のケースで抜歯に長時間を要する場合には、途中で麻酔が切れ疼痛を生じるなど患者さんにストレスを与えることにより、循環動態にも大きく影響する。
- 静脈内鎮静法を併用して局所麻酔下で抜歯を行っている施設もあるが、静脈内鎮静法下で観血処置を行うことはリスクが少なくなく、十分な注意が必要である。
- 伝達麻酔を行うと、下歯槽神経の知覚鈍麻を生じる可能性もあるので、必要最小限にとどめたい。
- 全身麻酔は全身に与える影響も少なくなく、循環器疾患や呼吸器疾患を有する患者さんでは麻酔自体のリスクも存在する。しかし無意識下で抜歯が行えるため患者さんのストレスは少なく、長時間を要したり大きな骨削除が必要な場合には、局所麻酔よりもかえってリスクは減少すると考えられる。
- 全身麻酔の場合は十分な術野のもと確実に抜歯が行えるため、歯槽骨破折や隙への迷入などの合併症を減少させることができる可能性がある。
- 欧米では全身麻酔下の埋伏智歯抜歯は広く行われてきた。わが国でも近年、全身麻酔下抜歯は行われるようになっている。ただし、全身麻酔には入院を要すること（最近は日帰り全身麻酔を行う施設もある）、治療費が若干高額になることなどのデメリットもある。局所麻酔か全身麻酔かの明らかな判断基準はないが、抜歯に1時間以上要する可能性がある場合は、患者にそれぞれの麻酔方法のメリット、デメリットを説明のうえ、総合的に判断することが望ましい。

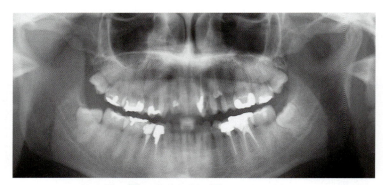

図IV-3-9 26歳女性。|8 は遠心傾斜、8| は近心傾斜しており、いずれも根尖と下顎管との重なりを認める。局所麻酔、全身麻酔の長所および短所について説明、全身麻酔を希望されたため、3日間入院し、全身麻酔下で智歯を4本同時に抜歯した。術後一過性の右オトガイ神経領域の知覚鈍麻を認めたが、徐々に改善した

3 手際よく抜歯するために

❶ Step by step 一歩一歩着実に

- 手際よく抜歯するためには、切開、骨膜剝離、骨削除、歯冠切断除去、歯根抜去など、ひとつひとつのステップを着実に行うことが重要である。各ステップが不十分のまま次のステップに進むと、結局余計に時間がかかったり偶発症の発生をみることがある。
- 切開線の位置に注意。視野が十分に確保でき、骨削除や歯冠切断がしやすい位置に切開線を設定するのが原則であるが、必ず直下の骨の存在を触診で確かめることが重要である。下顎埋伏智歯の抜歯の際に第二大臼歯遠心から歯列に平行に後方を切開すると、内側に入りすぎ、出血や舌神経麻痺を生じることもある。
- 剝離を行う際は、剝離子をしっかりと骨面に当てて骨膜から剝離をすると、出血も少なく骨削除が容易になる。舌側の剝離は最小限にすることが舌神経麻痺を回避するうえで重要である。
- 骨削除は最小限に、かつ必要な部位を削除する。下顎埋伏智歯の場合、歯冠の舌側や遠心側が骨で被われている状態で抜歯しようとすると、なかなか抜歯できないだけではなく、歯槽骨破折を生じることもある。骨削除はマイセルで行ってもよいが、特に遠心や舌側の骨を削除する場合は、骨バーを用いたほうが簡単である。タービンで骨削除を行うと気腫を発生することがあるので、十分な注意が必要である。
- 歯冠切断除去は意外に難しい。タービンで十分に切れ目を入れておかないと、歯冠の一部が残存してしまい、歯冠除去が困難になる。また、タービンを入れる角度によっては、歯冠が切断できても第二大臼歯遠心との間にアンダーカットを生じ除去できなくなる。舌側の歯冠を切断するときは、歯槽骨を削らないように注意をする。

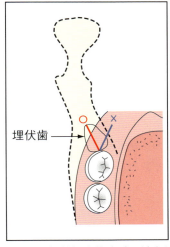

図IV-3-10 下顎埋伏智歯抜歯時の遠心切開の注意点：第二大臼歯遠心から青線のように歯列に平行に切開すると、内側に入りすぎて危険。直下に骨があることを指で確認して、赤線のように外側に（頰粘膜に向かって）切開を入れる

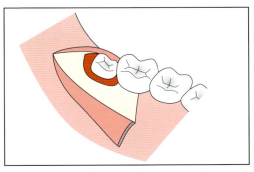

図IV-3-11 下顎埋伏智歯抜歯時の骨削除の注意点：骨削除は埋伏歯冠の最大豊隆部を越えるところまで行う。舌側は危険なのでなるべく削除せず、頰側と遠心を中心に削除する。慣れないうちは遠心の骨削除が不十分なことが多い

❷ 歯根膜空隙はどこですか

- 切開、骨削除、歯冠切断除去が終わり、歯根の抜歯に入ったが、なかなか抜けないということもときに経験する。歯根の形態異常がみられたり、骨と癒着したりしている場合はさらに骨削除や歯根分割が必要であるが、ヘーベルが歯根膜空隙に適切に挿入されていないために抜歯できないこともしばしばある。
- むやみにヘーベルに力を入れたり回転させるのではなく、十分に止血を行った後、直視下で歯根膜空隙を確認し、探針、エキスカベーター、剥離子などの比較的鋭利な器具を歯根膜空隙に挿入してみるのも一つの方法である。これらの器具が挿入できるのを確認してから、ヘーベルやルートチップに代えて抜歯操作を行う。

❸ 視点の転換も必要です

- なかなか抜歯できない時は、同じアプローチで続けるよりも、ちょっと視点を転換してみることも必要。
- なぜ抜歯できないのかよく考えてみよう。歯根の形態異常か、骨癒着か、骨削除が不十分なのか、歯根膜空隙に適切にヘーベルが挿入できていないのか、力をかける方向が不適切なのかなど。
- 患者さんの体位や術者の位置を変えてみるだけですぐに抜歯できることもある。
- ヘーベルは近心、頬側にかけるのが基本であるが、舌側、口蓋側にかけるとすぐに抜けることもある。舌側用のヘーベル（先が通常とは反対側を向いている）もあるのでぜひ用意したい。ただし下顎歯の場合は、ヘーベルの先を口底にすべらせないように最大限の注意が必要。

４ 抜歯前後に患者さんに説明しておくことは

❶ 説明すべき内容について

- 抜歯の必要性、特に現在自覚症状がない場合、なぜ抜歯を行うのか十分に説明を行う。
- 抜歯のリスクについて説明する。抜歯後感染や後出血のほか、上顎智歯の場合は上顎洞への穿孔、下顎智歯の場合はオトガイ神経や舌神経の知覚鈍麻（後述）について、特に念入りに説明を行うことがトラブル防止のために重要である。

> ■ 同意書
> 　同意書とは、「これだけのことを説明しました」という、確認書のようなものである。同意書に署名をもらったからといって、医療過誤が生じた場合に免責になるわけではないのは当然のことである。

❷ 言葉だけではなく文字で説明を

・抜歯も外科手術の一つである。合併症に関する説明はあらかじめ文書で渡しておき、抜歯前に署名をしてもらう。当科では次のような同意書を用いている（**図Ⅳ-3-12**）。

手術に関する説明書　　　　　年　　月　　日

患者氏名	様
病名	
手術の名称	上下顎水平埋伏智歯抜歯
手術部位	

〔説明の内容〕

1．手術内容（手術の具体的な方法や内容）
　　麻酔方法：〔　全身麻酔　・　局所麻酔　〕
　　手術時間：〔　　　　〕時間
　歯肉を切開し、骨の削合、歯質の分割を行い、埋まっている智歯を抜歯します。切開部は縫合します。
　縫合糸は約1週間後に抜く予定です。

2．合併症（手術の一般的な合併症、今回の術式に伴う合併症、偶発症、危険率など）
・術後の出血、膨張、疼痛、開口障害、嚥下痛、口角炎、皮下出血
・ドライソケット、カウザルギー、皮下気腫
・術後創部感染や治癒遅延、創部瘢痕
・下顎神経麻痺（オトガイ部や下唇などの知覚異常・知覚麻痺）
・上顎神経麻痺（頬部や口腔粘膜の知覚異常）
・舌神経麻痺（舌の知覚異常や味覚の低下など）
・上顎洞穿孔、上顎洞内への歯質迷入、上顎洞炎（二期的閉鎖術、抗菌薬の長期投与、耳鼻科での治療が必要となる可能性）
・歯根破折や癒着による歯質の一部残存の可能性（後日感染を生じた場合に再手術となる可能性）
・隣在歯の同様、知覚過敏、失活、歯根損傷（抜髄や抜歯など歯科治療が必要となる可能性）
・使用器具による口腔内熱傷

3．その他
・予期しない緊急時には最善の処置をさせていただきますが、ご家族へは事後報告となる場合があります。
以上の内容を説明致しました。

追記事項（患者特有の問題等について）：

説明者　歯科口腔外科　医師名〔　　　　　　　　　　〕
　　　　　　　　　　　同席者〔　　　　　　　　　　〕
説明を受けられた方（患者との続柄）
・本人　　　　　　　・家族（　　　　　　　）・その他（　　　　　　　）

＊説明を受領いたしました。　（押印）

図Ⅳ-3-12　智歯抜歯の同意書

❸ 特に神経麻痺について

- 下顎智歯抜歯後にオトガイ神経領域やまれに舌神経領域に麻痺あるいは知覚鈍麻を生じることがある。神経麻痺（鈍麻）は直接神経を切断した場合よりも、炎症により神経が圧迫されて生じることが多いと考えられる。

- 神経麻痺の回復は神経損傷の種類による。挫滅や圧迫の場合は3週間から3カ月程度で回復するのが通例である。しかし切断の場合はある程度は回復するが、長期間経過しても鈍麻が続いたり、痛覚が過敏になったり、違和感が残存したりする。あらかじめ十分な説明が必要である。

- 下顎智歯抜歯後のオトガイ神経知覚鈍麻は一時的なものも含めると約1%に、半永久的な知覚鈍麻は約0.1%に生じる。パノラマエックス線で智歯根尖と下顎管が重なっているもの、CTで智歯根尖と下顎管とが接しているもの、CTで下顎管が智歯根尖の舌側あるいは歯根間に存在するものでは有意にオトガイ神経知覚鈍麻の発生率が高いことが報告されている。そのためパノラマエックス線で智歯根尖と下顎管とが重なってみえる場合にはCTを撮影することにより、知覚鈍麻発生のリスクをある程度正確に患者に伝えることができる。

- 下顎智歯抜歯時に舌側歯槽骨が破折した場合や、舌側の隙に智歯を迷入させた場合には舌神経麻痺の可能性が高くなる。

■ 神経麻痺の予防

　前述の下顎管に近接している智歯で、骨削除量が多い場合や抜歯に長時間を要した場合、舌側歯槽骨が破折した場合などには、抜歯直後にステロイド（ソルコーテフ®100mg 注）を静注すると浮腫を抑制し、神経麻痺を予防できる可能性がある。病院歯科ではしばしば用いられている方法である。

■ 神経麻痺は偶発性？　医療過誤？

　抜歯後の神経麻痺は偶発症か医療過誤かどちらだろうか。歯科医院で長時間かけて下顎埋伏智歯抜歯を試みたが歯根が残存し、再度長時間かけて摘出した結果、舌神経麻痺を後遺、損害賠償責任を認定された判例がある。しかし下顎埋伏智歯の場合は、一般には経験を積んだ歯科医師が通常の方法で抜歯を行っても数%の確率で神経麻痺が生じるといわれており、多くの場合は医療過誤というよりはむしろ偶発症というべきであろう。

　下顎智歯抜歯後の知覚鈍麻は、文献的には0.5～5%程度の頻度で生じると報告されている。当科および関連病院で行った前向き研究（prospective study）では、下顎智歯抜歯959例中、オトガイ神経知覚鈍麻は11例、舌神経知覚鈍麻は3例にみられ、合わせて1.5%の発生頻度であった。多くは短期間で回復したが、3カ月以上経過後も鈍麻が残存したケースも3例みられた。知覚鈍麻は術者の経験年数には関係なく、40歳以上の患者で、低位の水平埋伏で、骨削除を行い、抜歯に60分以上を要したケースに有意に頻度が高かった。これらのことからも、下顎智歯抜歯後の知覚鈍麻は、経験を積んだ歯科医師が通常の方法で行っても出現する偶発症と考えられることがわかる。

5 抜歯中のトラブルへの対処法

❶ 歯が抜けないときどうしますか

- 歯がなかなか抜けないときには、その原因（歯根の形態異常、骨削除の不足、ヘーベルをかける位置や力の方向などが不適切、など）について考える。むやみに力を入れると、歯根破折、歯槽骨破折、隙への迷入、神経麻痺などの偶発症のリスクが高くなるだけである。
- 麻酔が切れるなど患者さんの苦痛が出現したら、いったん抜歯は中止し、後日再び試みるか病院歯科を紹介したほうがよい。

❷ 根尖が破折したとき

- 根尖の破折は歯根の彎曲や肥大、不適切な抜歯操作により生じる。いったん破折した根尖を除去することは困難な場合も多く、破折させないような配慮が重要である。
- 根尖が破折したとき、①ただちに除去を試みる、②いったん抜歯操作を中止して後日あらためて除去を試みる（あるいは病院歯科を紹介する）、③破折した根尖はそのままにして経過観察する、の三者の選択がある。
- ただちに除去を試みるのが望ましいのは、根尖病巣を伴う感染歯や、破折根尖除去が比較的容易で偶発症の危険性が少ない場合などである。抜歯窩内を十分に止血し破折した歯根を肉眼で確認し、歯根膜部にルートチップを挿入する。ルートチップが挿入できない場合は、探針やエキスカベーターを挿入すると抜歯できることもある。盲目的な操作は出血や神経麻痺などの原因になることがあるので避ける。
- いったん抜歯操作を中止して後日あらためて除去を試みるのが望ましいのは、破折根尖除去が困難で無理に除去しようとすると神経麻痺（下顎智歯）や上顎洞迷入（上顎臼歯）などの偶発症の可能性がある場合や、すでに抜歯操作に長時間経過しており患者さんの苦痛が大きい場合などである。患者さんに十分な説明を行ったうえで、1～2週間炎症の消退を待って再度除去を試みるか、病院歯科を紹介する。

■ **難抜歯のときは……**

筆者も抜歯できなかった経験は少なからずあるが、後日（1～3カ月後）に再度抜歯を試みると、意外に簡単に抜けたものである。しかし、著しい難抜歯が予想されるときは、全身麻酔下で抜歯を行ったほうが、患者・術者とも楽で、偶発症の発生頻度も少なく安全である。

■ **埋伏智歯抜歯の工夫**

　下顎水平埋伏智歯で抜歯が困難な場合、1回目に歯冠部のみ切断除去を行い、1カ月以上経過してから再度歯根を抜去する方法（2回法）を推奨する報告もある。外科侵襲を2回加えるという欠点はあるが、確かにこの方法を行うと、1回目に残存した歯根部が移動（挺出）し、2回目は容易に抜歯できることがある。歯根が破折した場合も同じような考え方で、後日あらためて除去すると、意外に簡単に抜歯できることもある。

- 埋伏智歯で感染根でない場合は、破折根を必ずしも抜去しなくてもよいこともある。骨内に残存した歯根が感染した場合は後日抜歯する必要があるが、そのような場合には周囲の骨が吸収されており容易に抜去できる。多くの場合はそのまま無症状に経過し、エックス線的にも経時的に歯根の輪郭は不明瞭になり、最終的には周囲の骨と区別がつかなくなるものと考えられる。

❸ 歯槽骨が破折したとき

- 歯槽骨の破折は、抜歯の際に骨削除や歯冠分割が不十分であったり、根肥大、根彎曲、骨との癒着などの際に生じることがある。歯槽骨が破折すると、抜歯後疼痛や後出血、治癒不全、神経麻痺、隙への迷入などを起こすことがあるので、適切な処置が必要である。
- 歯槽骨破折は下顎智歯の場合は舌側、上顎智歯の場合は上顎結節部に生じることが多い。
- 下顎智歯、特に深い埋伏智歯を抜歯する際には、常に左手示指を智歯の舌側歯槽骨にあてがうようにする。このようにすると、万一舌側歯槽骨が破折しても、舌側の組織隙に歯が迷入するのを防ぐことができる。
- 歯槽骨が破折した場合、破折した骨と歯とが分離でき、かつ破折した骨に骨膜が付着していれば、骨片を手指で整復し、そのまま保存する。
- 破折した骨と歯とを分離できない場合は、鋭匙鉗子などで歯を把持しながら、メスで骨膜部を切離し、破折した歯槽骨をつけた状態で歯を抜歯する。
- 歯槽骨が破折したときは、抗菌薬や鎮痛薬を十分量投与する。
- 下顎舌側歯槽骨が破折した場合は、術後開口障害や舌神経麻痺が生じる可能性があるので、必要に応じてステロイド（ソルコーテフ® 100mg）の点滴静注を行うとよい。

6 抜歯後のトラブルへの対処法

❶ 術後出血への対処法

- 抜歯後出血のため血液検査を行ったところ、何らかの出血性素因が判明することもある。十分な既往歴の聴取が重要である。
- 術後出血は下顎智歯に多いが、下顎智歯は若年者で特に出血性素因を有しない患者さんで抜歯することが多く、局所の問題で後出血をきたすことがほとんどである。
- 少量の出血であればガーゼを確実に咬ませるだけで十分止血できる。
- 中等度以上の出血の場合は、まずガーゼで圧迫止血した後ガーゼを取り除き、抜歯窩からの出血か、歯肉からの出血かを見極めることが重要である。抜歯窩からの出血なら、サージセル®、スポンゼル®などの局所止血薬を抜歯窩内に緊密に詰め込み、必要なら歯肉を縫合する。歯肉からの出血なら出血点を確認後、電気メスで凝固止血するか、歯肉を縫合する。
- 下歯槽動脈からの出血の場合でも抜歯窩内に止血薬を詰め込み、十分に圧迫することにより止血可能である。
- 下顎智歯抜歯後出血で、まれに頬側歯肉弁の基底部の顔面動脈の枝から出血をきたすことがある。その場合は下顎骨下縁を圧迫し止血してから出血点を確認し、凝固止血あるいは

結紮する。
- 出血が多量の場合は、ショックに対する対応が必要。再出血の危険もあり、病院歯科を紹介したほうがよい（図Ⅳ-3-13）。

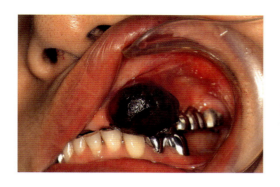

図Ⅳ-3-13 他院で犬歯を抜歯、後出血のため当科を紹介された。このような大きな血餅を形成する場合は何らかの全身疾患を有することが考えられるが、本症例は特に出血性素因はなかった。血餅を除去後にサージセル®挿入と縫合を行い止血した

■ 筆者の経験から①

歯科医院で下顎智歯抜歯後大量出血し、救急車で当院に搬送、到着時には意識なくショック状態で、鎖骨下静脈穿刺により大量の輸血を行い、救命し得た患者を経験した。抜歯窩を圧迫するも止血せず、顔面動脈からの出血と判明、緊急で皮膚切開による顔面動脈結紮術を施行し止血できた。

■ 筆者の経験から②

肝硬変であるが血小板は10万と軽度の減少のみで、内科主治医より抜歯可能との回答を得たため、歯周病の歯を抜歯したところ、術後出血をきたし当科を紹介された患者を経験した。PT-INRを測定すると3.0を超えており、ただちに入院管理を行ったが、検査により肝硬変だけではなく末期の肝癌が判明した。

❷ 神経麻痺への対処は難しい

- 神経麻痺の標準治療は薬物療法と星状神経節ブロックである。そのほかレーザー照射が有効な場合もある。しかしいずれの治療法も有効性に関するエビデンスは必ずしも高くない。
- 薬物療法としては、抜歯直後であればまずステロイドの投与を行う。投与量や投与期間の基準はないが、筆者はソル・コーテフ®100〜500mgを数日間点滴静注している。その後はビタミンB_{12}（メチコバール®）やATPを症状が改善するまで継続投与する。
- 星状神経節ブロックは早期から施行したほうが望ましいとされている。星状神経節ブロックはすべての病院で施行可能とは限らないので、可能な病院をあらかじめ調べておくことが望ましい。
- 神経が回復してくると知覚過敏や疼痛を生じることがある。向精神薬、抗痙攣薬、抗うつ薬などが使用される場合もある。
- 神経麻痺に引き続いてカウザルギー様の疼痛を生じる場合は、ただちに星状神経節ブロックを行う。
- 抜歯の翌日に患者が麻痺を訴えた場合は、ただちに病院歯科を紹介しステロイド投与のタイミングを逃さないことが重要である。麻痺の発生自体は合併症であるが、ただちに専門医を紹介しなければ、後に法的責任を問われるなどトラブルに発展する可能性もある。

■ **患者さんには適切な説明と対応を**
　下顎智歯抜歯後に神経麻痺を生じても、あらかじめ説明がなされており、標準的な方法で抜歯をしたうえでの麻痺であれば、ただちに歯科医師の責任が問われることはないと考えられる。筆者が知る限りでは、実際に責任が認定されたケースは、患者さんが麻痺を訴えても「時間がたてば治る」などとし、ただちに病院歯科を紹介するなどの適切な対応が行われていなかったケースである。

・特に舌神経麻痺の場合は、早期であれば外科的に神経再縫合を行うことにより回復することが期待される。そのためにもただちに病院歯科を紹介するべきである。

❸ ドライソケットへの対処

・ドライソケットは下顎智歯抜歯の5～8％程度の頻度で起こる。かなりの高頻度であり、あらかじめ説明を行っておくことが患者さんとの信頼関係のうえで重要である。
・ドライソケットの本態や原因は必ずしも明らかにされていない。歯槽骨の感染という考えもあるが、一般には抗菌薬の投与は必要でない。
・ドライソケットの治療の基本は、抜歯窩の被覆と鎮痛薬の投与である。抜歯窩の被覆は歯周パックを用いる方法もあるが、外れやすく、抗菌薬軟膏（アクロマイシン®軟膏、ゲンタシン®軟膏など）で浸したガーゼタンポンを抜歯窩内に充填する方法が最も容易で、疼痛を除去するのに確実である。抗菌薬軟膏は症状が改善するまで2～3日ごとに取り替える。
・血餅を作る目的で再掻爬を行うという考えもあるが、再掻爬しても再びドライソケットになる可能性がある。

（梅田正博・古森孝英）

抜歯

　「抜歯は釣りでいえば鮒釣りに相当し、釣りが鮒釣りで始まり鮒釣りで終わるように、口腔外科は抜歯で始まり抜歯で終わる」と学生時代に教えられた。たしかにその通りで、抜歯をするためには口腔外科の基本テクニックや全身疾患に対する理解など、多くのことが必要になる。
　埋伏智歯抜歯も50～100本経験すると、「どんな歯でも抜ける」と天狗になってしまう口腔外科医もいるが、実際にはいくら経験を積んでも、抜歯するのにたいへん苦労する歯に遭遇する。歯は一本一本条件が異なるわけで、同じ歯は決してない。切開、剝離、骨削除、歯の分割とstepを踏んで確実に抜歯操作を進め、その結果「この歯も抜歯できた。あの歯も抜けた」という謙虚な姿勢をもつことが大切である。

4 歯根端切除術

1 今一度適応症を考える

1 適応症についてどう考えていますか

- 教科書に普通に記載されている適応症
  ①歯根囊胞や歯根肉芽腫の存在
  ②根尖の彎曲や根管の狭小などによる根管治療不能症例
  ③リーマーやファイルなどの根尖部での破折
  ④根管充塡剤の溢出
  ⑤根尖近くでの歯根破折で、歯髄壊死になった歯
  ⑥顎囊胞に根尖が含まれ、歯髄壊死になった歯
  以上の理由により、通常の根管治療では治癒の望めない歯
- 非適応症
  全身状態によるもののほかに、以下の局所的な非適応症がある。
  ①歯根の1/3を超える切除を必要とする場合
  ②動揺著明歯
  ③歯周ポケットが著しく深い場合
  ④急性炎症のある場合
  ⑤短根歯
- 以上の適応症、非適応症はあくまで原則的なもので、実際の臨床では術者によりその判断が異なることも多い（図IV-4-1）。

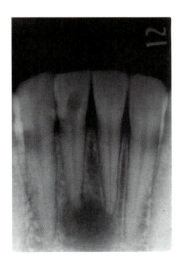

図IV-4-1　歯根端切除術を行いますか、それとも根管治療を行いますか？

❷ 歯内療法専門医と口腔外科専門医の考え方の違い

- 一般的に口腔外科専門医は直径5mm以上の病巣は手術適応と考える人が多い。
- 歯内療法専門医は根管治療および根管充填をきっちりすれば、比較的大きな病巣も治癒する可能性が高いと考える人が多い。
- 口腔外科専門医は比較的簡単に歯根端切除術を行う傾向にあるが、今一度根管治療で治癒が望めないか検討する必要がある。
- 治療期間は長くなるが、患者さんとも相談のうえ、根管治療で様子を見るのも一つのやり方である。ただし、病巣の拡大傾向がみられるときや、根管治療の経過が不良のときは手術を選択する（図Ⅳ-4-2）。

図Ⅳ-4-2　根管治療で病巣の縮小がみられた症例
|2 の根尖部を中心に両隣在歯に及ぶ根尖病巣が認められた症例。Vital test（－）であった|2 のみ感染根管治療を行い、根管からの滲出液がなくなった時点で根管充填を行った。その後時間の経過とともに根尖病巣の縮小が認められ手術を回避できた

② どこまで歯根を切除したらよいか

❶ 囊胞腔に突き出た根はすべて切除する必要がありますか

- 大きな囊胞の場合、囊胞腔内にある歯根をすべて切除すると歯を保存できないことも多い。
- 囊胞腔内にある歯根をすべて切除する理由は、歯根の裏側に囊胞壁などの病巣を取り残すおそれがあるからである。
- 慎重な操作が必要であるが、病巣の取り残しがなければ囊胞腔内にある歯根をすべて切除する必要はない（図Ⅳ-4-3a、b）。

❷ 根管の無菌性と根尖分岐の関係

- 根尖を切除する理由は、歯の無菌性を確保し、根尖病巣の再発を防ぐためである。
- 根管充填は主根管にしかできない。
- 根管充填不能な根尖分岐は一般的に根尖部2mm以内に存在する。
- 根尖部を3mm程度切除すると、それより上部は主根管のみとなり、きっちりとした根管充填が可能である（図Ⅳ-4-4a、b）。

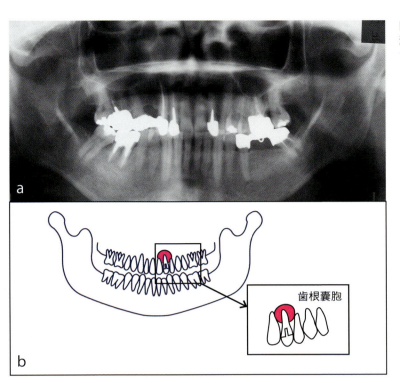

図IV-4-3 このような症例で嚢胞腔内の歯根をすべて切除すると歯を保存できない

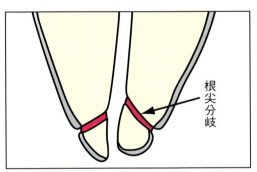

図IV-4-4a 根尖分岐
根尖分岐は根尖部2mm以内に存在する。根尖分岐の部分には原則として根管充填はできない

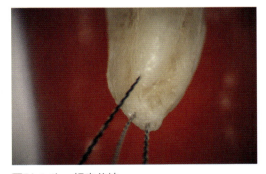

図IV-4-4b 根尖分岐
左側上顎第一小臼歯頬側根に根尖分岐があり、根尖孔が2つ存在する症例（口蓋側根の根尖孔は1つ）

3 根管充填のタイミング

❶ 術前根充と術中根充のどちらを選びますか

- 根管充填のタイミングには術前根充と術中根充とがある。
- 術前根充：手術をする前にあらかじめ通常の根充を行っておく方法。
- 術中根充：歯根端切除の術中に、根尖切除を行った後に根充する方法。通常の方向から根充する正根充と、切断した根面に窩洞を形成して根充する逆根充がある。

・術中の出血などへの対策が必要であるが、術中根充のほうが優れた閉鎖性が得られる（図IV-4-5、6）。

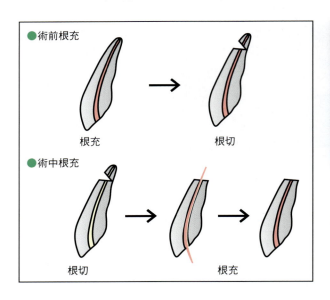

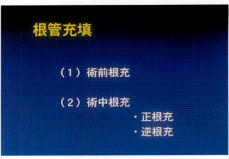

図IV-4-6　根管充填の種類

図IV-4-5　術前根充と術中根充
術前根充では、手術前日までに根充し手術時に根切する。術中根充では、手術時に根切し、ポイントを試適した後に、根尖部に突き出た過剰ポイントを除去する

❷ なるべくなら正根充をしましょう

・正根充と逆根充では、正根充のほうが予後がよい。
・メタルボンドなどの歯冠修復物があり除去不能のときは、根充の状態により、歯根切断のみか逆根充を行う。
・逆根充の場合に根切断面に形成する窩洞の深さは、象牙細管の閉鎖を考慮すると2〜3mm必要となる。
・逆根充窩洞形成の際には方向に注意しないと口蓋側（舌側）に穿孔を起こす危険がある（図IV-4-7〜9）。マイクロスコープと超音波チップを用いて形成する術式では根管に沿った逆根充窩洞形成が可能であり、穿孔の危険が少ない。

図IV-4-7a　色素浸透試験の写真
色素液に浸すことにより根尖部の閉鎖性が判定できる

図IV-4-7b

表IV-4-1　色素浸透試験の結果

根充の方法	根切の角度	色素浸透距離（mm）
術前根充	歯軸に垂直 45°	2.92 ± 0.50 3.18 ± 0.31
術中根充	歯軸に垂直 45°	1.16 ± 0.29 1.54 ± 0.31

術中根充のほうが色素浸透距離が短い、すなわち根尖の閉鎖性に優れている。根切の角度では歯軸に垂直のほうが優れている

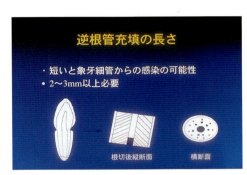

図IV-4-8　逆根管充填の長さ

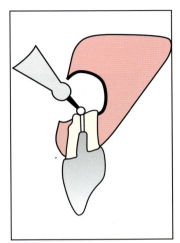

図IV-4-9　逆根充窩洞の方向
電気エンジンによる逆根充窩洞形成の際には、方向に注意しないと口蓋側（舌側）に穿孔を起こす

３　根管充填剤について

- 封鎖性が良好で生体為害性がなく操作性が容易であること。
- 逆根充の場合は、根尖部窩洞形成後、強化型ユージノール系セメントやケイ酸カルシウム系セメント（MTAセメント）あるいはレジン系接着材（4-META/MMA系レジン、スーパーボンド®）などで充填する。

４　実際の臨床術式

１　切開

- 原則　①切開線が最終的な骨削除部を考慮して健康な骨面上にあること。
　　　　②十分な手術野を得るために近遠心的に両隣在歯の遠心に及ぶ大きさであること。
- Partsch 弓状切開：病巣が根尖の上位方向に拡大した場合やメタルボンドなどの補綴物が装着されている場合に適応される。術野はやや狭いが、術後に歯肉の退縮がない。弓状切開の頂点は歯肉縁から約5mm以上、また、歯周ポケット底部から約3mm以上離れている必要がある（図IV-4-10）。

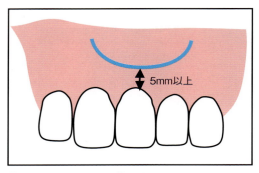

図Ⅳ-4-10　Partsch 弓状切開

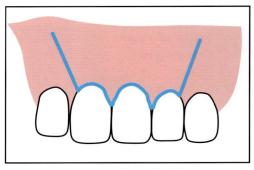

図Ⅳ-4-11　Wassmund 歯肉縁切開

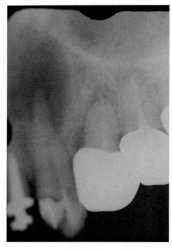

図Ⅳ-4-12　実際の臨床例
左側上顎犬歯の歯根嚢胞の術前エックス線写真

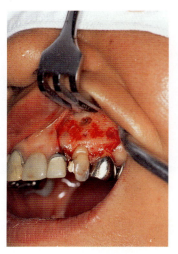

図Ⅳ-4-13　歯肉骨膜弁を剥離し、根尖相当部を中心に骨の削除を始めたところ

- **Wassmund 歯肉縁切開**：病巣が歯肉縁方向に拡大した場合や歯周ポケットが深い場合などに適応される。術野は広いが、術後に歯肉縁の退縮がみられ、知覚過敏や審美障害を起こすことがある（**図Ⅳ-4-11、12**）。

❷ 歯肉、骨膜の剥離

- 骨膜剥離子の先を骨面に確実に接触させて、骨面上に軟組織が残らないように剥離する。
- 下顎小臼歯部ではオトガイ孔に注意する（**図Ⅳ-4-13**）。

❸ マレットと丸刃マイセル（ノミ）あるいは電気エンジンによる骨の削除

- 嚢胞直上の骨が薄くなっていたり、欠損していることも多いので、そこを中心に削除を進める。上顎では鼻腔および上顎洞に注意する。

❹ マレットと丸刃マイセル（ノミ）あるいは電気エンジンによる根尖切除と病巣摘出

- 電気エンジンで根尖を削除するか、電気エンジンで刻み目を入れた後にマレットとマイセルで切除するのが一般的。
- 根尖切除は断面積減少のため歯軸に垂直に行うのがよいが、逆根充の場合はある程度斜めとなる（**図Ⅳ-4-14**）。

❺ 根管充塡

- 根管を生理食塩水で洗浄し、囊胞腔にガーゼなどを置いて根管内に血液が入らないように注意して根充を行う（**図Ⅳ-4-15a、b**）。

❻ 縫合

- Wassmund 歯肉縁切開では、剝離した歯肉骨膜弁の位置を確認しながらまず歯間乳頭部を縫合し、その後縦切開部を縫合する（**図Ⅳ-4-16、17a、b**）。

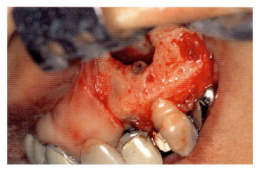

図Ⅳ-4-14　骨削除後、病巣摘出し、根尖を切除したところ。根切断面に根管が認められる

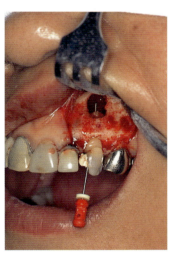

図Ⅳ-4-15a　正根充を行うため根管の確認と同時に清掃をしているところ

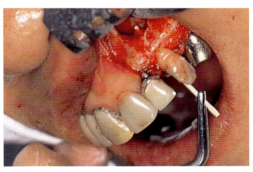

図Ⅳ-4-15b　ポイントを試適し根充しているところ

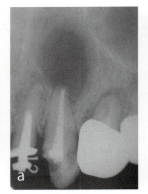
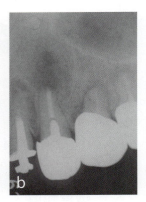

図Ⅳ-4-16　縫合終了
図Ⅳ-4-17a　術後エックス線写真6日後
図Ⅳ-4-17b　術後エックス線写真7カ月後
透過性が減り、骨形成が進んでいるのが認められる

5　手術後の経過はどうなるのか

❶ 理想的な治癒経過とは

- 歯根端切除術の術後は、瘻孔形成や排膿、根尖部圧痛、打診痛、歯の動揺の有無およびエックス線写真における骨欠損腔の縮小傾向などで評価される。
- 最も理想的な治癒は、根尖部の空隙が骨に置き換わり、歯根切断面が新生セメント質により被覆され歯根膜が再生することである。
- 根尖部の空隙が骨に置換されず肉芽の状態でも、レントゲン上で透過性が増さなければ一応の治癒と考える。

❷ どういう状況なら再発と考えますか

- 根尖部の膿瘍形成や瘻孔形成。
- 根尖部の透過性が増したり、大きさが増大する場合は再発を考える（**図Ⅳ-4-18**）。

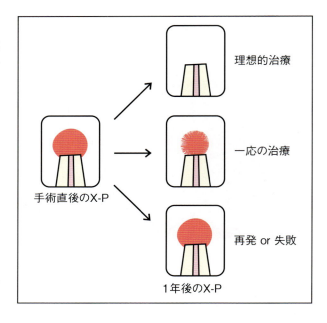

図Ⅳ-4-18　手術後の経過
（文献3より引用改変）

6 再発時の対応は

1 再発時に確認すべきことは

- 前回の手術の問題点（手術適応だったか，病巣の取り残し，根充の状態など）を再検討する。
- 再度，歯根端切除術が可能かそれとも抜歯が必要か検討する。

2 再手術の注意点は何ですか

- 感染した症例などは開放創（摘出開放：可及的に病巣を掻爬摘出し開放創とする）を考える。
- 過剰な歯根の切除をしないこと。

■ 参考文献

1) 古森孝英：歯根尖切除術の問題点．日本臨床歯内療法学会雑誌（20）：7-10，1999．
2) 古森孝英，松本光吉　編著：知っておきたい術式［歯内療法編］．初版，第一歯科出版，東京，180-183，1999．
3) Molven O., Halse A., Grung B. : Incomplete healing (Scar Tissue) after periapical surgery —Radiographic findings 8 to 12 years after treatment. J Endodon (22) : 264-267, 1996.

（古森孝英）

患者さんの立場に立って

「患者さんの立場に立って考えなさい」「もしこの患者さんが君のお母さんかお父さんだったら，あるいは君の一番大事な人だったら本当にこの治療法を選びますか」よく耳にするフレーズである。

毎日大勢来られる患者さんを，ベルトコンベア上の「もの」のように扱わないために，大学の検討会などの場で戒めとして投げかけられるフレーズである。

医療において答えは一つではないことが多い。また，ある患者さんには最もよいと思われる治療法も，それがほかの患者さんにそのまま当てはまるとは限らない。一人ひとりの患者さんは，それぞれ置かれている環境や考え方などの異なった存在である。その一人ひとりの違いを認識し患者さんの個性を尊重したうえで，最善の治療法を選択する必要がある。

5 歯の移植と再植

1 歯の移植

1 適応症について確認

- 歯の移植は自家歯牙移植のみが行われる。同種移植や他種移植が行われることはない。
- 自家歯牙移植とは、「同一個人において、歯牙をある部位からほかの部位へ外科的に移動する処置」であり、欠損部の両隣在歯にダメージを与えない補綴処置である。
- 移植を必要とする部位としては、大臼歯部の1歯遊離端欠損および中間欠損が最大の適応症であり、そのほかには外傷による脱落歯で再植不能な場合などがある。
- 移植適応歯としては、非機能歯（咬合に参加しない転位歯、智歯、埋伏歯など）が選択されることが多い。
- 移植歯の根形態としては、単根で根の彎曲が少なく、根肥大のない円錐形をした根が理想的である。
- 歯周疾患の進行程度に関しては、各歯面における歯根膜の付着量が十分（およそ6 mm以上）あることが条件で、複歯根の場合は根分岐部病変がないことも診査する。
- 移植床の歯槽骨の状態としては、炎症がなく、移植歯が安定するだけの高さがあることが望ましい。
- 移植床の歯槽窩を形成する際は、下顎管、上顎洞、オトガイ孔との位置関係に注意する。
- 歯根が未完成の歯の移植は成功しやすい[1]。

2 処置の基本方針

- 対合歯との咬合関係とクリアランス状態を確認し、移植部位に最も適した移植歯を選択する。
- 移植歯を抜歯する際は、できる限り歯根膜とセメント質を損傷しないように抜去する。
- 移植床の歯槽窩を形成する際は、歯槽骨の変性防止と残存する歯根膜細胞を保存するために、低速回転のバーで注水しながら削合する。
- 移植歯の移植床までの移動時間はできるだけ短時間とし、移植歯の歯根膜が乾燥しないように注意する。
- 移植歯の固定期間は2～3週間を目安とし[2]、歯根膜の血行を阻害するような強固な固定は避け、柔軟な固定法を選択する。
- 移植歯が生活歯の場合、移植から1～2週間経過後に抜髄して歯内治療を行う[1]。
- 移植後に移植歯の歯髄血行が再開することもあるため、歯内治療を開始する前に歯髄生活反応を調べる。

- 移植後に根尖までの根管治療を行うことが難しいと予測される場合は、移植前に口腔外で根管充填処置を行い、根尖部は完全にシールする。

❸ 実際の臨床術式（図IV-5-1）

- 患者は33歳の女性。う蝕の進行により7̄6̄は保存不可能と判断し、抜歯後に自家歯牙移植を計画した。
- まず、7̄6̄を抜歯し、次いで移植部位に適していると判断した8̄と8̄を、歯根膜とセメント質を損傷しないように抜歯した。
- 移植後の根管充填は困難と判断し、水酸化カルシウム製剤とガッタパーチャーを用いて口腔外で根管充填を施行した。操作時は、移植歯の歯根膜の乾燥と損傷に注意し、生食ガーゼで優しく把持しながら行った。
- 移植床の歯槽窩の形態に合わせて7̄抜歯窩に 8̄ を、6̄ 抜歯窩に8̄を移植し、3-0絹糸で固定した。
- 固定期間は2週間とし、移植から3週間後には移植歯の安定を確認できたため、4週間後から補綴処置を開始した。
- 移植から1年後のデンタルエックス線写真では、移植歯の歯根膜腔が確認できる。

図IV-5-1　7̄6̄抜歯後に 8̄ と8̄を移植した症例（33歳 女性）

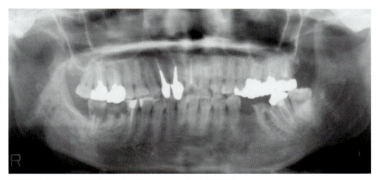

図IV-5-1a　初診時のパノラマエックス線写真

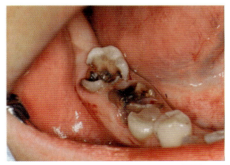 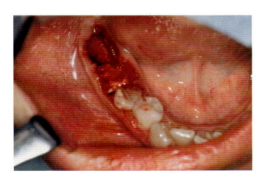

図IV-5-1b　保存不可能と判断した7̄6̄を抜歯

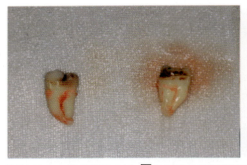 

図IV-5-1c　移植歯の8̱と8̱を口腔外で根管充填

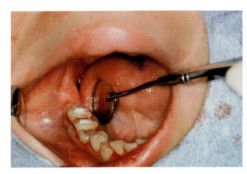 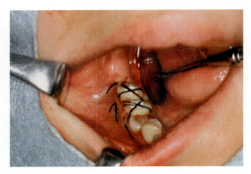

図IV-5-1e　7̱抜歯窩に8̱を、6̱抜歯窩に8̱を移植し、3-0絹糸で固定

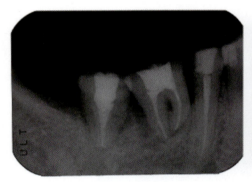 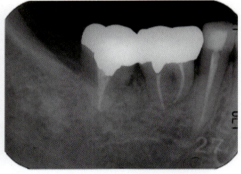

図IV-5-1f　移植直後のデンタルエックス線写真　　図IV-5-1g　移植1年後のデンタルエックス線写真

④ 術後経過はどうなる

- 抜歯することで移植歯の歯根膜やセメント質への栄養補給はいったん断たれるが、移植後に再開し、歯根膜を介して移植歯が歯槽窩内に完全に生着した場合を完全生着という（図IV-5-2）。
- 移植歯の歯根膜線維芽細胞が死滅した根面では、歯根膜が消失して歯根面に直接歯槽骨が接するようになり、置換性根吸収（アンキローシス）をきたす[3]。セメント質が消失した部位から徐々に歯根が吸収されて骨組織に置換され、最終的に移植歯は脱落する。
- 炎症性肉芽組織が歯根周囲に生じ、歯根吸収とともに歯槽骨吸収も進み、最終的に脱落する場合を肉芽性根吸収という。

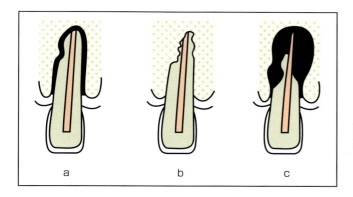

図IV-5-2 移植・再植された歯の治癒経過（文献1より許諾を得て改変転載）
(a)：完全生着
(b)：置換性根吸収（アンキローシス）
(c)：肉芽性根吸収

2 歯の再植

① 適応症について確認

- 歯の再植とは、脱臼した歯をもとの歯槽窩に戻して再び機能させることをいう[1]。
- 外傷により脱落した前歯が対象となることが多い。
- 根尖病巣のある歯を一度抜歯し、根尖部の病巣を掻把した後に再植する場合もある（意図的再植）。

② 処置の基本方針

- 外傷による脱落歯はよく水洗後、可能であれば脱落歯槽窩に復位させる。復位が無理な場合は牛乳か歯牙保存液（ティースキーパー「ネオ」® など）あるいは生理食塩水（0.9%）中に保存し、乾燥させないようにする。
- 脱落した歯の歯根にはできるだけ触れず、歯冠部をもつようにする。
- 歯槽窩内の異物や血餅を除去し、生理食塩水で洗浄する。
- 再植歯を生理食塩水で洗浄し、脱落歯槽窩に復位させる。
- 再植歯と対合歯との咬合関係に注意し、ワイヤーレジン法やダイレクトボンディング法により再植歯を隣接歯に固定する[4]。固定期間は2〜3週間を目安とする[2]。
- 再植1〜2週間後に抜髄し、歯内治療を行う。

③ 実際の臨床術式[5]（図IV-5-3）

- 患者は12歳の男児。自宅で壁に衝突して受傷。
- 受診時、1」の完全脱臼と下唇の裂傷を認めた。
- 脱落歯（1」）は牛乳に保存された状態で持参しており、脱落歯槽窩と1」を生理食塩水で洗浄後、1」を元の位置に再植した。
- 弾力性ワイヤーと接着性レジンで1」を隣在歯と固定し、下唇裂傷部も縫合した。
- 固定から2週間後にワイヤーとレジンを除去した。

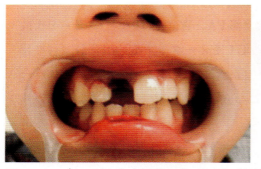 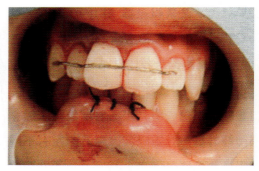

図IV-5-3 　1｜を再植した症例（12歳　男児）（文献5より引用改変）
a：再植前の口腔内写真、b：1｜再植直後の口腔内写真

④ 術後経過はどうなる

- 外傷時に脱落歯の歯根膜がすでに損傷していたり、再植までに時間がかかると、いったん安定しても置換性吸収（アンキローシス）を起こし、数年以内に脱落する（**図IV-5-4**）。
- 再植を成功に導くには、脱落歯を一刻も早く歯槽窩に戻すことである。
- 再植歯に進行性の歯根吸収を認める頻度は、脱落から再植までの時間が30分以内では10%、30～60分では50%、2時間以上では90%という報告がある[6]。

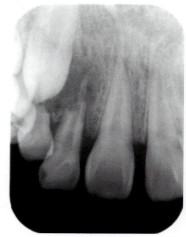

図IV-5-4　再植後の置換性骨吸収（アンキローシス）
外傷による 2｜完全脱臼により再植後3カ月のデンタルエックス線写真。歯槽硬線の消失、根尖の吸収が認められた。

■ 参考文献

1) 芝　良祐：口腔外科学（宮崎　正編）．第2版，医歯薬出版，東京，2000．
2) 濱田　博：顎口腔の小外科．第1版，医歯薬出版，東京，576-578，1996．
3) Anderson L, et al: Effect of masticatory stimulation on dentoalveolar ankylosis after experimental tooth replantation. Endodontic Dent Traumatol 1: 13-16, 1985.
4) 佐藤田鶴子編：臨床歯科エビデンス 顎・口腔領域の外傷．第1版，南山堂，東京，19-29，2013．
5) 古森孝英：歯の外傷．口と歯の辞典．初版，朝倉書店，東京，146-149，2008．
6) Andreasen JO: A time-related study of periodontal healing and root resorption activity after replantation of mature permanent incisors in monkeys. Swed dent J 4: 101-110, 1980.

（古土井春吾・古森孝英）

6 良性腫瘍と囊胞の手術

1 エナメル上皮腫などの顎骨良性腫瘍

1 処置の基本方針

- 基本的に生検を行う。
- 外科切除の適応である。
- 大きく分けて顎骨保存療法と顎骨切除療法がある。
- 顎骨保存療法の代表は摘出と周囲骨の掻爬（削除）、開窓療法（反復処置）である。
- 顎骨切除療法は悪性腫瘍に準じた切除法である。よって、腫瘍の大きさのみならず、年齢、性別、全身状態などの患者背景も十分に考慮する必要がある。
- エナメル上皮腫は術式や症例によっては再発の危険性も高く、また、悪性転化の可能性もあるため長期間の経過観察が必要である。さらには肺転移が生じるとの報告も散見されるため、全身におよぶ観察も必要となる場合もある。
- 摘出後の創処理は術式により異なり、顎骨保存療法では閉鎖創とする症例もあるが、多くは摘出開放創である。また、顎骨切除療法では閉鎖創だけでなくさまざまな皮弁移植を行う場合がある。
- 摘出標本は必ず病理組織学的検査に提出する。

2 実際の臨床術式

● エナメル上皮腫（顎骨保存療法：摘出と周囲骨削除）

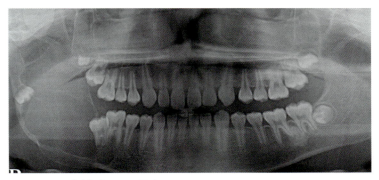

図Ⅳ-6-1a　術前パノラマ写真
右側下顎骨に境界明瞭な骨吸収、右側下顎第二大臼歯歯根の吸収、埋伏智歯を認める

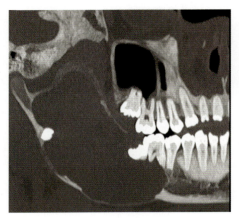

図IV-6-1b　術前CT写真①
矢状断CTで皮質骨の吸収を認める

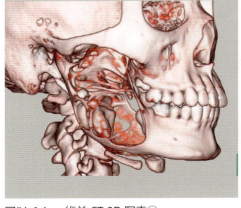

図IV-6-1c　術前CT-3D写真②
頰舌側に及ぶ広範な骨吸収を認める

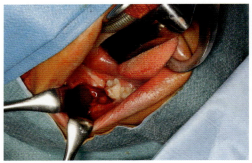

図IV-6-1d　術中写真①
右側下顎第二大臼歯遠心から骨開削し腫瘍摘出を行っている

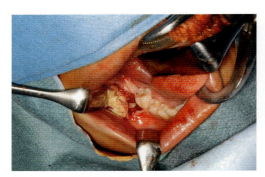

図IV-6-1e　術中写真②
腫瘍摘出後、軟膏塗布ガーゼを充塡し開放創としている

● エナメル上皮腫（顎骨切除療法：下顎骨区域切除と血管柄付遊離腓骨皮弁）

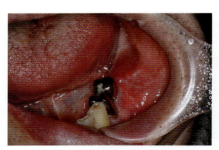

図IV-6-2a　術前口腔内写真
左側下顎顎大臼歯部歯肉に粘膜異常は認めない

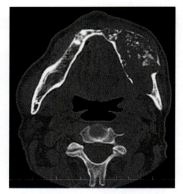

図IV-6-2b　術前CT写真
左側下顎骨に圧迫膨隆性の骨吸収、皮質骨の不連続性、内部に石灰化物を認める

218

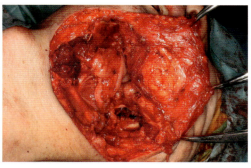

図IV-6-2c　術中写真①
左側顎下部からのアプローチで、下顎骨区域切除を行っている

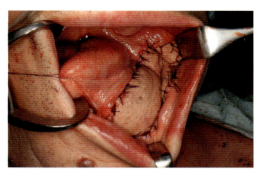

図IV-6-2d　術中写真②
血管柄付遊離腓骨皮弁で再建

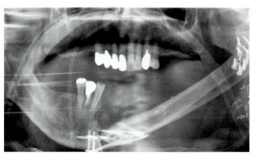

図IV-6-2e　術後パノラマ写真
血管柄付遊離腓骨皮弁で再建

2 線維腫などの良性腫瘍

① 処置の基本方針

- 基本的に外科的切除の適応で、再発は少ない。
- 切除方法はメス、電気メス、CO_2 レーザーなどを用いる。
- 切除後の創処理は縫合、開放創、人工粘膜貼付など症例に応じて行う。
- 良性腫瘍との臨床診断であっても実際には悪性腫瘍のこともあるので、切除標本は必ず病理組織学的検査に提出する。
- 必要に応じて生検を行ってもよい。

② 血管腫は要注意

- 顎口腔領域における血管腫は一般に舌、口唇、頬粘膜に多く発生するとされている。
- 病変の大きさによっては発音、咀嚼といった機能に障害をきたすほか、口唇部などの顔面表層に生じた病変については整容的に問題となるので、治療にあたっては適切な治療法を選択することが必要である。
- また、小さな血管腫でも切除の際にかなり出血することもあるので注意を要する。

- 血管腫の治療には以下のものがある。
    - ①外科的切除
    - ②レーザーによる凝固療法
    - ③硬化剤を使用したり血管を塞栓したりすることにより縮小を計る方法（塞栓硬化療法）。この方法は組織欠損や機能障害をきたさず病変の縮小を得ることができ、術創を残さないなどの点から頭頸部領域の血管性病変には有用である。
    - ④梱包療法
    - ⑤凍結療法

❸ 実際の臨床術式

●舌脂肪腫

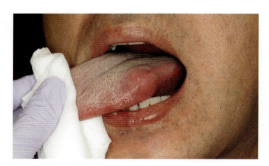

図IV-6-3a　術前写真：左側舌縁部に表面正常な膨隆を認める

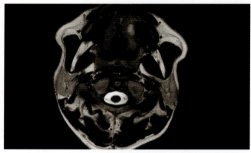

図IV-6-3b　術前MR（T1強調）写真：左側舌縁部に境界明瞭な高信号域を認める

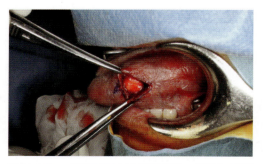

図IV-6-3c　術中写真：粘膜切開後、鈍的に剥離を進めると黄色の腫瘤を認める

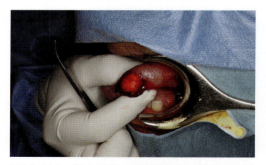

図IV-6-3d　術中写真：周囲組織との境界は明瞭で手指にて押し出すことができる

図IV-6-3e　摘出写真：割面を入れると内部は均一な黄色（脂肪色）を呈していた

● 頬粘膜孤立性神経線維腫

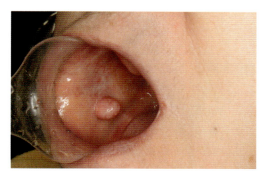

図IV-6-4a 術前写真：右側頬粘膜に外向性の比較的硬い腫瘤を認める

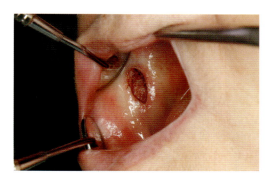

図IV-6-4b 術後写真：CO_2 レーザーを用いて切除

● 口唇血管腫（Nd-YAG レーザーによる光凝固療法）

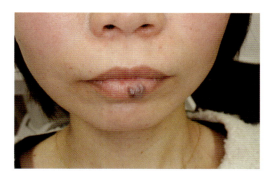

図IV-6-5a 術前写真

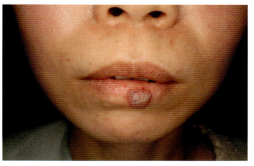

図IV-6-5b 術直後写真

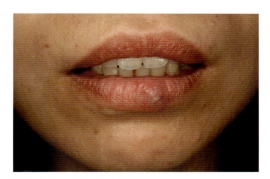

図IV-6-5c 術後1カ月後写真

3 歯根嚢胞などの顎骨嚢胞

1 処置の基本方針

- 顎骨嚢胞は、閉鎖創、開放創にかかわらず嚢胞壁組織を完全に摘出することが治癒原則となる。
- 嚢胞の種類、発生部位、大きさ、埋伏歯の存在、術後感染の可能性などによっては、嚢胞壁の一部を切除する開窓術などが選択されることもある。
- 治療法の選択は、患者さんの年齢、病識のレベル、自己洗浄が可能か、ガーゼ交換のための通院が困難かどうかなど、個々の背景も考慮する必要がある。

2 開放創 vs 閉鎖創

- 顎骨嚢胞の創処理については、全摘出後に開放創にする場合と閉鎖創にする場合、加えて嚢胞の一部だけ除去して開放創にする開窓術がある。
- 閉鎖創のほうが術後管理は容易だが、術後感染や再発の可能性が高くなる。
- 開放創や開窓にするとガーゼ交換など管理が複雑となるが、術後感染や再発の可能性を低くすることができる。

表 IV-6-1　顎骨嚢胞の創処理の検討

	開窓術	開放創	閉鎖創
外科的侵襲の軽減	○		
年齢（若年層）	○		
易感染性患者	○	○	
術後管理の簡便			○
再発の可能性のある嚢胞		○	
大きい嚢胞	○	○	

3 実際の臨床術式

●右側下顎第一小臼歯歯根嚢胞摘出術

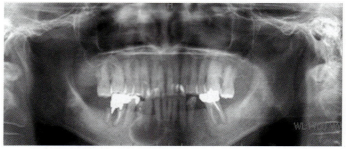

図IV-6-6a　術前パノラマエックス線写真
右側下顎小臼歯根尖相当部に境界明瞭な透過像を認める

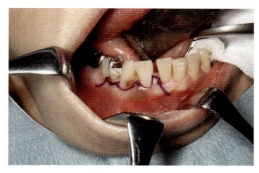

図IV-6-6b　切開線
Wassmund 歯肉縁切開を設定

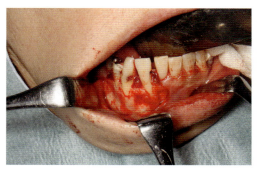

図IV-6-6c　骨開削
粘膜骨膜弁を形成

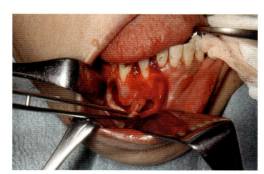

図IV-6-6d　摘出後
ラウンドバーを用いて骨開削し囊胞を摘出

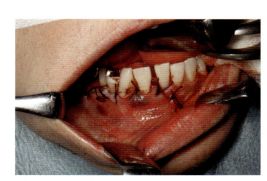

図IV-6-6e　縫合後
閉鎖創

●左側下顎顎含歯性囊胞開窓術

- 開窓術とは囊胞が比較的大きい場合に適応とし、口腔内に一部囊胞を開窓し、囊胞壁と口腔粘膜を縫合することによって副腔を形成する方法である。
- 副腔には、抗菌薬を貼付したタンポンガーゼを挿入する。

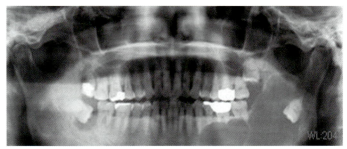

図IV-6-7a　術前パノラマエックス線写真
左側下顎顎大臼歯部から下顎切痕にかけての広範な透過像を認める

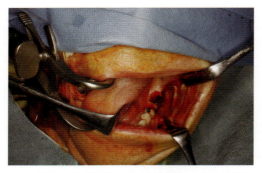

図IV-6-7b 動揺の強い左側下顎第一第二大臼歯を抜歯したあと歯槽頂から頬側にかけて骨を開削している

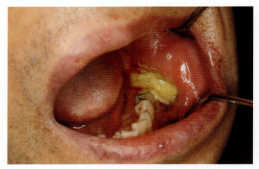

図IV-6-7c 骨開削部から囊胞腔内に軟膏付ガーゼを挿入したところ

4 粘液囊胞などの軟組織囊胞

1 処置の基本方針

- 基本方針は摘出である。

●粘液囊胞摘出

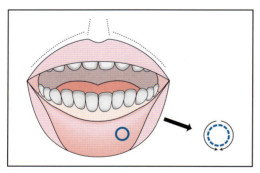

図IV-6-8a 口唇粘液囊胞摘出術
①囊胞の大きさおよび粘膜の厚さにもよるが、囊胞周囲の粘膜に切開を入れると、比較的簡単に摘出できる
②粘膜の一部をつかみながら、囊胞を周囲組織から鈍的に剝離する
③周囲に小唾液腺があれば再発防止のため同時に摘出する

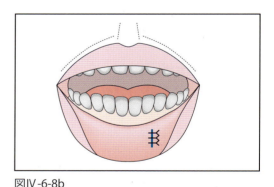

図IV-6-8b
④摘出後は口唇のしわに一致するように縦方向に縫合する

❷ 摘出しますかそれとも開窓にしますか

- 単なる切開や内容液の穿刺吸引では、嚢胞の縮小がみられても、ほとんどの場合再発する。
- 患者さんの年齢、嚢胞の存在部位などによっては、口腔の副腔を形成し内容液が貯留しないようにする、いわゆる開窓術を選択する場合もある。
- 比較的大きな粘膜嚢胞やガマ腫では、開窓術が選択されることが多い。

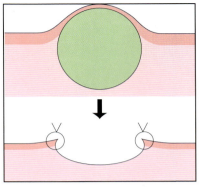

図IV-6-9 できるだけ底を浅くするような開窓がよい

❸ 嚢胞の顔をした癌もある

- 口唇や頬粘膜下の小唾液腺由来の疾患は粘液貯留に起因する粘液嚢胞だけではない。視診上は正常粘膜で、触診でも強い硬結もなく比較的境界明瞭な腫瘤を認めることがある。これらは小唾液腺由来の唾液腺腫瘍の可能性がある。

● 頬粘膜腺様嚢胞癌

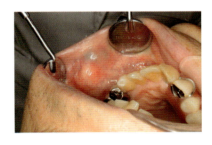

図IV-6-10a 術前写真
右側頬粘膜に粘膜正常な軽度弾性硬、一部暗赤色を呈した腫瘤を認める

T1強調

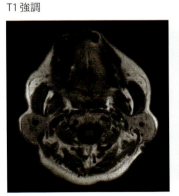

T2強調

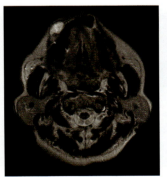

STIR

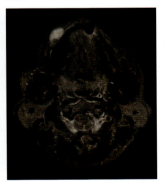

図IV-6-10b MR写真（T1強調画像で低信号、T2強調画像で高信号、STIR画像で高信号の境界明瞭な腫瘤を認める

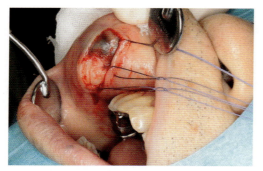

図IV-6-10c 術中写真①
局所麻酔下にて腫瘍全摘出生検を施行した

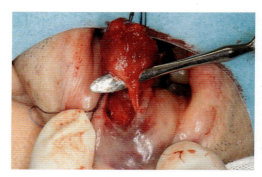

図IV-6-10d 術中写真②
一塊として腫瘍摘出している

❹ 実際の臨床術式

● 粘液囊胞摘出術（CO_2 レーザーによる）

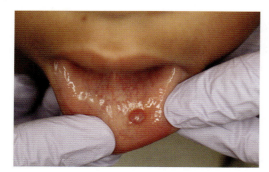

図IV-6-11a 術前写真
下唇に弾性軟の粘液貯留

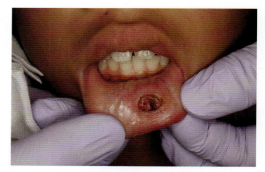

図IV-6-11b 術直後写真
出血を認めず開放創とする

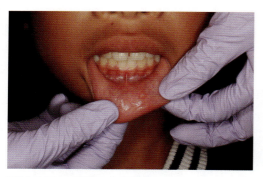

図IV-6-11c 術後1カ月写真
上皮化が進み瘢痕は認めない

● ガマ腫開窓術

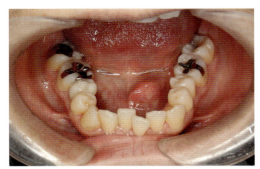

図Ⅳ-6-12a　術前写真
左側口底部に弾性軟の腫脹を認める

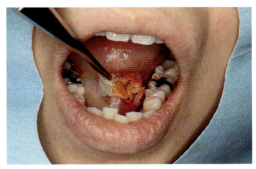

図Ⅳ-6-12b　囊胞壁を一部切除し、囊胞内腔を確認しながらタンポンガーゼを挿入

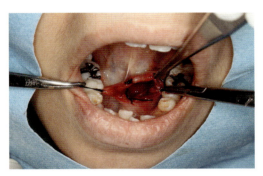

図Ⅳ-6-12c　開窓術
天井部分を切除して残存囊胞壁と口底粘膜を縫合する

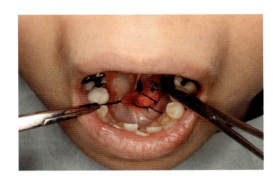

図Ⅳ-6-12d　タンポンガーゼを tie over し手術終了とする

（南川　勉・古森孝英）

7 補綴に関連した手術

1 骨隆起除去術

1 下顎隆起の除去

①**処置の基本方針**
- 下顎の小臼歯相当部の舌側に好発し、義歯装着の支障となる。咀嚼、嚥下や発音障害の原因となることもあり除去の対象となるが、支障がなければ除去する必要はない。

②**実際の臨床術式**

a）切開と剥離
- 消毒と麻酔後、下顎隆起部の歯槽頂に沿い、近遠心に粘膜骨膜切開を施行し剥離、十分に露出させる。隆起部周囲に歯が残存する場合は舌側の歯頸部切開とする。隆起部の粘膜は薄いので裂けないよう注意する（**図IV-7-1**）。

b）削除
- 骨隆起の基部を丸ノミ、片刃ノミを用いて切除する。ノミを用いる際、誤って口底に穿孔

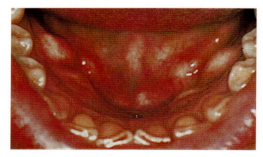

図IV-7-1a　術前口腔内写真

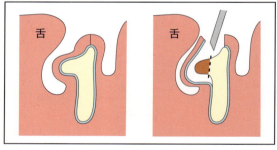

図IV-7-1b　歯肉骨膜弁を剥離後、骨隆起の基部で切除する

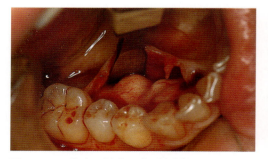

図IV-7-1c　術中口腔内写真（右側）

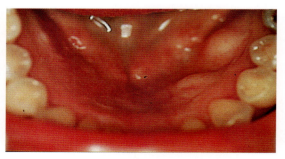

図IV-7-1d　術後口腔内写真（右側のみ切除）

図IV-7-1　下顎隆起除去術

しないよう注意する。基部が分かりにくい場合、何カ所か骨バーを用いて穿通させてから切除する。切除した骨面を骨ヤスリやバーを用いて平滑化する。

c）縫合
- 粘膜骨膜弁を戻し、余剰な部分は歯肉バサミで整形して縫合する。

❷ 口蓋隆起の除去

① 処置の基本方針
- 口蓋正中の縫合部に認められる結節で、義歯装着の支障となる。また大きく成長したものでは食物がひっかかったり、ブラッシングの際などに隆起の表面にびらん、潰瘍を形成したりする。下顎隆起と同様支障がなければ特に除去する必要はない。

② 実際の臨床術式
- 下顎隆起に比べると手術難度は高くなる。

a）切開と剝離
- 消毒と麻酔後、隆起部の直上で近遠心的および両端でⅤ字型に横切開を加え、粘膜骨膜切開にて十分に露出させる。隆起部の粘膜は薄く、剝離が困難なので裂けないよう注意する。

b）削除
- 骨隆起の基部を丸ノミ、片刃ノミを用いて切除する。下顎隆起と異なり器具の挿入方向が難しいので、ノミを用いる際、誤って鼻腔底に穿孔しないよう注意する。切除した骨面を骨ヤスリやバーを用いて平滑化する（図Ⅳ-7-2）。

c）縫合
- 粘膜骨膜弁を戻し、余剰な部分は歯肉バサミで整形して縫合する。

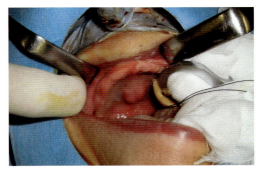

図Ⅳ-7-2a　術前口腔内写真

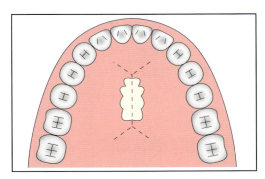

図Ⅳ-7-2b　口蓋隆起除去のための切開線

図Ⅳ-7-2　口蓋隆起除去術

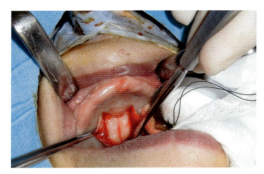
図IV-7-2c　切開後

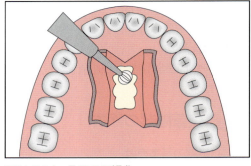
図IV-7-2d　骨面の平滑化

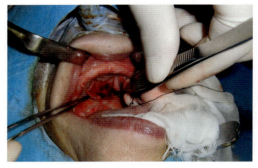
図IV-7-2e　骨面平滑後

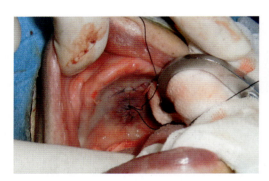
図IV-7-2f　縫合

2 歯槽骨整形術

① 処置の基本方針

- 抜歯後の歯槽頂部に骨の鋭縁が残存すると義歯装着の支障となる。
- 咬合時に対合の顎堤が近接していて、補綴物装着が困難な場合や抜歯後に即時義歯を装着する場合、**歯槽骨整形術**が必要となる。

② 実際の臨床術式

① **切開と剥離**
- 消毒と麻酔後、予定する骨削除部位の歯槽頂に沿い、近遠心に粘膜骨膜切開を施行し剥離、十分に露出させる。切開部位の近心側に縦切開を施行すると十分な視野を確保しやすい。

② **削除**
- 骨削除部位を中心にノミ、バー、破骨鉗子を用いて切除する。切除した骨面を骨ヤスリやバーを用いて平滑化する（図IV-7-3）。

③ **縫合**
- 十分に洗浄した後粘膜骨膜弁を戻し、余剰な部分は歯肉バサミで整形して縫合する。

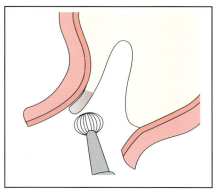

図Ⅳ-7-3　粘膜骨膜切開を施行し、骨削除する

3 歯槽堤形成術

❶ 処置の基本方針

- 歯槽堤の吸収により義歯の保持が困難となった症例が適応であるが、大きく分けて二つの方法に分類できる。①周囲の軟組織を沈下させ相対的に歯槽堤を形成する方法。②顎骨を分割、移動することや骨、軟骨を移植して歯槽堤を挙上する方法。大部分は①の方法により行われる。

❷ 実際の臨床術式

- 歯槽部の粘膜を剝離し、露出させた骨膜を上皮化させる方法。

① 切開と剝離
- 消毒と麻酔後、歯槽頂に沿って切開を加え、両端にて歯肉頰移行部まで縦切開を行う。次にメスにて粘膜と骨膜間に切開を加え、そぐような形で歯肉粘膜のみを剝離する。

② 縫合
- 剝離した歯肉粘膜弁を骨膜側に翻転させ、最深部にて縫合する。

③ 創部の保護
- 露出した骨膜は義歯を利用できれば、床縁にシリコン系粘膜調整剤を貼付する。利用できなければ抗菌薬を貼付したガーゼや人工真皮（テルダーミス®）を創部に縫合、固定する。約2週間〜1カ月で上皮化する。また、口蓋部や頰部から粘膜を採取し、歯槽堤拡張予定部の骨膜上に移植する方法もある（図Ⅳ-7-4）。

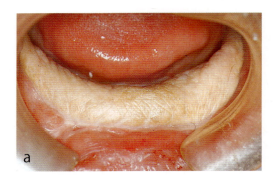

図IV-7-4 皮弁移植後の歯槽堤形成術

口腔癌などで下顎の連続性が失われた場合の最新の治療法は、血管柄付き遊離骨皮弁の移植である。この症例では歯肉部分が切除され皮弁に置換されているが、皮弁は皮下脂肪を伴っているため、フラビーガムのように可動する。義歯やインプラントの装着のためには付着歯肉様の非可動組織が必要となる。そこで、口腔前庭を形成すると同時に可動性の皮弁を固着性の組織に置き換え、義歯やインプラントが可能な歯槽堤を形成する

a：術前の口腔内写真　　b、c：剝離時
d：人工真皮貼付時　　　e：術後4週間目

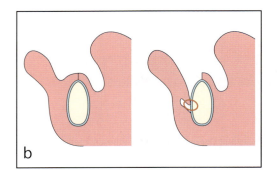
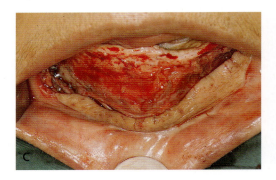
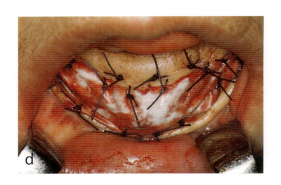
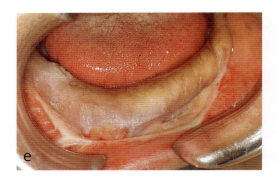

■その他の歯槽堤形成術

　骨吸収の著明な歯牙欠損部位にインプラントの埋入や義歯による補綴を行う場合、上顎洞底挙上術（サイナスリフト）やベニヤグラフト、歯槽骨延長などを施行するが、これも広義の歯槽堤形成術である。

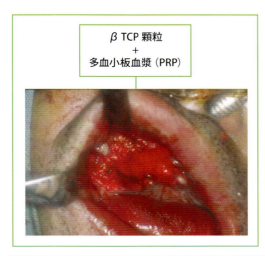

図IV-7-5　上顎洞底挙上術（サイナスリフト）
βTCP顆粒と多血小板血漿（PRP）を混和したものを上顎洞底の粘膜下に補塡し、インプラント治療に必要な硬組織量を確保した（a）。術前と術後のデンタルCT写真の比較でその違いが明らかである（b：図中の矢印）

図IV-7-5a　上顎洞底の粘膜下に骨を補塡している状態

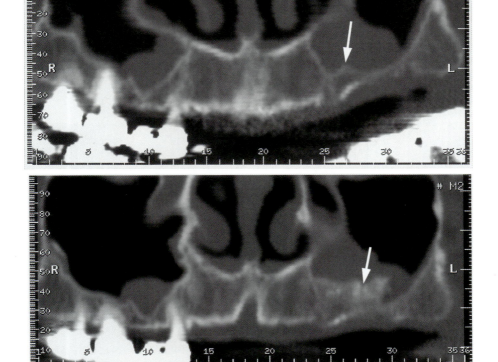

図IV-7-5b　リフト前後のCT写真

図IV-7-6　ベニヤグラフト
オトガイ部より採取した骨を上顎唇側に移植することにより、インプラントに必要な骨量を確保した

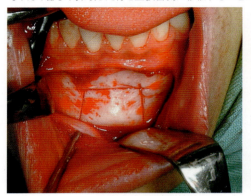

図IV-7-6a　オトガイ部より移植骨を採取

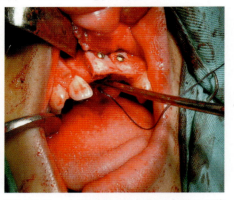

図IV-7-6b　上顎唇側の骨欠損に皮質骨を移植

図IV-7-7　歯槽骨延長
外傷後の下顎骨欠損部に対し骨延長を行って垂直的に骨量を確保した

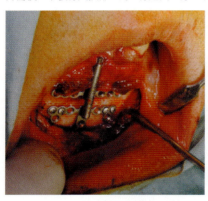

図IV-7-7a　延長器装着時の口腔内写真

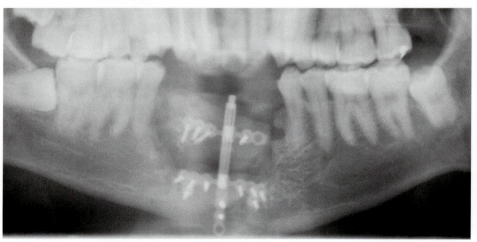

図IV-7-7b　歯槽骨延長中のパノラマ写真

（松本耕祐・藤岡　学・古森孝英）

8 その他の手術

1 エプーリス切除術

1 エプーリスとは

- エプーリス（epulis）は、歯肉に生じた良性の限局性腫瘤の総称。
- 多くは炎症による反応性の増殖物であるが、なかには歯肉癌や肉腫あるいは他臓器からの転移腫瘍との区別が困難なものがある（**図 IV-8-1**）。
- エプーリスは、歯肉・歯根膜・歯槽骨骨膜由来の線維性組織が増殖したものなので、歯のないところにはできない。
- 炎症性のエプーリスでは、不適合補綴物や、歯石などの慢性的な刺激が重要な原因と考えられている。
- 赤味を帯びて、軟かく、出血しやすい肉芽腫性エプーリスと、腫瘤は硬く、表面の色調は健康な歯肉と同様の線維性エプーリスとがある。その他、エックス線写真で不透過像が認められる骨形成性エプーリスもある（**図 IV-8-2**）。

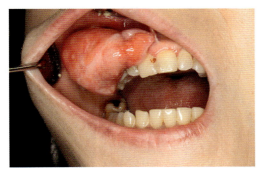
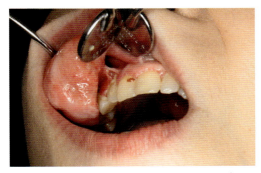

図IV-8-1a　一見、悪性を思わせる腫瘤。10年前から自覚するも、疼痛なく経過

図IV-8-1b　基部は有茎性。病理結果はエプーリスであった

図IV-8-1　上顎のエプーリス

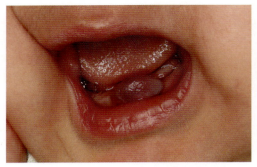

図IV-8-2a 術前写真。1歳。下顎歯槽堤に腫瘤を認めた

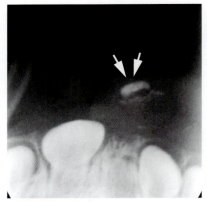

図IV-8-2b レントゲンでは、腫瘤内に不透過像を認めた

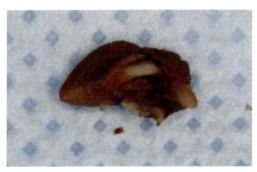

図IV-8-2c 切除腫瘍内に歯牙様硬組織が確認できた

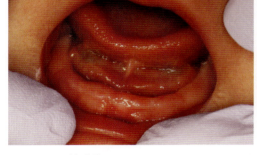

図IV-8-2d 治療後

図IV-8-2 歯牙様硬組織を伴うエプーリス

❷ 処置の基本方針

- 原因と考えられる不適合補綴物や歯石を除去する。続いてエプーリスを切除する。切除に際し基底部の除去が不十分であるなど、原因となる因子が残存していると再発する。
- 女性ホルモンの変調が影響するといわれている妊娠性エプーリスは、妊娠3カ月ごろに発生し、比較的急速に大きくなる。軟らかく出血しやすいので、気になるようなら切除する。ただし出産後には縮小し、自然に消失することもあるので、妊娠中は刺激となっているものを除去したうえで経過観察を行い、出産後消失しない場合に切除する。

❸ 原因歯の抜歯は必要でしょうか？

- 初発の場合はエプーリスの除去にとどめ、可能なら原因歯は保存することが多い。ただし骨植状態が悪く、保存困難な原因歯は抜歯する。
- 再発した場合には、再びエプーリスを切除するとともに抜歯も行う。

④ 実際の臨床術式

- エプーリスの切除の実際の臨床術式としては、
  ①通常のメスによる切除
  ②電気メスによる切除
  ③レーザーメスによる切除
  の3通りの方法がある。
- いずれの方法においても切除後は十分に基底部の病巣を搔爬し、止血のため、あるいは接触痛などが予想される場合、歯周パックで創面を覆い治癒を待つ。

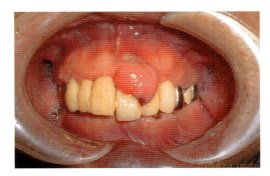

図Ⅳ-8-3a　上顎前歯部のエプーリス

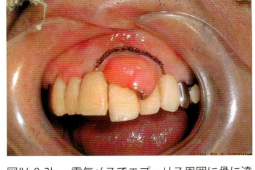

図Ⅳ-8-3b　電気メスでエプーリス周囲に骨に達する切開を入れ骨量から剝離する

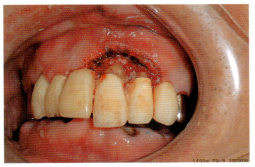

図Ⅳ-8-3c　エプーリスを除去したところ（とりあえず歯を保存）

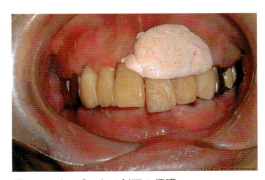

図Ⅳ-8-3d　パックで創面の保護

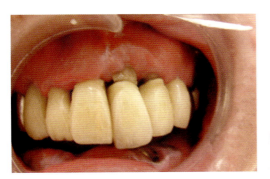

図Ⅳ-8-3e　治療後

図Ⅳ-8-3　上顎前歯部エプーリス切除術

- ●電気メスによる切除（図Ⅳ-8-3）
- ・局所麻酔施行後、エプーリスの周囲健康歯肉に電気メスを用いて切開を加え、基底部の病巣を残さず除去する。露出した骨面は歯周パックで被覆する。

❷ 口腔上顎洞瘻孔閉鎖術

❶ 処置の基本方針

- ・上顎臼歯の抜歯後に上顎洞に穿孔し、口腔上顎洞瘻孔となることがある。上顎洞瘻孔が発生する可能性が高い場合は、抜歯前に保護床を作成して抜歯窩を保護する。歯周パックもよい。
- ・上顎洞瘻孔は5mm以下であれば、自然閉鎖を待ち、6mm以上であれば外科的閉鎖術が必要となることが多い（図Ⅳ-8-4）。

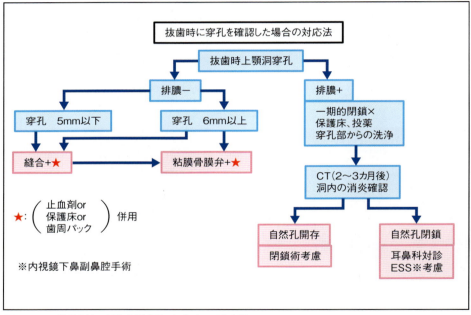

図Ⅳ-8-4 抜歯時に穿孔を確認したときの対応法

❷ 実際の臨床術式

●頬側粘膜骨膜弁（図Ⅳ-8-5）
- ・抜歯窩の頬側から、歯肉頬移行部にかけて、裾広がりの粘膜骨膜弁を形成する。縫合ラインが骨欠損上に設定されないことが望ましい。抜歯窩を十分に被覆するため、粘膜骨膜弁に減張切開が必要なことがある。

●口蓋粘膜骨膜弁（図Ⅳ-8-6）
- ・口蓋粘膜骨膜弁は大口蓋動脈を含むため、良好な血行が保たれる。粘膜は分厚いので操作

がやや難しく、粘膜骨膜弁の移動時にたわみが出やすい。粘膜骨膜弁移動後の骨露出部はそのままでもよいが、接触時に疼痛を伴うため歯周パックや保護床での被覆や、人工真皮貼付が行われることが多い。

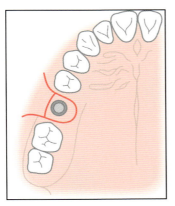

図IV-8-5a　頰側粘膜骨膜弁
切開線

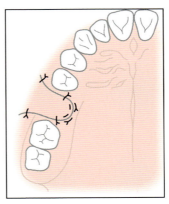

図IV-8-5b　頰側粘膜骨膜弁
縫合

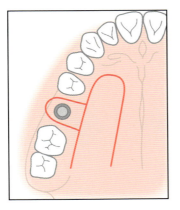

図IV-8-6a　口蓋粘膜骨膜弁
切開線

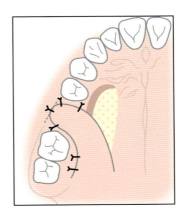

図IV-8-6b　口蓋粘膜骨膜弁
縫合

3 小帯切除

1 小帯異常とは

●**上唇小帯について**
- 上唇小帯は、生後1歳未満までは歯の近くに付着し、年齢を重ねるにつれ上顎が発育するため、その付着部位は上方に移動していく。その付着部位が上方に移動せず、しかも太い場合は、上顎正中に隙間（正中離開）が生じる。

●**舌小帯について**
- 舌小帯の付着異常を、舌小帯短縮症、あるいは舌小帯強直症などと呼ぶ。舌小帯が短いため、舌の前方への突出や後退が制限され、無理に舌を前に出そうとすると舌の先端が中央で陥没したハート形を呈する。舌が口底に癒着するような完全な舌癒着症はまれだが、軽

度のものは比較的多い。

- この異常により、乳児期は哺乳・咀嚼障害が、幼児期には咀嚼障害や構音障害（特にサ行・タ行・ラ行）になることがある。しかし、実際にこのような機能障害が起こるのはまれで、一般に舌小帯があっても手術を必要とする症例はそれほど多くはない。

●頬小帯について

- 頬小帯は、義歯に圧迫され、傷ついて痛みが出ることもあるので、通常、頬小帯の位置を考慮に入れて義歯が作られている。特に無歯顎の場合には歯槽骨の吸収に伴い小帯付着部が歯槽頂に近くなり、義歯の安定性に影響を与えやすくなる。

❷ 処置の基本方針

●上唇小帯

- 上唇の審美障害、う蝕、歯周疾患などを誘発している症例や、10歳前後でも正中離開や中切歯の位置異常が存在する症例が適応となる。

●舌小帯

- 新生児期には一般に舌小帯は短く、舌尖付近に付着しており、成長するに従い後退するので、1歳半未満の乳児における舌小帯異常の診断は控える。
- 乳児においては、舌小帯が完全に舌の先端まで付着して、舌の運動が全く障害されているような重症例は別として、哺乳障害がなければ、急いで手術を行う必要はない。実際、0〜4カ月児で切除しなければならないようなケースはごくまれである。手術を選択する場合にはできるだけ侵襲の少ない方法を考慮する。
- 幼児では、舌の先が歯の生える部分を越えて前方に伸ばせるようなら手術は必要ない。摂食あるいは発音に影響がある場合のみ切除適応となる。
- 手術は一般に局所麻酔で行われるが、5歳以下の子供の場合には全身麻酔下で行われることも多い。

●頬小帯

- 補綴的治療上の手術が前提となる。
- 頬小帯の付着位置の異常や、幅や太さが著しい場合には、義歯不安定要素となり、また、インプラント治療の障害となるので、切除が適応となる。

❸ 実際の臨床術式

●上唇小帯（図IV-8-7）

- 通常のメスを用いる外科的切除のほか、出血や術後の疼痛・変形が少なく、術後管理も容易なレーザーを用いた切除法が用いられる。
- 小帯切除のポイントは小帯の線維を確実に切断し、後戻りを少なくするために、切除部位周囲の粘膜をしっかり剝離することである。局所麻酔下にて上唇を挙上して、小帯を緊張させることでその形態を明示する。
- 小帯付着部をメスなどでV字型に切離する（図IV-8-7a）。

- V字切離した小帯を、上方に引き上げてY字の創で縫合する（**図IV-8-7b、c**）。

● **舌小帯**（**図IV-8-8**）

- 舌尖を挙上し小帯を緊張させ、舌尖部に糸をかけて上方に引き上げて保持する。舌小帯の中央部をメスあるいはハサミで切開していく（**図IV-8-8a**）と、上皮欠損を伴う菱形の切離創ができる（**図IV-8-8b**）。
- 舌の動き、伸展具合が十分であることを確認してから、創縁を浅く縫合する（**図IV-8-8c**）。このときに、舌下小丘や顎下腺管を傷つけたり、巻き込んで一緒に縫合しないよう注意する。抜糸は1週間後に行う。
- ただ単に切除するのではなく、舌小帯切除後の瘢痕治癒、舌を挙上する力、発音の改善を促進するために、術前、術後に舌を挙上する舌トレーニングの指導を行うとよい。

● **頬小帯**（**図IV-8-9**）

- 歯槽部側の頬小帯付着部を伸展し緊張させ、その小帯中央に横切開を行い（**図IV-8-9a**）、菱形の創を作る（**図IV-8-9b**）。伸展具合が十分であることを確認後、創部を浅く可及的に縫合する（**図IV-8-9c**）。縫合せずに事前に印象をとって製作しておいた止血用シーネで被覆し、周囲組織との再癒着を防止し創部の安静を図る方法もある。

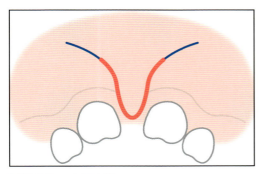

図IV-8-7a　上唇小帯
切開線

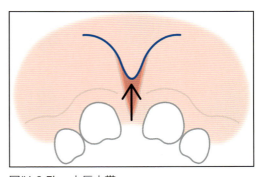

図IV-8-7b　上唇小帯
剥離して上方に引き上げる

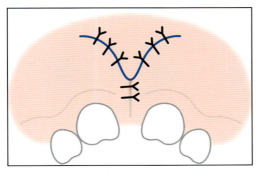

図IV-8-7c　上唇小帯
縫合

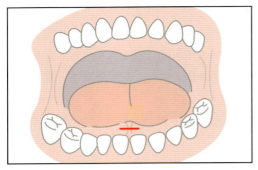

図IV-8-8a 舌小帯
切開線

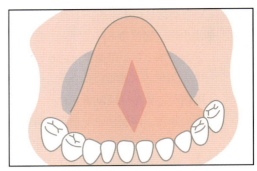

図IV-8-8b 舌小帯
上方に引き上げる

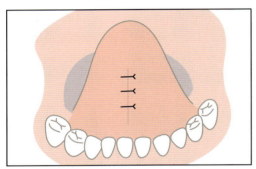

図IV-8-8c 舌小帯
縫合

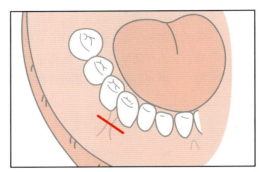

図IV-8-9a 頰小帯
切開線

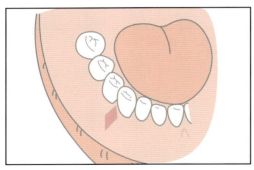

図IV-8-9b 頰小帯
外側に引く

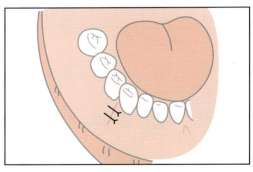

図IV-8-9c 頰小帯
縫合

（榊原晶子・綿谷早苗・古森孝英）

4 唾石摘出術

① 処置の基本方針

- 導管内唾石と腺体内唾石で治療方法が異なる。

●顎下腺導管内唾石

- 唾石が開口部付近にあれば粘膜下に白く透けて見え、触知できる。唾石直上に切開を加え、ピンセットで容易に摘出できる。自然に排出することもある。
- 導管の閉塞や炎症などの所見がなければ経過観察してもよい。
- 唾石の位置が開口部から遠く、粘膜切開後組織の剥離を必要とする場合は、摘出困難となることが多いので専門医に紹介する。

●耳下腺導管内唾石

- 耳下腺は漿液腺であり、唾石が生じることはまれである。唾石が咬筋より前方にあれば摘出可能であるが、後方にある場合粘膜下の筋層を走行するため局所麻酔下では摘出は困難である。

●腺体内唾石

- 腺体内唾石の場合炎症による腫脹や感染による排膿を伴うことが多い。原則、全身麻酔下の唾液腺摘出の適応となる。大部分が顎下腺であり、耳下腺や舌下腺はまれである。

② 実際の臨床術式（顎下腺導管内唾石の場合）

●位置の確認と麻酔

- パノラマや咬合法のエックス線写真にて唾石のおおよその位置、大きさ、個数を把握しておく。また麻酔液の注入により唾石が触れにくくなるため、あらかじめ双指診や涙管ブジーにより唾石の位置を確認しておく（図Ⅳ-8-10 〜 12）。

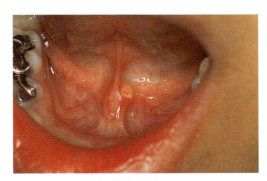

図Ⅳ-8-10a　術前口腔内写真

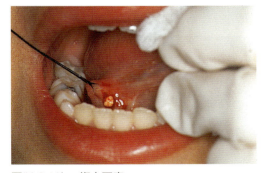

図Ⅳ-8-10b　術中写真

図Ⅳ-8-10　顎下腺導管内唾石症例
この症例は舌下小丘の近くに存在する唾石のため、唾石直上の粘膜を導管と平行に切開し、簡単に摘出できた

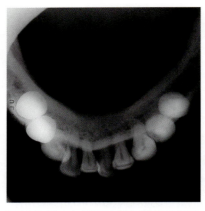

図IV-8-11　左側口底部に唾石を認める。このような症例では、唾石の直上に切開を加え、口腔内より摘出される

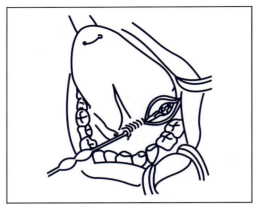

図IV-8-12　あらかじめ涙管ブジーにより唾石の位置を確認する方法もある

● **切開と摘出**
- 視野を十分に確保するため、舌圧子や筋鉤にて舌を健側に圧排するか舌尖部を絹糸で牽引する。開口部より涙管ブジーを挿入し導管の走行を確認した後（この操作は必ずしも必要ない）、唾石の直上の粘膜を導管と平行に切開する。唾石が後方で腺体寄りに存在する場合は舌神経に対する注意が必要である。
- 切開は粘膜のみにとどめ、顎下部を圧迫し口腔内に挙上しつつ、深部に向かってモスキートにて鈍的に剝離を進める。モスキートにて唾石を十分に露出させた後、壊さないよう摘出する。

● **洗浄と縫合**
- 創部の残存した唾石片や膿汁を十分に洗浄した後、切開粘膜を緩く縫合する。切開した導管の縫合は必要ない。開口部からの唾液の流出を確認して終了する。

図IV-8-13　顎下腺体と腺管の移行部に唾石を認めた症例

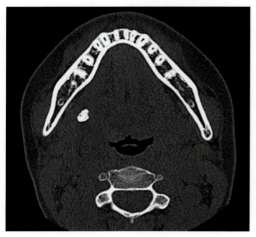

図IV-8-13a　術前CT写真。著明な唾仙痛を伴っていた

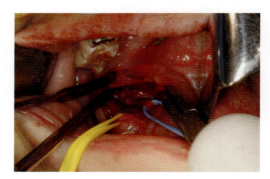

図IV-8-13b　全身麻酔下に、口腔内アプローチとした。青いテープ：顎下腺管、黄色いテープ：舌神経

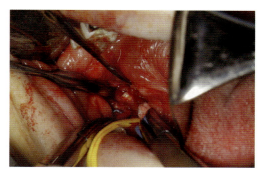
図Ⅳ-8-13c　顎下腺管を切開し、唾石を摘出

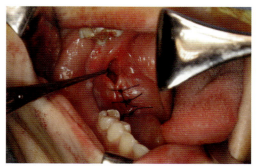
図Ⅳ-8-13d　唾液流出路確保のため、後方は開放創とした

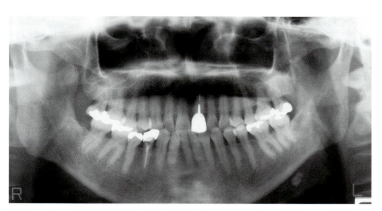
図Ⅳ-8-14　左側顎下部に唾石を認める。このような唾石で症状がある場合は、顎下腺摘出術が必要となる

（榊原晶子・藤岡　学・古森孝英）

9 生検のポイント

1 生検の基本的事項

① 病理医に伝えなければいけないこと（病理組織検査依頼表）

- 患者氏名、年齢（生年月日）、性別
- 現病歴
- 臨床診断名（診断した経緯）
- 採取部位の所見
  - 詳細な採取部位
  - 大きさ、硬さ
  - 表面性状や色調
  - 易出血性
- 必要に応じて臨床検査所見（顎骨、頸部リンパ節などの画像検査や生化学検査）
- 既往歴
  - 悪性腫瘍の既往の有無（あれば組織型などを詳細に）
  - 口腔の現症と関連が疑われる薬剤の服用歴（臓器移植後免疫抑制剤や GVHD など）

② 標本の処理保存についての注意点

- 生検における病理診断は HE 染色（Hematoxylin-Eosin 染色）を行うため、固定液は 10％ホルマリンを使用するのが一般的である。
- 組織採取後はなるべくすみやかに固定液に浸漬することで、細胞の主要構造成分である蛋白質を安定化させ、細胞の自家融解による腐敗を抑制させる必要がある。
- 固定液の量は、組織片に対して約 5 ～ 10 倍量あれば十分であり（20 倍程度必要とする見解もある）、固定時間は通常の室温で 8 時間以上 24 時間未満が推奨されている。

③ 口腔細胞診

- 細胞診は生検と異なり手技も非侵襲的で簡便かつ広範囲を検査することが可能であるため、一般歯科医院でも施行は可能である。しかし、細胞診で用いられてきた Papanicolaou 分類では Class I を正常細胞、Class V を悪性細胞と定義し、Class II ～IVは曖昧な位置づけとなっていたため、細胞診は「精度の悪い組織診」ともいわれてきた。この点に関して日本臨床細胞学会が『細胞診ガイドライン 2015 年版』を刊行し、口腔領域

においても扁平上皮癌主体の新しい報告様式が決められ、早期癌や腫瘍性変化の発見に寄与することが可能となった。

扁平上皮癌主体のベセスダ・システムを模した新報告様式

　A　検体不適正
　B　検体適正
　　a　正常および反応性あるいは上皮内病変や悪性腫瘍性病変がない
　　　　　（従来表示では Class Ⅰ～Ⅱ）
　　b　低度異型上皮内腫瘍性病変あるいは上皮異形成相当
　　　　　（従来表示では Class Ⅱb～Ⅲ）
　　c　高度異型上皮内腫瘍性病変あるいは上皮異形成相当
　　　　　（従来表示では Class Ⅲb～Ⅳ）
　　d　扁平上皮癌
　　　　　（従来表示では Class Ⅴ）
　　e　鑑別困難

・細胞採取法は、①綿棒や歯間ブラシなどを用いた擦過法②穿刺吸引法（FNA：fine-needle aspiration）などがある。穿刺吸引法は擦過法が適さない正常粘膜下（深部）の病変や頸部リンパ節の細胞診に用いる方法である。

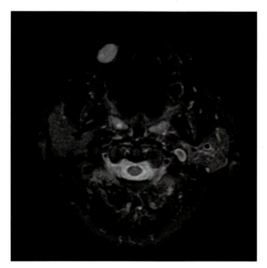

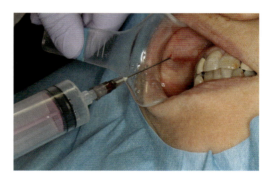

図Ⅳ-9-1b　正常粘膜下の弾性硬の腫瘤に対して 20G による穿刺吸引を施行している。細胞診の結果、腺房細胞癌の診断を得た。

図Ⅳ-9-1a　MR 写真

図Ⅳ-9-1　右側頬粘膜下腫瘤への細胞診

❹ 生検の基本的な術式

- まず、病変における適切な採取部位を検討する。予想する診断が悪性なのか良性なのか、また原発部位（舌・歯肉・頬粘膜など）、口腔の前方か後方かなどを考慮し決定する。
- 採取部位が決定すれば基本的に局所麻酔を行う。腫瘍の中央から採取する場合などは止血目的に浸潤麻酔を行う。
- 組織の切離はメスを用いるのがよい。電気メスなどは熱による組織片の損傷が生じ、採取した組織の大きさによっては診断が困難となる。
- 組織採取後は可能であれば縫合を行う。腫瘍自体が脆弱で縫合困難な場合は吸収性止血薬を用いて止血する。

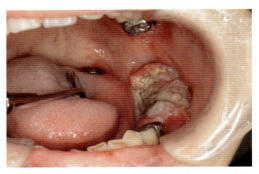

図IV-9-2a　左側下顎歯肉に悪性腫瘍を疑う腫瘍性病変を認める

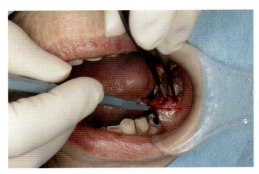

図IV-9-2b　浸潤麻酔後、No.15メスにて組織採取を行っている

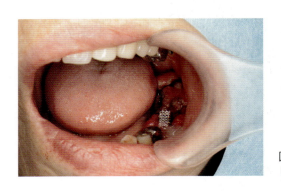

図IV-9-2c　止血目的に吸収性止血シートを貼付している

2 特殊な生検について

❶ 悪性が強く疑われる場合は

- 臨床的に悪性腫瘍を疑う場合は安易に生検を行ってはいけない。生検であっても腫瘍に対する外科処置の一つであり、腫瘍自体の急速な増大や頸部リンパ節転移などを生じさせてしまう可能性がある。したがって、各種画像診断や治療計画（具体的な手術日など）を立ててから生検を行うことが望ましい。しかし、臨床の現場では口腔外科医であっても良性か悪性かの診断が困難な場合は早期に生検を行うこともある。
- 悪性を疑う場合は腫瘍と周囲の健常部を含んで採取することが望ましい。これは周囲組織への浸潤程度や悪性度を把握するためには重要なポイントである。しかし、原発部位や腫瘍の性状によっては不可能な場合もあり、腫瘍の中央から採取することもある。誤って炎症部分や壊死部分を採取してしまうと適確な確定診断を得ることができず、治療開始の遅れにつながることがある。

❷ 顎骨内病変の場合は

- 顎骨囊胞や顎骨腫瘍などの骨内病変に対する生検は、歯根や神経・血管などを損傷しない解剖学的位置と、CT画像などを用いてできるだけ骨削除量を少なくできる位置を検討し行うことが望ましい。
- 生検時の粘膜切開は確定診断後の治療方法（摘出や開窓など）や手術時の切開線を考慮することが望ましい。

❸ 唾液腺疾患の場合は

① 小唾液腺由来
- 口腔内に生じる小唾液腺由来の腫瘍は、通常のメスを用いた生検を行う場合や穿刺細胞診を行う場合がある。
- 口腔小唾液腺腫瘍の頻度は非常に少ないが悪性の頻度は高いとされているため、悪性腫瘍の可能性も念頭にいれておく必要がある。

② 大唾液腺由来
- 近年では耳下腺、顎下腺、舌下腺に生じる唾液腺腫瘍への生検は穿刺吸引法が一般的に普及し、術前診断に必須の検査となっている。
- 大きな病変への穿刺吸引細胞診は容易であるが、超音波ガイドを併用することで約10mm以下の病変でも比較的安全に細胞採取可能である。
- メスによる生検は絶対的な禁忌ではないが、耳下腺や顎下腺の腫瘍への皮膚側から生検は処置後に唾液瘻が生じる可能性があり注意が必要である。舌下腺腫瘍ではメスによる生検は唾液瘻などの合併症発症の可能性は低いため、止血処置に危険性がなければ十分に適応はある。

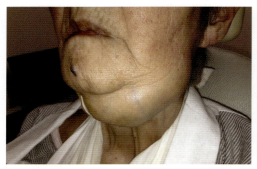

図IV-9-3a　口腔外写真：左側顎下部に弾性硬の50mm大の腫瘤を認める

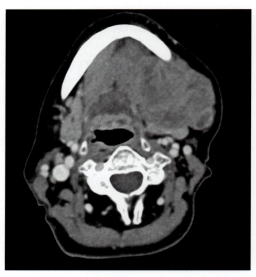

図IV-9-3b　造影CT写真：内部不均一な造影効果を伴う腫瘍性病変を認める

図IV-9-3c　ピストル型穿刺吸引器を用いて細胞診を行った

（南川　勉・古森孝英）

患者さんの訴え

　大学病院口腔外科で長く診療していると、不定愁訴というか他覚的に異常な所見はないが痛みなどを訴える患者さんに慣れてしまっている。口の中を見て、レントゲンを撮って、特に治療するところが見つからないと、患者さんがいくら痛いとか違和感が続くと訴えても、「異常はないからしばらく様子をみましょう」ということになる。

　先日も歯の痛みを訴える患者さんにいつものように対応していたが、気が弱そうで上品な患者さんが何度も痛みを訴えられるので、とにかく何かをしてあげようと思い、たまたま咬合面のレジンが少し減っていたので、「痛みの原因とは考えにくいがすり減っているのでやり直してみましょうか」ということで、歯を削り始めると歯冠から歯根にかけての破折が見つかり、破折片の除去および抜髄で患者さんの症状は消失した。

　以前には、ほんの小さな舌の潰瘍で硬結もなくステロイド軟膏にも反応があったので、単なる褥瘡性潰瘍と思っていたのが、患者さんがその後も違和感が続いて気になるといわれるので、納得してもらうために組織生検を行ったところ扁平上皮癌が見つかったこともあった。

　こちらがまだまだ未熟なのかもしれないが、患者さんの訴えには真摯に耳を傾けないといけないと反省させられた2症例であった。

10 インプラント関連の手術

1 術前診断

1 注意すべき全身疾患と口腔内所見とは

① 注意すべき全身疾患

- インプラント治療は観血的処置を伴うため、口腔外科的手術を行う際に危惧される合併症や基礎疾患の悪化を招くもののほか、インプラント体のオッセオインテグレーション（骨結合）獲得や維持、インプラント治療の予後を妨げる疾患についても考慮しなければならない。

a. 高血圧

- 十分コントロールされている高血圧症患者においては、インプラント手術で通常問題が生じることは少ないが、術中患者へのストレスが大きいと動脈硬化が原因となる合併症（脳・心・腎疾患など）を引き起こすリスクが高くなる。
- 高血圧そのものはインプラント治療の予後に対するリスク因子とはならない。

b. 心疾患

- 代表的な疾患として虚血性心疾患、不整脈、心不全、心臓弁膜症、心筋症、先天性疾患などがある。
- 虚血性心疾患は心筋梗塞と狭心症にわかれ、それぞれインプラントの手術に対するリスクが異なってくる。心筋梗塞後の患者は1カ月以内ではハイリスクとされ、不整脈など合併症の有無が重要となり、後遺障害の大きさによりインプラント手術の可否が判断される。狭心症については、投薬でコントロール良好な状態であれば手術は可能である。
- 虚血性心疾患そのものはインプラント治療の予後に対するリスク因子とはならない。
- 心臓弁膜症ではインプラント手術により感染性心内膜炎発症の可能性があるため、抗菌薬の術前予防投与が必要となる。

c. 糖尿病

- 糖尿病はインプラント手術時およびインプラント体のオッセオインテグレーションの獲得や維持、さらには治療の予後までも左右する疾患である。
- 通常の外科処置と同様、インプラント埋入手術の可否は HbA1c 値が指標となり、6.9%（NGSP 値）未満が一つの目安である。
- コントロールの不良な糖尿病患者はインプラント手術でも術中、術後における低血糖、高血糖には十分注意し、適切な管理が求められる。
- 高血糖状態では術直後の創部治癒不全だけでなく、メインテナンスに至った後もインプラント周囲炎を惹起しやすいため、注意を要する。

- 高血糖は軟組織だけでなく骨の代謝機転にも影響し、骨治癒およびオッセオインテグレーション獲得も阻害するといわれている。

d. 骨粗鬆症

- 骨密度の低下や骨質劣化により、埋入術直後はインプラント体の初期固定を得にくくなる可能性があり、その後も骨の正常なリモデリングがなされないためにオッセオインテグレーションの獲得・維持が不能となる可能性がある。しかしながら、これまでの文献的な報告からは明確な結論が出ていない。
- ビスフォスフォネート系薬剤使用患者については、手術時から上部構造装着後においてもインプラント治療では天然歯のような上皮付着はなされないため、BRONJ 発生の可能性がある。日本口腔外科学会を含む関連 6 学会共同で公開されたポジションペーパー 2016 によれば、BP 治療開始前に埋入し、十分な口腔管理がなされている場合には BRONJ 発生のリスク因子にはなりにくいが、BP 治療中または治療後に装着したインプラントはリスク因子となる確率が高いとされている。
- BP 系薬剤以外にも新たな分子標的薬として登場したデノスマブなど骨吸収抑制薬使用患者でのインプラント治療と顎骨壊死発生のリスクは不明とされ、医科主治医と十分連携したうえでインプラント治療を行うか決定すべきである。一方、がん治療のためこれら薬剤投与中の患者に関してはインプラント埋入を避けるのが適切と思われる。

e. 肝機能障害

- インプラント手術のリスクに関係するとともに、創傷治癒の遅延も惹起するためインプラント治療の最終的な予後も左右する。
- ウイルス性肝炎、肝硬変、肝癌などの疾患に代表されるが、通常の外科手術同様、活動期でのインプラント手術は避ける。AST、ALT など肝機能の臨床検査値が 3 桁を超えていれば、埋入手術は延期して内科に対診する。

f. 腎機能障害

- 易感染性、低タンパク血症、口腔乾燥症、腎性骨異栄養症などを発現する可能性があり、インプラント治療の予後に負の影響をもたらす。
- 腎透析患者では低カルシウム血症による骨質低下が生じ、オッセオインテグレーションが阻害される。また、唾液の分泌量も極度に減少し、それに伴う口腔乾燥がインプラント周囲炎の罹患率を上昇させる可能性がある。

g. 血液疾患

- 出血のコントロールが困難な血液疾患や治療による免疫抑制が強い血液疾患患者は、インプラント手術の禁忌症となる。
- 貧血では酸素運搬機能が低下し、組織での酸素欠乏を生じる。低酸素状態から治癒遅延が生じ、局所の免疫力低下と相まって易感染状態に陥るため、手術後感染やメインテナンス中でもインプラント周囲炎を発症しやすくなる。貧血の原因が明らかであっても、Hb: 10g/dL 未満の場合には埋入手術は延期して貧血の改善を待ってから治療を開始する。

h. 抗血栓療法を受けている患者

- 慢性期の血栓性疾患や心臓の弁置換などの術後では、抗凝固薬や抗血小板薬が投与されており、インプラント手術時のリスク因子となる。

- インプラント手術でも抜歯と同様、抗血栓療法薬の内服は継続したまま局所止血で対応は可能であるが、内科主治医との十分な連携がかかせない。
- 抗凝固薬（ワルファリン療法）の至適治療域は PT-INR 値で評価され、通常は 2 ～ 3 がその目標値である。しかしながら、局所止血で可能な値は 3 以下といわれ、これを上回る値の場合には内科主治医にコントロールをお願いするか高次専門医療機関での手術が望ましい。
- 抗血小板薬については、抗凝固薬でのモニタリングに用いられる PT-INR 値のような指標が存在しないため、原則継続下のままインプラント手術を行い、適切な止血処置に努める。

i. 自己免疫疾患

- 潰瘍性大腸炎や関節リウマチ、シェーグレン症候群、天疱瘡、膠原病などの自己免疫疾患患者においては長期にわたってステロイド薬が投与されている場合があり、手術時のストレスによりショックを引き起こすリスクがある。よって、事前に医科主治医に手術の詳細、侵襲程度、時間などを連絡し、対診しておくことが重要である。通常はステロイド薬の増量（ステロイドカバー）を行って、手術に臨むことが多い。
- ステロイド薬の長期投与により易感染性を呈するため、術後の感染や治癒遅延、インプラント周囲炎の重篤化に注意する。
- 長期投与はオッセオインテグレーションの獲得・維持にも影響するほか、ステロイド性骨粗鬆症も惹起し、これには BP 系薬剤が第一選択の薬剤となるため、前述の BRONJ 発現のリスクも伴うこととなる。

j. 金属アレルギー

- 金属アレルギーまたはチタンアレルギーが疑われる場合は、インプラント埋入手術前にパッチテストやリンパ球刺激試験などによりチタンその他金属に対するアレルギーの有無、同定を行っておく。
- チタンはイオン化しにくく生態親和性が高いため、アレルギーは起こしにくいとされていたが、近年は歯科インプラント治療でもアレルギーと考えられる報告が散見されるようになった。
- 臨床的には、インプラント周囲での慢性炎症が生じ、周囲粘膜の発赤、びらん、水疱形成、口内炎、扁平苔癬などが認められる。

k. 精神疾患

- 神経症、統合失調症、人格障害、うつ病などにおいては、感情面での長期安定が得られていなければ、インプラント治療は禁忌とされる。
- インプラント治療を契機として、うつ病での自殺企図、統合失調症での幻聴や幻覚などが発現、悪化を辿ることがある。

② 注意すべき口腔内所見

- 口腔衛生状態やう蝕の処置状態は、口腔の健康に対する患者の認識度合いが反映されるため、指導・治療の介入後も口腔清掃に対するモチベーションが低く、清掃不良なままの患者は治療の非適応と判断する。
- 小帯の付着位置や頬、口唇などの可動粘膜が直接インプラント周囲を取りまいている場合には、インプラント周囲炎を助長しやすくなり、小帯切除や遊離歯肉移植術を検討する。

- インプラント埋入を予定する欠損部位の顎堤形態は、治療自体の適応、骨・軟組織移植の適応を見極めるのに重要である。とりわけ、近遠心径、頬舌径、陥凹部の大きさなどを詳細に診断する。
- 臨在歯がすでに失活歯となっている場合は、根尖病巣に由来した細菌感染が埋入したインプラント体に影響を及ぼす可能性があるため、術前適切に診査しておくことが必要である。
- 歯周病や根尖病変、それらの合併になどより抜歯が必要と判断された歯については、抜歯時に感染性肉芽組織の徹底的な除去および骨面の適切な搔爬が必要となる。
- 開口量が十分でない場合には、臼歯部における一連の外科・補綴処置が困難となるため、あらかじめ治療に問題とならないか診査しておく。
- 顎位が安定しない場合は、最終上部構造の形態が確定しにくくなるため、暫間的に義歯などを使用してもらい、顎位安定を優先させる。
- 側方および前方滑走運動の様式は、適正に付与されていないと上部構造に側方力や回転力を生じさせやすく、支持骨の吸収やスクリューの緩み、補綴物の破損などを招く。
- 対合歯とのクリアランスが不足していると上部構造装着は不可能になる。インプラントシステムにより異なるが、通常は補綴装置安定のためには骨頂部から 7mm 程度の距離が必要とされている。
- 対合歯の挺出などにより咬合平面に不正を生じている場合は、円滑な顎運動が障害されることになり、歯冠補綴や充塡処置によって修正を行う。

❷ 必要な画像とその分析について

① 必要となる画像

- パノラマエックス線写真およびエックス線 CT（MDCT：マルチスライス CT、CBCT：歯科用コーンビーム CT）を用いて、解剖学的形態や骨・軟組織の病変、骨量、骨質を確認する。
- 口内法エックス線検査（二等分法、平行法）は、主には術後の経過観察やインプラント周囲炎の把握に使用される。補綴アバットメントの連結状態を確認するのにも有用である。

② 画像の分析

a．パノラマエックス線写真（図IV-10-1）

- インプラント体埋入部位の解剖学的構造、とりわけ垂直的な位置関係を把握するのに有用である。
- 頬舌的な骨量の把握は困難であり、拡大率にも留意しなければならない。

b．エックス線 CT（図IV-10-2）

- インプラント体埋入にあたっては、埋入部位の骨形態に加えて歯槽骨の水平的骨幅、垂直的骨高径の把握が必須である。上顎においては上顎洞や鼻腔への穿孔を避けるため、下顎では下顎管やオトガイ孔の損傷防止のため、それらまでの距離を正確に計測して埋入計画を立てなければならない。
- 骨増生の併用を検討する場合、たとえばサイナスリフトでは上顎洞自然孔の閉鎖の有無や後上歯槽動脈の位置、洞内における隔壁の有無などを考慮すべきであるし、ベニアグラ

フトなどの骨移植では下顎枝前縁がそのドナーサイトとなることから同部の形態把握が必要となる。
・MDCTにおいてはCT値（Hounsfield値）による骨密度の定量が可能である。
・CBCTと比べ、MDCTは被曝量が比較的大きいことに留意する。
・DICOM形式のCTデータであれば、シミュレーションソフトを用いた解析・検討を行うことができる。

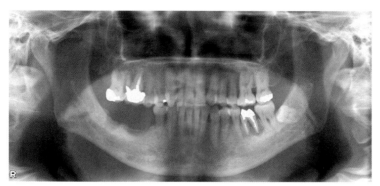

図IV-10-1　パノラマエックス線写真
右側下顎臼歯部へのインプラント治療を希望した患者の写真。抜歯後の歯槽骨吸収残存が認められるのと、歯槽頂から下顎管までの垂直的距離を、ある程度把握することができる。

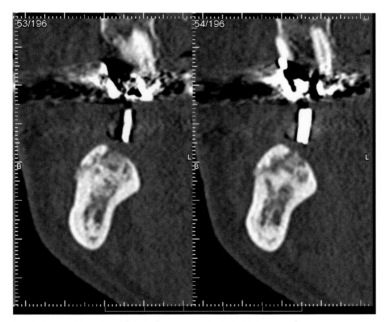

図IV-10-2　エックス線CT（マルチスライスCT：MDCT）
インプラント体埋入の術前に、局所における高径と幅径の診断のため、多断面再構成像を作成する。埋入予定部位の顎骨の高径および頬舌径を連続画像として明瞭に捉えることができる。

2 骨量が十分でない場合の対処法は

1 上顎の場合は

- 上顎臼歯部で上顎洞底が歯槽頂まで近接している場合には、インプラント体の埋入に必要な垂直的骨高径を獲得するため、サイナスリフトまたはソケットリフトが選択される。その選択は上顎洞底までの距離や洞底自体の挙上量、洞底形態などを鑑みて決定する。
- サイナスリフト（側方アプローチ）：上顎骨の外側壁から上顎洞へ到達する方法。剥離した上顎洞粘膜と洞底部骨との間にスペースを設け、埋入に必要な骨を獲得する。通常は骨補塡材や自家骨、またはその両方を混合させてスペースを満たす（図IV-10-3a、b）。
- ソケットリフト（垂直アプローチ）：形成したインプラント埋入窩から上顎洞へ到達する方法。手技的にやや困難で、洞粘膜の穿孔やインプラント体の迷入リスクも高いとされる。
- 上顎歯槽骨においては、歯が欠損すると唇・頰側での骨吸収が進行するため、これにより骨量不足が生じた場合は、ベニア板状に採取したブロック骨を唇・頰側に貼りつけるベニアグラフトが選択される（図IV-10-4）。

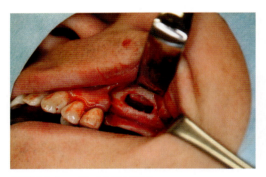

図IV-10-3a　サイナスリフト
左側上顎骨外側壁に骨窓を設け、上顎洞粘膜を挙上したところ。

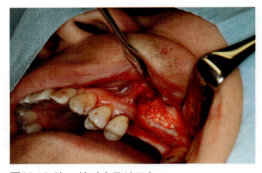

図IV-10-3b　サイナスリフト
剥離・挙上した洞粘膜と洞底部骨との間には骨補塡材を充塡している。

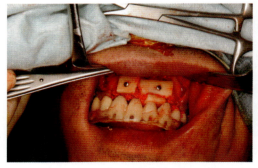

図IV-10-4　ベニアグラフトとオンレーグラフト
萎縮した上顎前歯部唇側および歯槽頂部の歯槽骨にブロック状に採取した自家骨を移植、チタン性ビスで固定している。ブロック骨周囲には自家海面骨と骨補塡材を混和させ、満たしている。

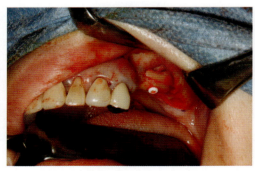

図IV-10-5　Jグラフト
左側上顎臼歯部の症例であるが、骨量が萎縮し不足している歯槽頂〜頰側歯槽骨に採取したブロック骨を吸収性ビスで固定した。

- ベニアグラフト以外の骨移植による骨増生法には**オンレーグラフト**：吸収により低くなった顎堤上にブロック骨を留め置き、顎堤を高く回復する方法（**図Ⅳ-10-4**）、**Jグラフト**：垂直的にも水平的にも骨量が不足している場合に用いる方法（**図Ⅳ-10-5**）、細片骨移植：採取骨を細かく粉砕し、チタンメッシュや遮断膜で被覆し増生を図る方法などがある。
- 唇・頰舌的に萎縮した歯槽骨を増生させる場合には**スプリットクレスト**を適用する。歯槽頂に沿って骨切りを行った後、骨壁を若木骨折させてインプラント体をその隙間に埋入する。骨壁間に生じたスペースには補塡材を含めた骨移植が必要となる（**図Ⅳ-10-6**）。
- **骨再生誘導法**（GBR法）：遮断膜を用いて骨欠損部への線維性組織の侵入を遮断し、隣接骨組織からの細胞誘導・分化を促して骨増生を図る方法である。骨と被覆する遮断膜の間には自家骨細片や骨補塡材を満たすこともよく行われる（**図Ⅳ-10-7a、b**）。
- 骨増生を行いたい部分に骨切りを行い、遊離した骨片に小型の延長器を取り付けて増生を図る**仮骨延長術**も適用されることがある。設定した延長器の動く方向により、垂直的にも水平的にも増生は理論的には可能である。被覆歯肉など軟組織の拡大も同時に伸展可能とされるが、術後に後戻りをきたすことがある（**図Ⅳ-10-8**）。

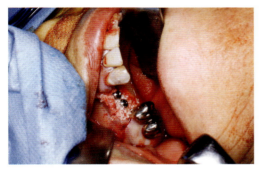

図Ⅳ-10-6　スプリットクレスト
頰舌的に萎縮した右側上顎小臼歯部歯槽骨を近遠心的に歯槽頂で骨切りし、頰、舌側それぞれの骨壁を若木骨折させ、インプラント体を2本埋入。骨壁間のスペースは骨補塡材を塡入した。

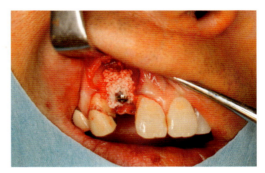

図Ⅳ-10-7a　骨再生誘導法（GBR法）
右側上顎2部へのインプラント体埋入と同時に唇側歯槽骨が不足していたため、骨補塡材で不足部を満たした。

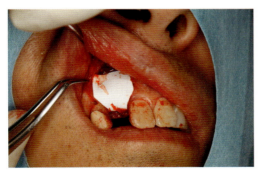

図Ⅳ-10-7b　骨再生誘導法（GBR法）
上から吸収性の遮断膜（メンブレン）により被覆した。

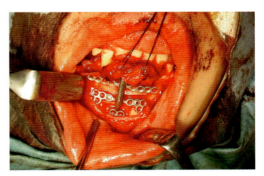

図Ⅳ-10-8　仮骨延長術
下顎前歯部の症例であるが、垂直的に不足していた骨量増生を目的に、仮骨延長器が取り付けられた。コの字に骨切りした骨片を上方へ移動させていくことにより、骨端から新生骨が仮骨してくる。

❷ 下顎の場合は

- 下顎臼歯部への埋入で、下歯槽神経までの垂直的骨高径（距離）が不足している場合には、下歯槽神経移動術を適用することがある。下顎骨の頬側皮質骨を除去して慎重に下歯槽神経とオトガイ神経を剖出、下歯槽神経束を頬側に移動させてインプラント体埋入を行う。神経の知覚障害や下顎骨骨折、骨髄炎を生じるリスクも大きく、手技的にも困難であり、熟練した口腔外科医が行うべき方法である。
- 上顎の場合に記したサイナスリフトとソケットリフト以外の各種骨増生法は、基本的には下顎にも適応可能であり、幅広く行われている。

3 インプラント植立の問題点

❶ １回法と２回法の違いは

①**１回法**：インプラント体の埋入時に口腔粘膜上皮を貫く部分を付与して、口腔内とインプラント体が交通した状態で治癒期間をおき、上部構造製作に移行する方法。後述の２回法の際に必要な２次手術を行わなくて済むが、口腔内と交通したままのため感染リスクが高いとされる。臼歯部などの審美性に関わらない部位や骨質良好な部位に適応されることが多い。

②**２回法**：インプラント体埋入後にいったん粘膜を縫合して一定の治癒期間をおいた後、２次手術により再度インプラント体上部を口腔内に露出させアバットメントを装着、上部構造製作に移る方法。前歯部など審美性の問われる部位や骨移植、軟組織移植を伴う場合、骨質の脆弱な場合に選択される。

- 近年の報告では初期感染からオッセオインテグレーション（骨結合）獲得まで①、②いずれの方法でも差はないとするものが多く、それぞれの術式の利点を活かし、症例に応じて埋入部位を閉鎖創とするかどうかで使い分けがなされている。

❷ 実際の臨床術式

① 切開・剥離

- オープン・サージェリー：歯槽頂切開、歯槽頂より唇側での切開、歯槽頂より口蓋側での切開がある。歯槽頂切開は手技が容易だが、縫合部がインプラント体直上にくるためカバースクリューの露出をきたしやすく、縫合に注意が必要である。歯槽頂より唇側での切開は、剥離した唇側 flap の緊張、血行などの観点から、骨増生施行の際に創哆開を防ぐ最も適した方法とされる。逆に歯槽頂より口蓋側での切開は、骨増生時には回避すべきであり、通常のインプラント埋入時に限るべきである。
- フラップレス・サージェリー：粘膜の切開・剥離を行わずにインプラント体を埋入する術式。手術侵襲が少なく、時間も短縮できるといった利点があるものの、盲目的な操作となるため３次元 CT で分析されたサージカルガイドプレートを用いての手術に限るべきである。

② 埋入窩の形成

- ドリル一式の詳細は各インプラントシステムの指示によるが、術前に決定されている埋入の位置、方向、深度（深さ）、径について、小さな直径のドリルから順次太いものへ交換して形成し、規定の太さまで最終形成していく。骨熱傷を防ぐために鋭利なドリルで十分な注水を行い、形成を進める。

③ インプラント体の埋入

- 専用の器具（ドリル）を用いて、形成されている埋入窩の方向に沿ってインプラント体を埋入する。推奨トルク以上の負荷をかけぬよう注意し、規定の深度まで進める。
- インプラント体把持の必要がある場合は、専用のチタン製ピンセットを使用し、決してほかの器具やグローブで触れない。
- インプラント体にカバーキャップを装着して埋入を終了する。

④ 縫合

- 生理食塩水で術野全体を洗浄した後、縫合処置を行う。
- 縫合法としては、単純縫合、または創縁の確実な生着を促すために水平マットレス縫合を併用することが望ましい。
- 創が閉鎖しにくい場合などは必要に応じて、減張切開を行う。

■ 参考文献

1）公益社団法人日本口腔インプラント学会　編：口腔インプラント治療指針2016. 医歯薬出版株式会社，東京，2016.
2）赤川安正，松浦正朗，矢谷博文，渡邉文彦　編：よくわかる口腔インプラント学　第2版. 医歯薬出版株式会社，東京，2011.
3）白砂兼光，古郷幹彦　編：口腔外科学　第3版. 医歯薬出版株式会社，東京，2010.
4）Buser D, Mericske-Stern R, Dula K et al. : Clinical experience with one-stage, non-submerged dental implants. Adv Dent Res. Jun; 13: 153-61, 1999.
5）堀内克啓　著：インプラント外科　基本手技と自家骨移植のポイント. クインテッセンス出版株式会社，東京，2010.

（鈴木泰明・古森孝英）

11 レーザーを用いた簡単な処置

1 レーザーを用いる利点

1 種類はいろいろあります

- 現在歯科臨床で使われているレーザーには、CO_2、Nd：YAG、Er：YAG、半導体、He-Ne などいろいろある。
- それぞれ単一の波長が決まっており、その波長に応じて組織の反応が異なる。
- 切開、蒸散と目で見て変化がわかるものを高出力（ハード）レーザー、消炎、鎮痛など弱い出力で不可逆的な変化を与えないものを低出力（ソフト）レーザーという。
- レーザーのエネルギーのほとんどが組織の表面で吸収されるものを組織表面吸収型レーザー、組織の内部まで透過するものを組織透過型レーザーという。この違いを理解しておくことはたいへん重要である。
- CO_2、Er：YAG は中・遠赤外域の波長をもつレーザーで組織表面吸収型である。一方、Nd：YAG、半導体、He-Ne は可視光・近赤外域の波長をもつ組織透過型レーザーである。
- レーザーメスとしては組織表面吸収型の CO_2 が主に用いられている（図Ⅳ-11-1、2）。

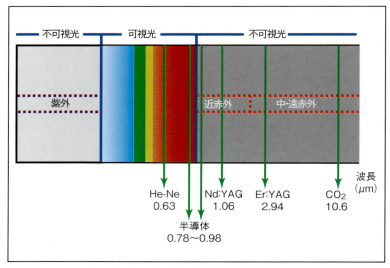

図Ⅳ-11-1　それぞれのレーザーの波長

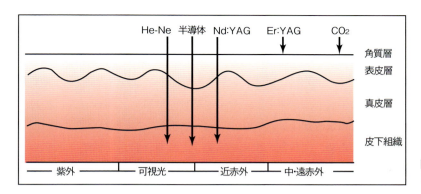

図IV-11-2 それぞれのレーザーの組織透過性

❷ 止血は万能ではありません

- ハードレーザーをレーザーメスとして用いる場合、毛細血管の止血能は非常に優れているので、表在性病変の場合出血せず手術野が見やすい。いわゆる無血手術が可能である。
- 少し深い病変でレーザー処置中に出血した場合、非焦点位（デフォーカス）で凝固止血をするが、血液中の水分にレーザーのエネルギーが吸収されるので、止血困難となることもある。
- 直径 0.5mm 以上の動脈および 1.0mm 以上の静脈の止血は困難で、電気メス凝固や結紮などの止血処置が必要であるが、このような止血処置を要する症例は通常は入院下に行われる。
- 組織透過型レーザーをハードレーザーとして用いた場合は、処置後数日して組織が壊死脱落して後出血を起こす危険性がある。この点では組織表面吸収型レーザーのほうが安全である（図IV-11-3）。

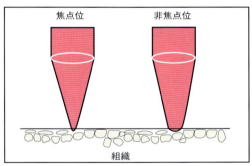

図IV-11-3 焦点位ではレーザーのエネルギーが集中する。通常は焦点位で切開し、非焦点位で凝固止血する

❸ 習うより慣れるしかない非接触

- レーザーには接触型と非接触型がある。
- 非接触型のレーザーが多いが、レーザーメスとして用いる場合、組織と接触せず切開が行われるため、慣れるまで少し違和感を感じることがある。
- 慣れてしまえば、空気の力で組織を切開する感覚で違和感はなくなる。また、視野が妨げられず術野が見やすい。
- 非接触と止血能に優れていることで感染症の処置の際には有利となる（図IV-11-4）。

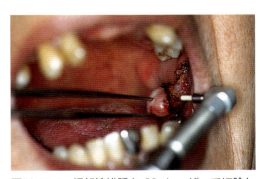

図IV-11-4 頬部線維腫を CO_2 レーザーで切除しているところ。このタイプでは約 1 mm 離れたところから非接触で照射する

4 処置の簡略化が可能です

- 簡単な外科処置では、浸潤麻酔の省略が可能。あるいは表面麻酔だけで処置可能となる。実際に無麻酔でエプーリス除去や舌小帯切除を行った症例が報告されているが、患者さんによって反応は異なるので、一度無麻酔下でレーザーを照射してみて、痛みを感じるようなら麻酔下の処置に切り替えるほうがよい。
- 表在性の病変では出血しないため、開放創のまま処置終了となり、縫合を省略できる。
- エプーリスなどの場合は歯周パックを省略できる。
- 以上のような簡略化により、処置時間が短縮できる。

2 電気メスとの違いは

1 すべてを使いこなせない条件設定の多様性

- レーザーでは、出力（W）、連続波とパルス波など、いろいろと条件を変えることができる（**図IV-11-5**）。
- 条件の設定を変えることにより、周囲組織への侵襲を最小限に抑えるなど疾患に適した処置ができる。
- 機種によっては変化させる条件が非常にたくさんあるが、すべての条件を使い分けることは臨床的には必要ない。いくつかの基本となる条件を把握しておき、たとえば切開の際にはまず3W、連続波で照射し、切開のスピードが遅いようなら4W、5Wと上げていくといった使い方をする（**図IV-11-6〜8**）。

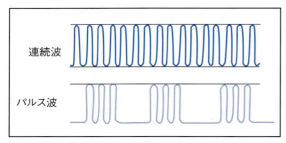

図IV-11-5　連続波とパルス波
パルス波はレーザーが照射されていない時間があるので、その間に熱の影響が緩和されて周囲組織への熱障害が少なくなる

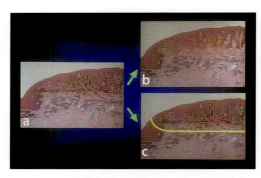

図IV-11-6　標的細胞だけをレーザーで飛ばすことが可能か
たとえばこれは色素性母斑の病理組織像で、上皮直下に茶褐色の母斑細胞が見られる（a）。右上（b）はコンピューター上で処理を行ったもので、実際にレーザーによりこのように母斑細胞だけを焼いて飛ばすことができれば周囲組織にダメージを与えずにすむが、現状ではこの治療は実現できていない。右下（c）黄色のラインで示したように周囲の健康組織を含めて切除あるいは蒸散されている

図IV-11-7　血管腫の深部凝固療法
たとえば赤い風船の中にある青い風船を赤い風船を傷つけずに潰すところを想像してほしい。現在行われているこれに近い治療法が血管腫の深部凝固療法である。これはNd：YAGレーザーが黒いものに特によく吸収される性質があることを利用したもので、全く風船の通りとはいかないが、周囲健康組織の損傷を少なくして血管腫の治療がなされる

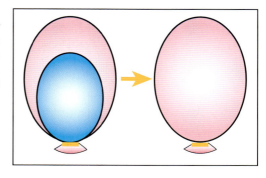

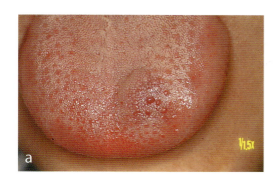

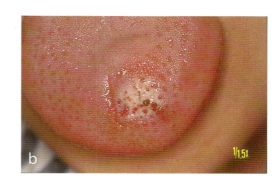

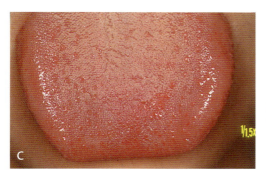

図IV-11-8　この症例は舌背の血管腫で、Nd：YAGレーザーを非接触で照射し、血管腫が完全に消失した
（a）：術前
（b）：照射直後
（c）：50日後

❷ 組織反応の違いがあります

- レーザーの場合は電気メスと異なり切開の際に筋肉の攣縮を起こさないので、正確な切開が可能である。
- 切開のスピードは電気メスよりレーザーのほうが遅い。しかしレーザーによる切開のスピードは条件を変えることによりかなり変化する。
- 電気メスに比べてレーザーのほうが組織への熱障害は少ない。したがって、術後疼痛が少なく治癒も早い。
- レーザーメスでは、連続波よりパルス波のほうがより組織への熱障害は少ない（図IV-11-9、10）。

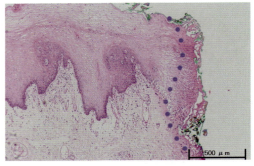

図IV-11-9a　CO₂レーザー連続波

図IV-11-9　病理標本上に青色点線で示した範囲に熱障害がみられる。CO₂レーザーの連続波とパルス波、および電気メスの3つの比較では、電気メスが最も熱障害が強く、レーザーのパルス波が最も少ない

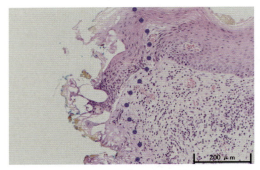

図IV-11-9b　CO₂レーザーパルス波

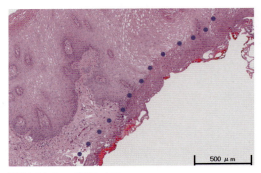

図IV-11-9c　電気メス

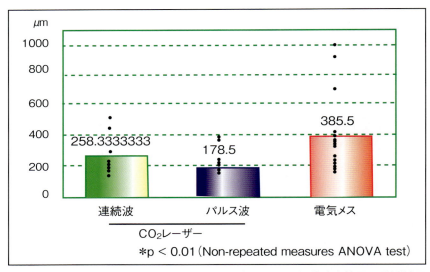

図IV-11-10　レーザー、電気メスにより引き起こされる組織障害範囲の計測結果の比較

❸ 安全管理の基本は何ですか

- レーザー機器の安全管理の基本は眼の保護であり、使用するレーザーの種類に応じた保護メガネ（ゴーグル）を使用する。
- 反射光対策も必要で、金属補綴物に注意するとともに、つや消し器具を使用する。
- アルコールなどの引火による熱傷はレーザーも電気メスも同様である。
- ペースメーカー使用患者における歯科用電気機器の厳密なガイドラインはないが、電気メスと同様にレーザーも使用禁忌とされている。

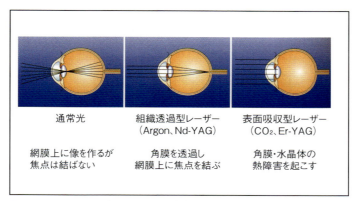

図IV-11-11　レーザーによる眼球障害部位の比較

図IV-11-12　保護メガネ

保護メガネのOD値とは？

光学濃度（Optical Density, OD）＝$-\log(I/I_o)$ [I_o：入射光強度、I：透過光強度]

OD1=1/10　　OD2=1/100　　OD3=1/1,000　　OD4=1/10,000

たとえばOD=3であれば、透過光が1/1,000に減弱する保護メガネである

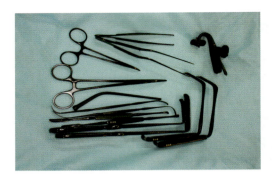

図IV-11-13　つや消し器具

3　切除と蒸散の使い分けは

❶ レーザーならではの使用法があります

- 蒸散は組織の表面を火炎放射器で焼くような治療である。出血もなく、部位によっては無麻酔で処置可能である。
- 蒸散はレーザーならではの使用法で、表在性で広がりをもった疾患の処置には非常に便利である。出血もなく、開放創で対応できる。
- 蒸散の欠点は組織のどの深さまで処置できているかの判断が困難な点である。病変の取り残しと、歯肉の蒸散では直下にある骨への熱障害を考慮する必要がある（図IV-11-14）。

❷ 病理検索の必要性はありますか

- 蒸散すると病理検索ができない。
- 病理検索の必要性がある場合は切除する。
- 切除のほうが蒸散より確実性の高い治療なので、なるべく切除を優先し、切除困難な病変に対して蒸散を行う方針とする。
- 悪性病変に対しても蒸散が行われることがあるが、あくまで姑息的治療となる（図IV-11-15）。

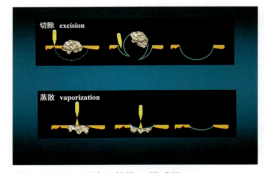

図IV-11-14　切除と蒸散の模式図

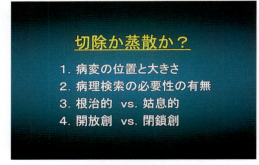

図IV-11-15　切除か蒸散か

4 適応症

❶ ハードレーザーはこんな症例に使えます

- 現在のところ軟組織疾患を対象として用いられている。
- 表在性の粘膜疾患、腫瘍、嚢胞、小帯異常などが主な適応症である。

●**下唇粘液嚢胞（図Ⅳ-11-16）**

- 右側下唇に生じた典型的な粘液嚢胞。浸潤麻酔後、嚢胞の周囲を取り囲むようにレーザーで切開線を入れる。続いて嚢胞を摂子で持ち上げながら嚢胞底面の切除を進めると、嚢胞は周囲粘膜とともに切除される。切除後はこのまま開放創とする。途中で嚢胞が破れて内容液が流出した場合は、開窓のように蒸散を行う。このようにレーザー切除で開放創とすると、縫合が省略でき、再発率も低い。

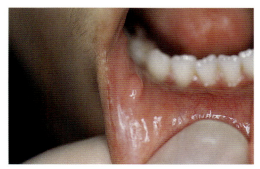

図Ⅳ-11-16a　術前

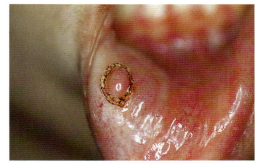

図Ⅳ-11-16b　術中

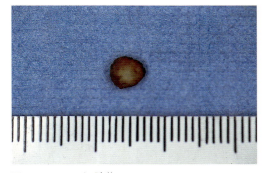

図Ⅳ-11-16c　切除物

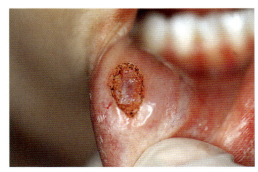

図Ⅳ-11-16d　術直後

●エプーリス（図IV-11-17）

- 左側下顎歯肉部のエプーリス。エプーリスの下部にレーザーで切開線を入れ、底面に沿って切除を進める。歯の表面にレーザーが当たらないように注意するが、誤照射を防ぐために歯の表面に軟膏を塗布してもよい。術後は開放創で、パックなどは省略できる。創面は術直後は炭化して黒色を呈するが、翌日には黄色の偽膜様となり、その後2週間程度で正常歯肉に治癒する。

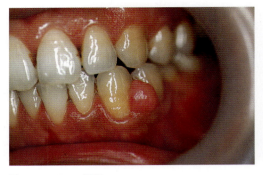

図IV-11-17a　術前

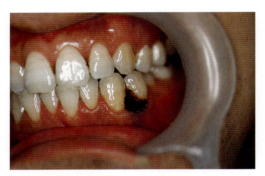

図IV-11-17b　術直後

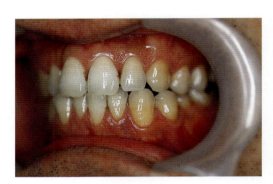

図IV-11-17c　4カ月後

●舌小帯強直症（図IV-11-18）

- 舌小帯強直症で、舌の運動が障害されている。舌尖を牽引して、舌下小丘の位置に注意しながら、小帯の1カ所に向かって照射すると菱形の創面が形成される。このまま開放創でもよいが、再癒着が心配な場合は、中央部を1針縫合しておけばよい。非常に短時間の処置なので、麻酔を省略する場合もある。

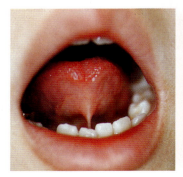

図IV-11-18a　術前

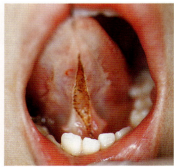

図IV-11-18b　術直後

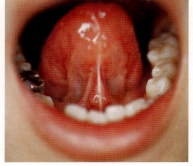

図IV-11-18c　2カ月後

●歯肉メラニン沈着（図Ⅳ-11-19）

- 上下顎前歯部歯肉のメラニン沈着で、審美的に問題となる。切除は困難なため表面より蒸散する。骨に強くレーザーが当たりすぎると骨壊死を起こし治癒が長引くので、照射の深さに注意する。

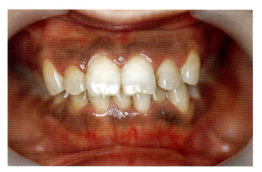

図Ⅳ-11-19a　術前

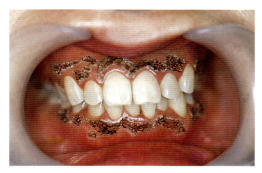

図Ⅳ-11-19b　術直後

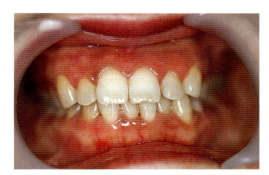

図Ⅳ-11-19c　1カ月後

●歯肉白板症（図Ⅳ-11-20）

- 白板症は前癌病変であり、すでに癌化していることもあるので、処置に際してはまず組織生検を行い病理を確認する。基本的には切除を考えるが、歯肉で困難な場合には、この症例のように蒸散する。厳密なフォローアップが必要である。

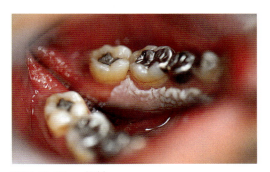

図Ⅳ-11-20a　術前

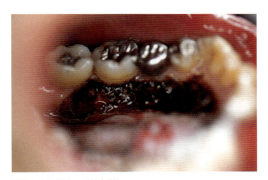

図Ⅳ-11-20b　術直後

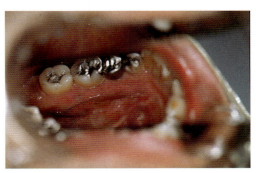

図Ⅳ-11-20c　4カ月後

● フラビーガム（図IV-11-21）
- フラビーガムの場合は切除あるいは蒸散する。このような症例でも、開放創で縫合を省略できるので、外科用メスの場合と比べて処置が単純化できる。

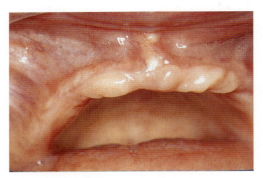

図IV-11-21a　術前

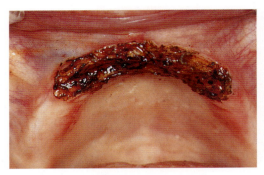

図IV-11-21b　術直後

● 血管腫（図IV-11-22）
- 血管腫の場合は、Nd：YAGレーザーを用いて凝固療法を行う。照射直後は表面が白濁し、腫瘍全体はやや縮小する。1週後には潰瘍形成もみられるが、その後次第に治癒し、1カ月後には腫瘍は消失した。

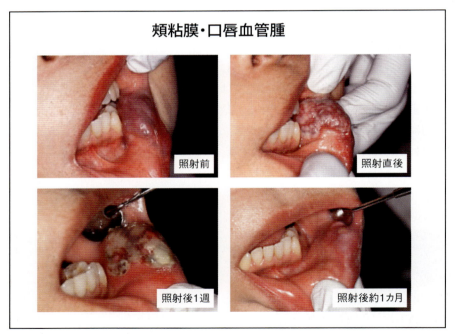

図IV-11-22

❷ ソフトレーザーはこんな症例に使えます

- 効果や作用機序がはっきりしない点もあるが、神経麻痺の回復促進、疼痛緩和、創傷治癒の促進、抗炎症作用などを期待して用いられている。
- 神経麻痺に対する治療では、ビタミン薬、ATP製剤などの薬物療法を併用するが、できるだけ早期に治療するほうが予後は良好といわれている（**図Ⅳ-11-23**）。
- BRONJやMRONJに対する照射で骨露出の改善が見られたとの報告もある。

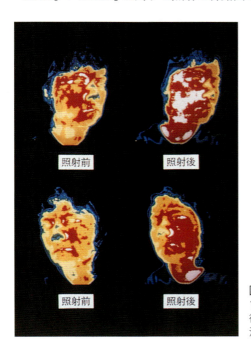

図Ⅳ-11-23　ソフトレーザー照射前後の顔面温度
ソフトレーザー照射前後で顔面の温度を測定すると、照射後は色の濃さで示される温度の高い部分が増えており、血流が増加していることがわかる

（古森孝英）

12 周術期口腔機能管理のポイント

1 目的と意義

❶ どんな患者さんにいつ行うのでしょうか

- 対象は、全身麻酔下で施行される頭頸部・呼吸器・消化器領域などの悪性腫瘍手術・心臓血管外科手術・臓器移植・骨髄移植、また悪性腫瘍などに対し放射線治療や化学療法を受ける患者である。
- 神戸大学医学部附属病院では心臓血管外科からの紹介患者が最も多く、続いて耳鼻咽喉・頭頸部外科、腫瘍血液内科からの順で多い（**表Ⅳ-12-1**）。

表Ⅳ-12-1　神戸大学医学部附属病院の周術期口腔機能管理初診患者数

- 悪性腫瘍や心血管疾患に対する検査入院中に、周術期口腔機能管理の計画を策定する。手術が決定している患者では、手術前後に口腔清掃を行う。放射線治療や化学療法が施行される患者では、口腔粘膜炎などの症状の重篤度に応じて口腔清掃の頻度を調整する。

❷ 口腔内はどう変化するのでしょうか

- 頭頸部癌に対し化学放射線療法が施行される患者の口腔内では、粘膜炎（**図Ⅳ-12-1**）や口腔乾燥（**表Ⅳ-12-2**）、味覚障害による食欲低下、疼痛による嚥下困難が出現する。唾液の減少や再建皮弁の影響（**図Ⅳ-12-2**）で口腔内の自浄作用が低下し、口腔衛生状態を良好に維持することが困難となる症例が少なくない。

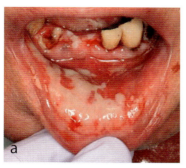
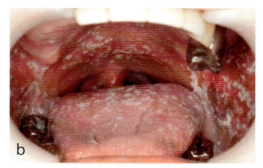

図IV-12-1ab　(a)：化学放射線療法により口腔粘膜上皮がダメージを受け、粘膜炎が発症する。(b)：ステロイドなどの免疫抑制剤の影響で、口腔内は易感染状態となる（口腔カンジダ症）

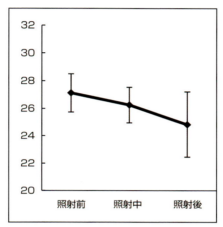

表IV-12-2　頭頸部癌に対する放射線照射前・中・後の口腔乾燥状態の経時的変化
縦軸は口腔水分計により測定した舌表面の湿潤度である。照射前と照射後を比較した結果、湿潤度は有意に低下していた[1]

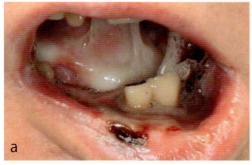
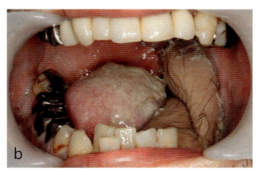

図IV-12-2ab　(a)：頭頸部癌に対する化学放射線療法施行中の患者の口腔内写真。放射線照射により唾液腺がダメージを受け、唾液量が減少し唾液は粘稠化する。口唇にはびらんと痂皮を認める。(b)：皮弁再建後の口腔内写真

3 全身への影響について

- 心臓血管手術の術前に口腔衛生管理を行うことで術後肺炎発症率が減少したとの報告[2]や、食道切除術前の口腔衛生管理の有無で術後肺炎発症頻度を比較した結果、口腔衛生管理非施行が術後肺炎発症の危険因子であったとする報告[3]から、周術期の口腔衛生管理は術後肺炎の予防に有用である可能性が示唆されている。
- 血液悪性腫瘍に対する骨髄抑制を伴う化学療法中は、口腔内感染巣が菌血症や敗血症の原因となる可能性がある[4]。

2 歯科医師と歯科衛生士の役割分担

1 歯科医師は何をすればよいのでしょう

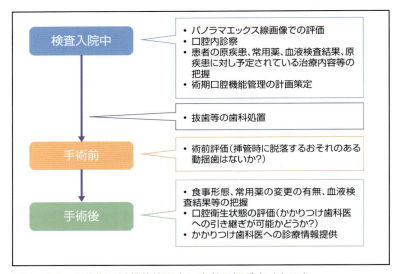

図IV-12-3　周術期口腔機能管理中に歯科医師がすべきこと

- 検査入院時の歯科受診がない場合は、手術前に口腔内診察やパノラマエックス線写真での評価を行う。挿管時の歯牙脱落は患者とのトラブルを招くことがあり、脱落リスクのある歯を認めた場合、患者の同意が得られれば抜歯し、得られなければ患者に充分脱落リスクを説明しておく必要がある。

2 歯科衛生士は何をするのでしょう

- 歯科衛生士は周術期口腔機能管理中、患者の全身状態や口腔内環境を把握し、治療が予定通り施行されるようサポートする。患者自身に口腔衛生管理を継続してもらえるよう治療開始前からのブラッシング指導が重要である。
- 術後1～2週の間に口腔清掃を必ず行い、患者の状態を把握してセルフケア指導を開始する。

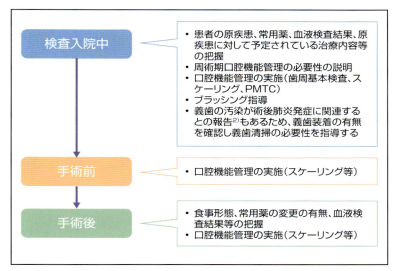

図IV-12-4　周術期口腔機能管理中に歯科衛生士がすべきこと

- 患者の全身状態や口腔内環境に応じ、口腔清掃の頻度を検討する。外来受診が困難な場合、往診を行う。
- 退院前には、退院時の全身状態や内服薬などを確認し、個々の状態に合わせたセルフケアの方法を再度指導する。退院後も口腔内環境が悪化しないよう、かかりつけ歯科への紹介・診療情報提供を行い、定期的な歯科検診継続を指示することが重要である。

3 必要な器具と薬剤の使い方

1 ブラシなどの器具とその使い方

- 通常のブラッシング指導では、歯間ブラシなど複数の清掃用具を患者に紹介することがあ

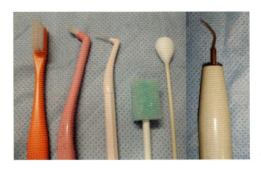

図IV-12-5　必要な器具は通常の口腔清掃と同様だが、患者の状態に応じて個々を使い分ける必要がある

る。しかし癌などに対する治療前の患者では、治療に対する精神的不安を抱えていることが多く、歯ブラシ以外の清掃器具の使い方など、患者にとって負担となり得る新たな清掃方法の指導は控えたほうがよい。特に、血液悪性腫瘍に対する骨髄移植前の患者などでは、化学療法に起因する免疫不全により易感染性となり、慣れていない歯間ブラシの使用が歯

肉の損傷や感染を惹起する可能性があるため、通常のセルフケアを徹底するよう指導する。
- スケーラーを用いた歯石や着色の除去は原則として治療前に行い、治療開始直前や治療後複数回に分けての処置は避ける。除石は観血的処置のため抗菌薬投与回数が増えることや、術後の倦怠感などが出現している患者にとって複数回の除石が負担となる可能性があるからである。
- 術後嚥下障害が出現している場合、注水下での口腔清掃は誤嚥のリスクがあるため危険であり、常に吸引を行いながらスポンジブラシなどで口腔清掃を行う。
- 退院後のセルフケア継続のために、歯間ブラシやフロスなど新たな清掃器具を用いた指導を行う。

図IV-12-6　往診などの際、口腔内に充分照明が届かない場合ポータブルヘッドライトが有用である

❷ 軟膏などの薬剤とその使い方

- 入院後の患者に対し、多くの場合処方するのは含嗽剤であり、アズレン含嗽液を処方することが多い。化学療法や放射線治療を受ける患者に対し、副作用である口腔粘膜炎対策として処方することがほとんどだが、セルフケアの動機付けの一環、すなわち定期的な含嗽の励行を患者に心掛けてもらう目的もある。
- 口腔粘膜炎が出現し疼痛が激しい場合、口腔粘膜に直接局所麻酔剤を作用させるためキシロカインビスカス®含有含嗽剤を処方する（**図IV-12-7**）。
- 放射線治療などに起因する口腔粘膜炎に対するステロイド軟膏塗布は、カンジダ症を誘発するため避けたほうがよい。口角炎や口唇乾燥にはワセリンによる保湿が有効である。
- 口腔内カンジダ症が出現し抗真菌薬を処方する場合、ワルファリンと抗真菌薬（ミコナゾール）との併用は禁忌であるため注意する（併用により出血、PT-INR延長などの報告がある）。

4 対象患者別の口腔管理の注意点

❶ 周術期の口腔管理

- 心臓血管外科手術前後の患者における注意事項は①弁膜疾患の有無、②抗凝固療法の施行の有無、③人工弁置換の有無等である。①③がある場合、抜歯のみならずスケーリングも観血的処置のため、抗菌薬予防投与下に処置を行う。
- 消化器癌のなかでも肝癌患者の場合、発症の原因（ウイルス性肝炎、非アルコール性脂肪性肝炎、アルコール性肝炎など）を問診し、血小板・血液凝固因子・アルブミンなどに異常値がないか血液検査で確認したうえで処置を行う。
- すべての悪性腫瘍患者において、予定もしくは施行されている化学療法レジメンを確認する。

❷ 放射線治療や化学療法中の口腔管理

- 頭頸部癌に対し放射線治療を予定されている患者に対する、放射線性顎骨壊死の発症予防を目的とした予防的抜歯を施行すべきか否かについてはいまだ議論の余地があるが、筆者らは明らかに保存不可能な重度歯周炎罹患歯などは予防的に抜歯したほうがよいと考えている。予防的抜歯を施行すべきかどうかは、顎骨が照射野内に含まれるか否かも参考にする。筆者らが適用している照射野部位別分類を下記する[5]。
- 血液悪性腫瘍に対し化学療法が予定されている患者では、①予定されている化学療法が惹起する骨髄抑制の重篤度、②化学療法の予定開始時期などを確認し、周術期口腔機能管理の計画を策定する。筆者らが適用している血液悪性腫瘍に対する化学療法の骨髄抑制分類を下記する[4]。

原疾患部位別および照射線量別リスク分類

> 部位別：
> 両側高リスク群　（両側上下顎共に予防的抜歯が推奨される群）→口腔、上・中・下咽頭癌
> 上顎高リスク群　（上顎にのみ予防的抜歯が推奨される群）→鼻腔および副鼻腔癌
> 下顎高リスク群　（下顎にのみ予防的抜歯が推奨される群）→顎下腺癌、レベルⅡのリンパ節転移症例
> 患側高リスク群　（患側の上下顎にのみ予防的抜歯が推奨される群）→耳下腺癌
> 低リスク群　（予防的抜歯を適用しない群＝通常の口腔ケアのみ施行）→喉頭癌、甲状腺癌・頸部照射のみ
> 照射線量別：
> 照射線量 50Gy 未満→予防的抜歯不要（通常の口腔清掃のみ）
> 照射線量 50Gy 以上→予防的抜歯が推奨される

放射線治療の口腔ケア　　　　　神戸大学医学部附属病院耳鼻咽喉・頭頸部外科　6階南病棟

粘膜炎・口内炎	正常	1	2	3	4
症状		わずかな症状で摂食に影響なし	食べやすく加工した食事は可能	十分な栄養、水分の経口摂取不能	生命を脅かす症状
所見		紅斑 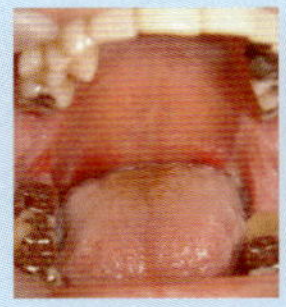	斑状潰瘍、偽膜 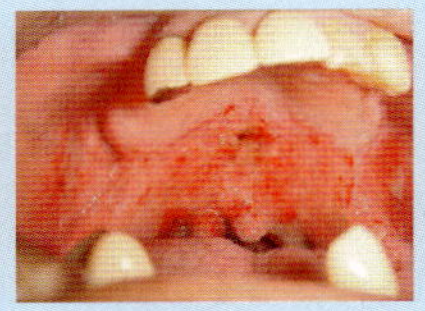	癒合した潰瘍、偽膜わずかな外傷で出血 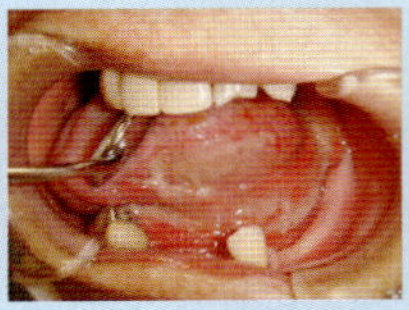	壊死、顕著な自然出血 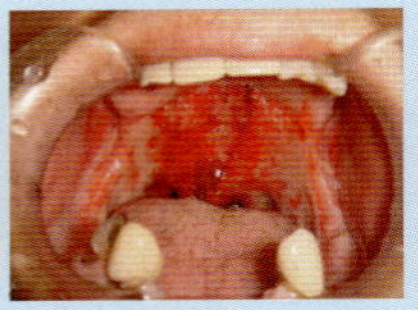
うがい		放射線開始前からアズノールうがい1日4-8回、毎食前、眠前、適宜			治療方針再考
			精製水400mL、キシロカインビスカス40mL、アルロイドG 40mL、1回20mL、1日3回食直前		
鎮痛剤			カロナール1,200mg 分3食前		
			モルペス20mg 分2またはオキシコンチン10mg 分2肝腎機能障害+ならデュロテップMT（2.1）1枚／3日から開始疼痛、副作用をみてオピオイドローテーション		
			オプソ5mgまたはオキノーム2.5mgから食前にレスキュー量で使用も考慮		
PEG造設者			鎮痛剤を使用して経口摂取するより、PEG使用する		
		PEG使用を強く推奨経口摂取平行可		PEG使用必須大部分をPEGから摂取	

* RT前に歯科診で感染巣の治療と口腔衛生指導の依頼　※口腔乾燥に対してバイオエクストラ使用はオプション
* ヘルペス感染を除外する
* 口腔・咽頭真菌症+ならファンギゾンシロップ（内服用）8mL 分4食後と眠前、口腔内にできるだけ長く含み嚥下する

図IV-12-7　頭頸部癌放射線治療中の口腔粘膜炎重篤度分類と対処法

血液悪性腫瘍に対する化学療法の骨髄抑制Grade分類

Grade A：骨髄抑制が軽度（内服薬、外来点滴療法など）
Grade B：骨髄抑制が中等度（骨髄回復に約2～3週間程度要する。悪性リンパ腫に対するCHOP療法や地固め療法など）
Grade C：骨髄抑制は高度（骨髄回復に約4週間程度要する。寛解導入療法など）
Grade D：骨髄抑制は高度で免疫不全状態が持続するもの（移植前処置）
すでに化学療法が開始されている場合、抜歯などの観血的処置が菌血症・敗血症を惹起するリスクがあるため通常の口腔清掃のみ行う。歯性感染症に起因する菌血症・敗血症のリスクは、悪性腫瘍が制御されていない抗がん剤初回投与時が最も高くなることを歯科医師、歯科衛生士は留意しておく[4]。

③ 慢性期の口腔管理

- 頭頸部癌に対する放射線治療で顎骨が照射野内に含まれている症例では、放射線治療終了からの期間の長短にかかわらず放射線性顎骨壊死を発症するリスクがある。抜歯後の治癒不全が最も多い発症要因と考えられているが、放置された根尖性歯周炎や義歯性潰瘍からも発症するため、予後不良な歯は慎重な判断のもと抜歯すべきである。進行したう蝕を多数歯にわたり認めるランパントカリエスに対する有効な治療法は今の所ないが、丁寧な口腔清掃の継続が推奨される（**図Ⅳ-12-9**）。
- 血液悪性腫瘍に対し同種造血幹細胞移植が施行された患者では、移植片対宿主病（Graft Versus Host Disease：GVHD）のフォローアップを行う（**図Ⅳ-12-8**）。
- 原疾患の骨転移に対し骨吸収抑制剤の投与が開始されることがあるため、原疾患の状態や治療薬の追加や変更がないか随時情報収集することを心掛ける。

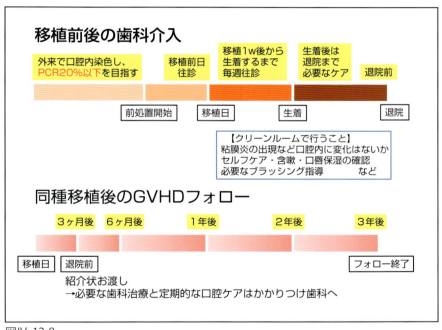

図Ⅳ-12-8

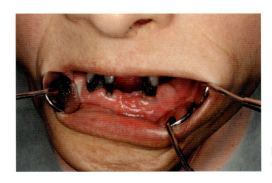

図Ⅳ-12-9　頭頸部癌に対する放射線治療後のランパントカリエス

■参考文献

1) Nishii M, et al.: Sequential changes in oral dryness evaluated by a moisture-checking device in patients with oropharyngeal cancer during chemoradiotherapy: a pilot study. Oral Health Dent Manag 13: 507-11, 2014.
2) Bergan EH, et al.: Impact of improvement in preoperative oral health on nosocomial pneumonia in a group of cardiac surgery patients: a single arm prospective intervention study. Intensive Care Med. 40: 23-31, 2014.
3) Soutome S, et al.: Preventive Effect on Post-Operative Pneumonia of Oral Health Care among Patients Who Undergo Esophageal Resection: A Multi-Center Retrospective Study. Surg Infect. 17: 479-84, 2016.
4) Akashi M, et al.: Myelosuppression grading of chemotherapies for hematologic malignancies to facilitate communication between medical and dental staff: lessons from two cases experienced odontogenic septicemia. BMC Oral Health. 13: 41, 2013.
5) Wanifuchi S, et al.: Cause and occurrence timing of osteoradionecrosis of the jaw: a retrospective study focusing on prophylactic tooth extraction. Oral Maxillofac Surg. 20: 337-42, 2016.

（明石昌也・古森孝英）

口腔外科専門機関で行われている治療の現状

Highly Oral Surgery

1 口腔粘膜疾患治療の概要を知る
（口腔粘膜疾患患者を診察するために必要な知識）

1 診断するために大事なことは何ですか

- 典型的な病変を除けば、臨床像が類似しているため診断はたいへん難しいことも多い。
- 専門機関においても、病変が癌であるかそうでないかの判断をせまられることが多いが、いくら経験を重ねても100％臨床診断できるものではない。最終的には病理診断を経て確定診断がなされる。
- 白斑とびらんの混在病変などでは、1カ所ではなく複数カ所から病理診断したほうが正確な診断につながる。
- ルゴール液による生体染色も歯肉以外の粘膜では有効であり、非染色域として検出された上皮異形成部を正確に切除するために参考となる。
- 必要に応じて血液検査、細菌検査、真菌検査、ウイルス検査などを行って診断を進める。

2 治療法の概要は

- 白板症は、上皮異形成のあるものは基本的に切除するが、異形成のない過角化症は経過観察にとどめることもある。
- 扁平苔癬は類似疾患との鑑別のためにも積極的に生検を行う。確定診断のついたものは、病変の消失ではなく、接触痛の軽減を治療目標とする。
- ウイルス感染によるものには抗ウイルス薬など、原因がはっきりしているものに対しては原因療法が行われるが、実際には原因不明の粘膜疾患が多く、対症療法として軟膏塗布がなされることも多い。
- ステロイド薬含有軟膏がよく用いられるが、軟膏が塗布困難な場合には、アフタッチ®などの貼付錠、あるいはサルコート®などの噴霧薬も用いられる。
- 症状に応じた対症療法も行われ、疼痛には局所麻酔薬や鎮痛薬、二次感染予防には消毒薬による含嗽や抗菌薬の投与、加えて重症例では栄養や水分管理も必要となる。
- 表面的に広がりのある病変を切除する際には、創部を縫縮できないため皮膚移植や人工粘膜が必要となる（**図V-1-1a 〜 f**）。

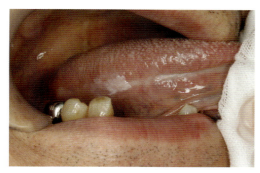

図V-1-1a 【術前】右側舌縁部に白斑を認める

図V-1-1b ルゴール染色を用いて切除範囲の設定
ルゴール染色により肉眼で見える白斑より広い非染色域を認め、それを含めて切除範囲をマーキング

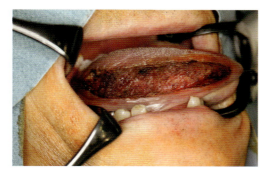

図V-1-1c レーザー切除

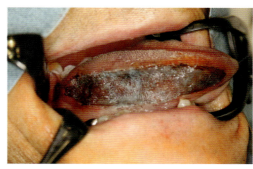

図V-1-1d 人工粘膜貼付
創面保護のためポリグリコール酸シート（ネオベール®）をフィブリン糊により貼付する

図V-1-1e 切除検体
虫ピンで固定された切除標本、確定診断のため病理組織学的検査へ提出

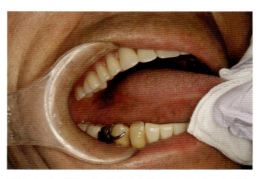

図V-1-1f 【術後】約2カ月経過するが、変形もなく治癒している

図V-1-1 舌白版症の切除

（鈴木泰明・古森孝英）

2 口腔癌治療の概要を知る
（口腔癌患者を診察するために必要な知識）

1 診断するために大事なことは何ですか

- 良性悪性の鑑別や組織型の診断は、生検による。唾液腺やリンパ節腫脹に対しては穿刺吸引細胞診（FNA：fine needle aspiration）が行われることもある。
- 臨床病期の決定には、視診、触診のほか、エックス線検査、CT、MRI、超音波、シンチグラフィー、PET-CT、PET-MRI などの画像診断が行われる。さらには 1953 年に Slaughter らが提唱した field cancerization の概念に基づき上部消化管、咽喉頭の内視鏡による検索も必要である。

2 治療法の概要は

① 手術

- 口腔癌の治療法の主体は外科手術である。早期癌ではレーザー手術を含めた局所切除が、進展癌では頸部郭清術と原発巣切除を一塊として行うのが基本である。解剖学的な特徴から、腫瘍切除には耳鼻咽喉科頭頸部外科医と合同で手術を行うこともある。標準的治療を行った症例では、早期癌で 90％、進展癌で 70％程度の 5 年生存率が得られる。
- 口腔扁平上皮癌では癌周囲粘膜に前癌病変が広がっていることも多く、前癌病変が残存すると晩期再発の原因となる。そのため切除にあたっては、ルゴールを用いた生体染色法を行い、周囲の異形上皮も確実に切除する必要がある（図Ⅴ-2-1 〜 3）
- 根治的頸部郭清術（RND：Radical Neck Dissection）（図Ⅴ-2-4）は深頸筋膜深層と浅層の間にある組織を、総頸（内頸）動脈、迷走神経、横隔神経を除いてすべて切除する術式で、1906 年 Crile が頭頸部癌の頸部リンパ節転移に対する治療法として提唱した。しかし、後遺症の問題から、近年では内頸静脈と副神経（場合によっては胸鎖乳突筋）を保存する根治的頸部郭清術変法（MRND：Modified Neck Dissection）（図Ⅴ-2-5）が主流となっている。
- 血管柄付遊離皮弁での即時再建術を必要とする cN0 症例に対して行う（予防的）頸部郭清術は肩甲舌骨筋上郭清術（SOHND：Supraomohyoid Neck Dissection）が行われ、原発巣によっては cN1 症例に対して拡大肩甲舌骨筋上郭清術（exSOHND：Extended Supraomohyoid Neck Dissection）（図Ⅴ-2-6）が行われる。
- 局所進展例において切除範囲が大きくなると予想される場合は、術前から形成外科と連携をとり、その切除範囲、年齢や基礎疾患、予後などの患者背景を考慮し最善な再建方法を検討する。再建方法も 1980 年代までは有茎皮弁移植が主体であったが、1990 年代以降は微小血管吻合による遊離皮弁移植が行えるようになり、形態的、機能的に優れた再建手

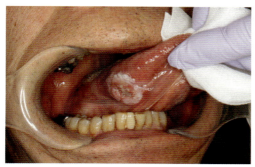

図V-2-1　舌癌1：右側舌縁部に硬結を伴う潰瘍を認める

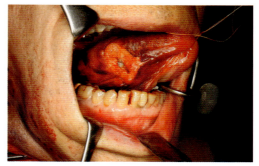

図V-2-2　舌癌2：ルゴール染色を行い、潰瘍後方の不染色域を認める

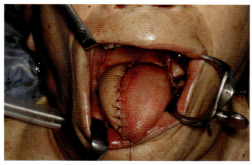

図V-2-3　舌癌3：舌可動部半側切除、前腕皮弁再建後の写真

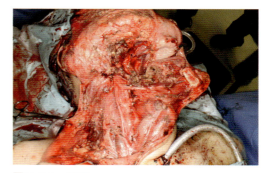

図V-2-4　RND

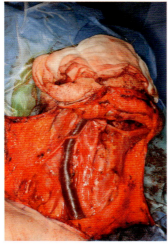

図V-2-5　MRND

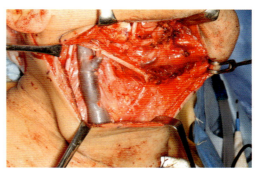

図V-2-6　SOHND

術が可能となった。

- 口腔癌への再建方法は各施設、また再建を担当する口腔外科医、形成外科医の考え方によって異なっているが、遊離皮弁では前腕皮弁、腹直筋皮弁、腓骨皮弁、肩甲骨皮弁、有茎皮弁では大胸筋皮弁、広頸筋皮弁などが一般的である。

② 手術以外の治療法

- 手術以外の口腔癌治療法も存在する。年齢、基礎疾患、信条、予想される後遺障害の程度など個々の患者背景によって、また、施設の治療方針によっても異なっているのが現状である。

●放射線療法

- 従来の放射線治療では原発巣・転移リンパ節・予防照射範囲（高リスク域）を均等に照射するために対向2門照射を行ってきた。しかし、この方法では必要のない部位にも照射が行われ、種々の有害事象が生じていた。
- 近年では、強度変調放射線治療（IMRT：intensity modulated radiation therapy）が導入され、腫瘍と高リスク域には高線量を維持しつつ、リスクの低い部位や障害が生じやすい部位の線量を下げることが可能になった。
- このような治療技術の進歩はあるが、口腔癌への初回治療としては放射線治療を標準治療としないが現状である。例外として合併症のため手術ができない患者さんや切除不能例では、放射線治療が治療の中心的な役割を果たすこともある。

●化学療法

- 抗悪性腫瘍薬は副作用と主作用（薬効）とのバランスを念頭におき、それぞれのエビデンスとなる臨床試験で用いられた選択基準や除外基準を参考にする必要がある。

★化学療法の臨床的な位置づけ

①主治療：化学療法で治癒が期待できる場合や延命および症状緩和が期待できる場合。
②術前治療：外科切除や放射線治療のみでは不十分な局所腫瘍に対して行う。
③術後治療：外科切除や放射線治療などの局所治療後に行う。
④局所薬物療法：白血病や悪性リンパ腫に対する髄腔内注入、肝癌への肝動注療法などがあるが、口腔癌への適応はない。

- 口腔癌に対する化学療法は既存の白金化合物（CDDP、CBDCAなど）、代謝拮抗薬（5-FU、S-1、UFTなど）、微小管阻害薬（DTX、PTX）のみならず、近年普及してきた分子標的薬療法（※）を組み合わせることでより高い抗腫瘍効果を期待できるようになった。しかし、上記の①～④のいずれにも積極的に推奨すべきとする根拠はないと考えている。

※分子標的薬：癌の進展や増殖に関わる分子機構が解明され、正常細胞と比較して癌細胞に特異的な細胞特性を規定する分子に作用することにより抗腫瘍効果を期待する薬剤。

- 化学療法には口腔だけでなく全身に及ぶ有害事象が出現する。その事象は、骨髄抑制・発熱性好中球減少症、腎機能障害・電解質異常、消化器症状、粘膜炎、神経毒性などがあり、分子標的薬においては皮膚障害、ざ瘡様皮疹、皮膚乾燥・亀裂、爪周囲炎などがある。
- 日々の臨床で口腔癌治療に従事している口腔外科医は、薬剤の特性、副作用、副作用出現時の対応に精通していなければ不用意に行うべきではない。

● 化学放射線療法

- 化学療法や分子標的薬療法が放射線療法と同時併用される目的は、その薬剤がもつ抗腫瘍効果以上に放射線療法に対する増感効果を期待するところにある。
- 口腔癌に対する化学放射線療法の多くは、外科切除後の再発リスク群に対して補助療法として行われている。
- 腫瘍の主たる栄養血管（動脈）までエックス線透視下でカテーテルを挿入し（場合によっては留置する）、超選択的に抗悪性腫瘍薬を投与するといった動注化学療法と放射線療法を同時に行う治療法もある。この方法は上顎歯肉癌など原発巣に対する抗腫瘍効果は良好とされている。

3 問題点は

- 近年、口腔癌の手術成績は著しく向上したが、高齢や合併症などのために手術が施行できず、放射線療法や化学療法主体の治療を行った場合の予後は不良である。
- 頻度は多くないが、低分化型で組織学的悪性度が高い場合や、多発リンパ節転移を伴う場合は、手術を行っても遠隔転移を生じ腫瘍死の転帰をとることが多い。
- 今後、これら高悪性型の症例に対しての集学的治療法、また遠隔転移巣への有効な治療法の開発が望まれている。
- 口腔癌は早期であれば良好な予後を十分に期待できる。しかし、進行口腔癌への治療は患者のQOL（機能的、整容的）の低下を避けることはできない。早期発見、早期治療はいうまでもないところであるが、これに対して、近年、口腔癌検診が行われるようになってきた。この検診の普及により、さらなる口腔癌治療成績の向上が期待される。

（南川　勉・梅田正博・古森孝英）

3 良性腫瘍と囊胞治療の概要を知る
（良性腫瘍と囊胞の患者を診察するために必要な知識）

1 診断するために大事なことは何ですか

- 顎骨の良性腫瘍や囊胞での画像検査は、まずパノラマエックス線写真を撮影し、必要に応じてCTやMRIを追加する。
- 歯との関係や骨吸収様式にも注意する。
- 顎骨腫瘍は画像所見の形態から単房性・多房性・蜂巣状・泡沫状に分類する。

表V-3-1　顎骨腫瘍の画像所見

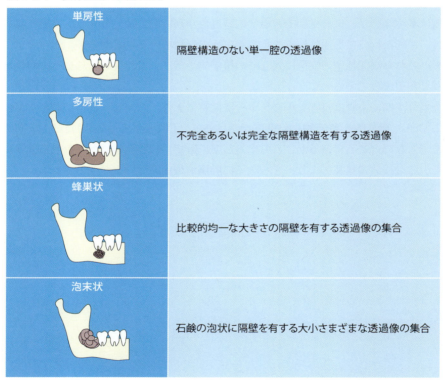

- 確定診断は病理組織診断が必要になる。
- 臨床的に歯根囊胞や粘液囊胞と思われた症例から癌が見つかることもあるので、必ず病理検査は行うべきである。
- 小さな軟組織囊胞では画像検査は必要ないが、比較的大きな囊胞の場合は、CTやMRIが有用となる。
- 内容液の性状や生化学的分析も診断の確定に有用である。

② 治療法の概要は

- 顎骨腫瘍は摘出術が治療の基本となるが、再発傾向が高い場合は、開窓術（開放創）、骨削除などが併用される。

表V-3-2　顎骨腫瘍の治療法

摘出（単純摘出）術	腫瘍を摘出後、周囲骨に対する処置は行わない。
摘出・搔爬（摘出・周囲骨削除）術	腫瘍を摘出後。周囲骨を鋭匙やバーなどで一層削除する。
開窓術	腫瘍の一部を被覆する口腔粘膜や歯槽骨とともに切除し、腫瘍腔を口腔内に開放する。

- 顎骨腫瘍の根治的治療としては、周囲の健常骨組織を含めた切除が行われる。
- 顎骨囊胞は摘出術や開窓術が行われるが、歯根囊胞などでは原因歯の根管処置が必要になる。

表V-3-3　顎骨切除法

下顎	辺縁切除・区域切除・半側切除
上顎	部分切除・亜全摘出・全摘出

- 乳頭腫・線維腫などの軟組織腫瘍の治療は切除が行われるが、血管腫・リンパ管腫は減量やNd:YAGレーザーを用いた凝固療法も行われる。
- 軟組織囊胞では摘出術や開窓術が行われる。
- 再発傾向の高いエナメル上皮腫などでは、少なくとも6カ月から1年に1回の間隔で、10年間あるいはそれ以上の治療後経過観察が行われる。

■参考文献

1) 一般社団法人　日本口腔腫瘍学会　ワーキンググループ　編：科学的根拠に基づくエナメル上皮腫の診療ガイドライン　2015年度版. 学術社，東京，2015.

（鈴木泰明・古森孝英）

4

口腔感染症治療の概要を知る
（口腔感染症患者を診察するために必要な知識）

1 診断するために大事なことは何ですか

●蜂窩織炎

・臨床症状（自発痛・圧痛・腫脹・発赤など）から炎症の程度を把握する。

・頬部や顎下部に腫脹があり蜂窩織炎を疑う場合、発熱・嚥下痛・栄養摂取状態・呼吸困難感なども問診し、パノラマエックス線写真に加え CT を撮影し炎症の進展範囲を評価する（膿瘍形成を疑う場合、造影 CT で精査すべきである）。

・炎症の程度や血糖値、肝・腎機能などを評価するため血液検査を施行する。

・重度蜂窩織炎を生じている患者は易感染宿主である可能性があり、基礎疾患や常用薬などを詳細に問診する。

・持続する高熱やガタガタ震えるような悪寒を認める場合、菌血症や敗血症を疑い血液培養を行う[1]。血液培養は動脈・静脈どちらから採取してもよいが、コンタミネーションに注意し滅菌操作で行う。

●その他の感染症

・歯性上顎洞炎の診断には、鼻閉感や後鼻漏・頭痛の有無を問診し、原因歯の打診痛・動揺を確認する（原因と疑われる歯に根管治療が施行されていない場合、歯髄電気診で失活していないか確認する）。診断には CT が有用で、原因歯周囲の骨吸収像や上顎洞内の不透過性亢進の範囲、自然孔開存の有無、前頭洞・篩骨洞への炎症の波及の有無を評価する。

・顎骨骨髄炎を疑う場合、骨吸収抑制剤の投与歴・頭頸部腫瘍に対する放射線治療歴などについて問診を行い、CT・MRI などで病勢や範囲を評価する。

2 治療法の概要は

●蜂窩織炎・頸部膿瘍

・蜂窩織炎などの重症感染症の場合（頬部や顎下部に視診で明らかな腫脹を認める場合）、アレルギーの有無や血液検査で肝・腎機能を確認したうえで、抗菌薬の静脈内投与を行う。

・明らかに膿瘍を形成している場合には切開排膿を行う。切開時には一過性の菌血症が生じるため、原因菌が特定されていない場合エンピリックに抗菌薬を投与した状態で切開を行う。

・局所の膿瘍であれば小切開で問題ないが、広範に及ぶ場合全身麻酔下に切開排膿を行う必要がある（図V-4-1）。気道狭窄の可能性がある場合は気管切開を行う。

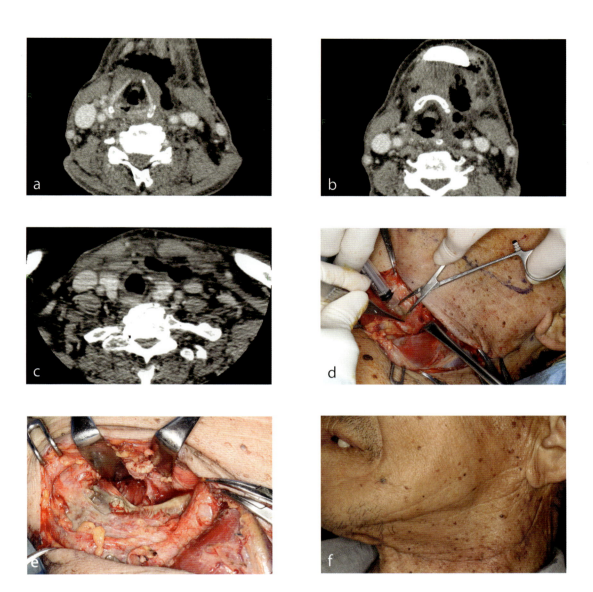

図 V-4-1 頸部腫瘍症例
(a) (b) (C)：造影 CT 軸位断画像。含気像を広範に認める
(d)：膿汁および壊死組織を採取し細菌検査を行う
(e)：膿瘍を十分開放し、残存している壊死組織を完全に除去する
(f)：切開後は開放創とし、感染が制御され次第 raw surface のサイズに応じて保存的に治療するか縫縮を行う。この症例では縫縮を行った

●薬剤関連性顎骨壊死・放射線性顎骨壊死

- 骨吸収抑制剤などの薬剤が一因となる薬剤関連性顎骨壊死（medication-related osteonecrosis of the jaws：以下 MRONJ）や、頭頸部腫瘍に対する放射線照射の有害事象の一つである放射線性顎骨壊死（osteoradionecrosis of the jaws：以下 ORN）に対する治療は、原則として定期的な局所の洗浄や感染を生じた際の抗菌薬投与である。
- 進展例の MRONJ では、原疾患に対する主治医の診断のもと、骨吸収抑制剤の休薬が許容される全身状態であれば休薬を行う。局所洗浄は、露出骨表面のみならず、露出骨と周囲粘膜との境界（ポケット）を入念に洗浄したほうがよい（図V-4-2）。

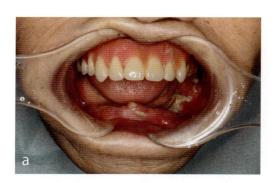
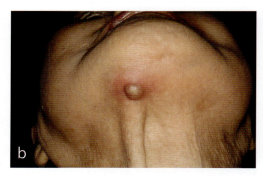
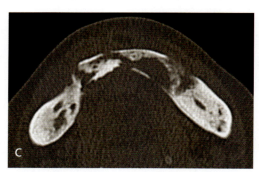

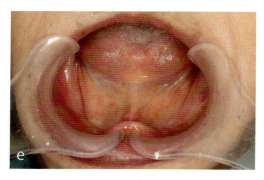

図V-4-2　乳癌骨転移に対し骨吸収抑制剤投与歴がある MRONJ の症例
（a）：左側下顎臼歯部に広範な骨露出、前歯部に排膿を伴う小瘻孔、露出腐骨周囲粘膜に発赤・腫脹を認める。骨と粘膜間の境界を充分洗浄する
（b）：オトガイ下に膿瘍を形成している
（c）：単純 CT 軸位断画像（骨条件）。両側臼歯相当部骨髄腔に不透過性の亢進を認め、前歯部では広範な骨融解像と分離腐骨を認める
（d）：骨吸収抑制剤休薬と局所洗浄等の長期的な保存的治療の結果、摘出された
（e）保存的治療後。口腔内に骨露出や排膿を認めない

- ORNでは、骨の壊死のみならず周囲軟組織の線維化を伴っている（図V-4-3）。限局的なデブリードマンのみでは良好な結果が得られないことが多く[2]、進展例のORNに対しては、患者の全身状態や病的骨折や口腔皮膚瘻など症状の重篤度を慎重に診断し、外科的介入（広範なデブリードマンと血管柄付き遊離組織移植）を検討する（図V-4-3）。

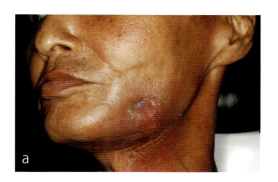
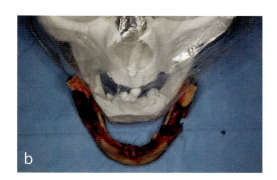
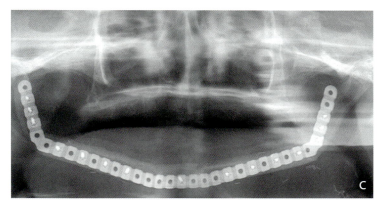

図V-4-3abc　進展例のORN
(a)：左側頬粘膜に排膿を伴う口腔皮膚瘻を認める。周囲軟組織は線維化を伴い、組織の伸展性は乏しい
(b)：広範切除した壊死骨
(C)：腓骨皮弁再建術後パノラマエックス線写真

■参考文献

1) Tokuda Y., et al.: The degree of chills for risk of bacteremia in acute febrile illness. Am J Med. 118: 1417, 2005.
2) Jacobson AS., et al.: Paradigm shifts in the management of osteoradionecrosis of the mandible. Oral Oncol.: 795-801, 2010.

（明石昌也・古土井春吾・古森孝英）

5 顎変形症治療の概要を知る
（顎変形症患者を診察するために必要な知識）

1 診断するために大事なことは何ですか

- 顎変形症とは、上下顎骨の発育異常や外傷の変形治癒などによって顎顔面に整容的、機能的な不調和をきたす状態をいう。
- 顎変形症手術の特徴は「悪性腫瘍」などとは異なり、進行、放置によって生命に危険が及ぶような疾患ではないことである。
- 顎変形症は傷病名として、下顎前突症、下顎後退症、上下顎前突症、開咬症、過蓋咬合症、顔面非対称、その他に分類されている。
- 頭部エックス線規格写真、歯型模型などから分析・評価を行うが、治療法決定にあたっては、患者の要望を尊重する。
- CT や MRI は顎骨や周囲組織の三次元形態ならびに神経・血管の走行などを評価でき有用である。
- 顎運動や心理学的評価も外科的矯正治療の適応を判断する上で必要である。

2 治療法の概要は

- 「最小限の侵襲」で「最大の治療効果」を上げることを目標とする。術前矯正治療に力を置くことにより、無意味な過度の複合手術の回避を目指す。
- 整容面、機能面の両面から患者の要望を十分に理解し、治療に反映させる。
- 社会性に大きな影響を及ぼす顔の手術であるため、医師、患者とも同じレベルでの「顎変形症」に対する理解が必要である。
- 上顎には主に、Le Fort Ⅰ型骨切り術、上顎前歯部歯槽骨切り術が行われる。
- 下顎には主に、下顎枝矢状分割術、下顎枝垂直骨切り術、下顎前歯部歯槽骨切り術、オトガイ形成術が行われる。
- Skeletal Anchorage System（SAS）は、顎骨に埋入したアンカースクリューやミニプレートなどを矯正力の固定源として用いる治療法であるが、臼歯部を圧下させて咬合を改善する場合などに用いられる。
- 舌縮小術は、舌が比較的大きく、舌圧のため顎矯正手術後に後戻りをしやすいと思われる症例に適応される。
- 術後は、後戻りを含めた咬合異常、知覚異常、Progressive Condylar Resorption（PCR）を含めた顎関節異常などの経過観察が長期的に行われる。

❶ 下顎枝矢状分割術

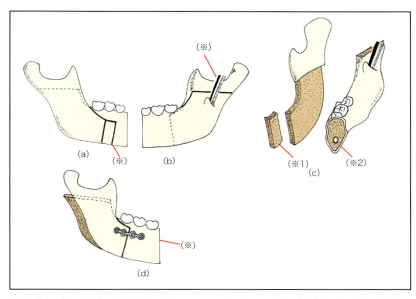

図 V-5-1 下顎枝矢状分割術（Obwegeser-Dal pont 法）（文献 1 より改変引用）
（a）：骨切り線（外側）※後方移動量だけ除去される骨片
（b）：骨切り線（内側）※下歯槽動静脈および神経
（c）：下顎枝矢状分割の実際
　　　※1：後方移動量だけ除去された骨片
　　　※2：下顎管（下歯槽動静脈および神経）
（d）下顎後方移動　※固定はチタン性ミニプレートなどで行う

❷ 下顎枝垂直骨切り術

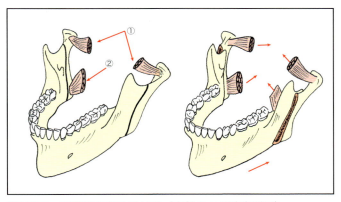

図 V-5-2 下顎枝垂直骨切り術（文献 2 より改変引用）
①外側翼突筋、②内側翼突筋：術後はこの2つの筋肉の作用によって外側骨片が固定されるため、下顎枝矢状分割術のようなミニプレートは使用しない

❸ Le Fort Ⅰ型骨切り術

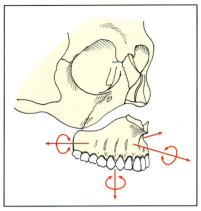

図Ⅴ-5-3 上顎骨形成術（Le Fort Ⅰ型骨切り術）による上顎の移動方向および回転様相

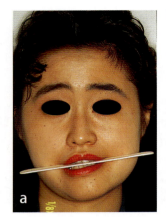

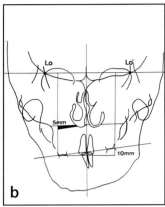

図Ⅴ-5-4a、b 術前の状態（上下顎非対称による咬合平面の傾斜）

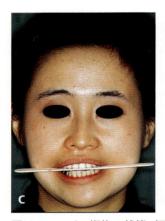

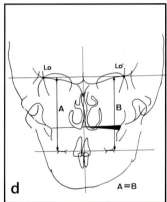

図Ⅴ-5-4c、d 術後の状態（下顎には右側下顎枝垂直骨切り術、左側下顎枝矢状分割術が併用されている）

■参考文献
1) 社団法人日本口腔外科学会学術委員会診療ガイドライン策定小委員会顎変形症ワーキンググループ：顎変形症診療ガイドライン，2008．
2) McCarthy J.G. : Plastic Surgery. WB Saunders, Philadelphia, 1990.
3) Yokoo S., et al. : Devices for facial improvement in the treatment of skeletal mandibular protrusion. Aesth Plast Surg 26 : 251-254, 2002.
4) Yokoo S., et al. : Indications and procedures for segmental dentoalveoler osteotomy : a review of 13 patients. Int J Adult Orthod Orthognatic Surg 17 : 254-263, 2003.

（鈴木泰明・横尾　聡・古森孝英）

6 外傷治療の概要を知る
（外傷患者を診察するために必要な知識）

① 診断するために大事なことは何ですか

- 縫合など局所止血処置は可及的早期に行いたいが、バイタルサイン異常、四肢体幹の外傷や機能障害の有無を確認し適切な診療科に対診することが優先される場合もある。
- 診察は口腔外から口腔内の順で診察する。口腔外では顔面の変形、左右非対称、腫脹、軟組織損傷、出血、眼部の異常、開口障害、顎運動異常などの有無を観察する。口腔内では出血、軟組織損傷、歯の損傷、咬合異常などの有無を観察する。触診は眼窩周囲より鼻部、頬骨部、上顎部、下顎部（顎関節部を含む）の順に行う。
- 単純エックス線写真だけでは外傷の正確な情報が得られず診断に不安がある場合は、迷わずCT撮影を行う。
- 外傷部位ごとで画一的治療法を当てはめるのではなく、軟組織損傷の状態、骨折様式、患者の社会的背景、全身疾患、治療に対するコンプライアンスに応じて治療法を選択する。

② 治療法の概要は

❶ 軟組織外傷

- 止血処置と異物除去を行い、口腔内、真皮、皮膚の順番で縫合を行う。
- 受傷後12〜24時間経過した創は創縁の新鮮化を図る。
- 創部感染がある場合や実質欠損があり閉鎖不可能な場合、また除去不能な異物が存在する場合は開放創とし、ドレッシング処置をして2次治癒に委ねる。

❷ 下顎骨骨折

- 顔面骨骨折のなかで最も頻度が高い。
- 骨片が筋肉の牽引方向に偏位する特徴がある。
- 治療目的の第一は機能回復（咬合回復と開口量改善）である。
- 選択する術式によって顎間固定期間が変わる。

① 非観血的整復固定術
- 骨片の偏位が少ない症例や手術を希望しない場合は、徒手もしくは線副子を装着したゴム牽引にて整復を行う。整復位安定のために顎間固定を行うが、固定期間は固定法の強度と安定性、予想される開口障害と患者の背景などを勘案して決定する。咬合の回復が得られない場合は観血的整復固定術を行う。

② 観血的整復固定術
- 骨片の偏位が大きい骨折や粉砕骨折など非観血的治療では咬合の回復が得られない場合、あるいは顎間固定期間を短縮したい場合などには観血的治療を行う。プレートはChampy line上（図V-6-1）に置くことで牽引に対する十分な抵抗力を獲得できる。骨片の固定はチタンプレートやポリ-L-乳酸を材料とした吸収性ミニプレートが使用される。チタンプレートによる固定の場合は固定後6カ月経過以降に除去手術を行える。観血的治療を行った場合は1〜2週を顎間固定期間とし、非観血的整復固定術と比べて、早期に開口訓練を開始し開口障害の軽減につながる。

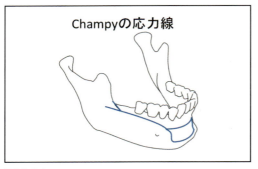

図V-6-1

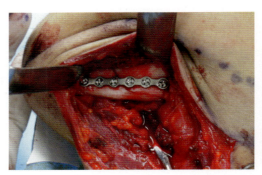

図V-6-2 チタンプレートによる下顎骨体部の骨片の固定。顎下部に傷があったため口腔外からのアプローチとなった。

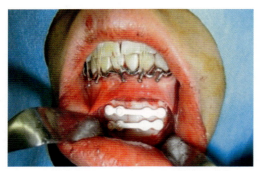

図V-6-3 吸収性プレートによるオトガイ部の骨片の固定

❸ 関節突起骨折

- 片側性の関節突起骨折では患側歯列で咬合の早期接触と健側の開咬を呈し、下顎枝高の短縮と下顎歯列中心線の患側偏位を認める。両側性では臼歯部での咬合の早期接触と前歯部での開口を呈する。
- 正確な整復と安定したプレート固定を行い、形態と機能の回復がともに望めるならば手術適応となるが、保存的治療法と比べ機能予後に大きな差はないという報告もあり、治療選択にはコンセンサスは得られていない。

- 関節突起頭部など高位骨折では手術治療の有用性は少ないとされる。
- 小児や成長期では、顎関節部の骨成長とリモデリングから、骨片の正確な整復と固定が必須ではなく、咀嚼筋機能と顎関節構成体のリモデリングと再適応能を考慮した筋機能訓練を含めた保存的治療が考慮される。

① 保存的治療

- 解剖学的に骨片の整復を行うことではなく、顎関節機能訓練による骨片の適応を期待した治療法である。そのため手術治療と比べ比較的治療の期間は長くなる。顎間固定期間は通常7日から6週間までが推奨されているが、関節突起骨折部位が低位であればあるほど、高齢患者であればあるほど顎間固定期間を長くすることが推奨されている。また若年であればあるほど顎関節部の修復治癒と適応障害、顎関節強直症予防の観点から早期開口訓練の開始がよいとされ、小児では約7日から10日以内とされる。顎間固定などによる一定期間の安静を得た後、可及的早期に約3横指（40mm）以上の開口域と安定した咬合位の獲得を目指す。

② 手術治療

- 骨片の解剖学的整復により顎関節形態の回復を図り、保存的治療と比べ顎口腔機能回復までにかかる治療期間の短縮が可能となる。切開法として下顎下縁切開、下顎枝後方切開、耳前切開、口腔内切開による多種の到達アプローチ術式が報告されているが、それぞれの術式に関係した解剖学的制約を来す神経や血管に留意し術式を選択する必要がある（図Ⅴ-6-4）。

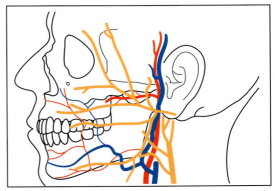

図Ⅴ-6-4

❹ 上顎骨骨折

- 下顎骨骨折のように筋肉の牽引による骨片の偏位は少なく外力の加わった方向に偏位する。
- 上顎骨折は骨折線の全容を明視化できないため、buttress（図Ⅴ-6-4）における解剖学的再構成と強固な固定によって、咬合機能回復と顔面外側枠の再建を治療目標とする。
- 眼窩底骨折を伴う場合は複視や眼球運動障害の程度を精査したうえで処置を行う。
- 頬骨弓骨折を伴う場合は開口障害が出現することも多い。

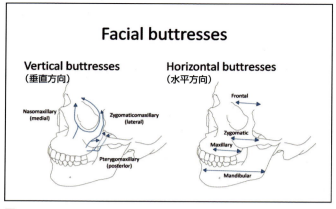

図V-6-5

■参考文献
1) 公益社団法人日本口腔外科学会／日本口腔顎顔面外傷学会編：口腔顎顔面外傷　診療ガイドライン2015年改訂版　第Ⅰ部、第Ⅱ部，2015.

（松本耕祐・横尾　聡・古森孝英）

患者さんの立場 part2

　40歳になったばかりの9月、大学構内の横断歩道上で学生のオートバイとぶつかった。夕方、小雨のなかで、一瞬、何が起こったかわからず、しばらく前に見たハリウッド映画の「ゴースト／ニューヨークの幻」の一場面が頭をよぎった。しばらくしてジーンと鈍く痺れるような感覚を左顔面に感じた。頬骨上顎複合体骨折であった。
　頬骨弓整復とともに前頭頬骨縫合、眼窩下縁、頬骨上顎縫合部に3枚のチタンプレート固定がなされた。眼窩下縁アプローチのための睫毛下切開は傷跡の目立たない切開だが、縫合糸の端が眼球結膜を刺激するのと、抜糸の際のハサミが眼に向かってくる恐怖感が強かった。また前頭頬骨縫合と眼窩下縁のプレートは皮膚直下なので表面から触れ、寝ているときも枕に当たって痛みを感じるのが、1年後にプレートが除去されるまで続いた。
　普段毎日行っている口腔外科医の立場とは逆の患者さんの立場を経験すると、また違ったものが見えてくる。忙しい毎日のなかで、なかなか難しいことではあるが、常に患者さんの立場や患者さんの気持ちを十分考慮に入れた口腔外科医療を行っていく重要性を感じている。

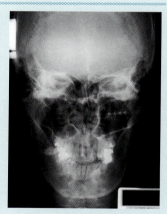

図V-6-6　頬骨上顎複合体骨折手術後のエックス線写真
創部の瘢痕が目立たないように睫毛部、眉毛部、側頭部および口腔内からアプローチされ、3枚のチタンプレートによる固定がなされている

7 顎関節疾患治療の概要を知る
（顎関節疾患患者を診察するために必要な知識）

1 診断するために大事なことは何ですか

1 顎関節症の診断

- 顎関節症は、顎関節や咀嚼筋の疼痛・関節（雑）音・開口障害あるいは顎運動障害を主要症候とし、これらの症候は臨床上重複することも多い。
- 2013 年に症型分類から病態分類に修正された。

● 咀嚼筋痛障害（Ⅰ型）咀嚼筋（咬筋・側頭筋・顎二腹筋・胸鎖乳突筋）に圧痛を認める。

● 顎関節痛障害（Ⅱ型）顎関節部に限局した圧痛及び運動痛を認める。発症のきっかけとなった外傷力（負担過重）の既往を確認する。

● 顎関節円板障害（Ⅲ型）

　a：復位性 開閉口運動時のクリックを患者は自覚している。

　b：非復位性 患者の多くは、十分に開口できないことを自覚している。

　・復位性・非復位性ともに MRI 検査による関節円板の前方転位を確認する必要がある。

　・MRI が施行できない場合、以下の症状を確認する。

　　・復位性　　　ⅰ 顎関節部の触診でクリックを触知する

　　　　　　　　ⅱ クリックが下顎前方位からの開閉口位で消失する

　　　　　　　　ⅲ 最大開口量は正常域で、側方偏位は生じない

　　・非復位性　 ⅰ クリックの既往がある

　　　　　　　　ⅱ クリックの消失と同時に関節痛を伴う開口障害が発現している

　　　　　　　　ⅲ 開口路の患側への偏位を認める

　　　　　　　　ⅳ 強制開口により患側顎関節部に疼痛を生じる

● 変形性顎関節症（Ⅳ型）顎関節痛・開口障害・関節雑音いずれか 1 つ以上を呈し、初期には自覚症状に乏しいが、中期～後期では顎運動時クレピタスを患者は自覚する。パノラマエックス線写真などの画像検査で関節構成骨の形態異常（骨皮質断裂や下顎頭縮小化）を認める（図Ⅴ-7-1）。

- 側斜位経頭蓋撮影法（シュラー氏変法）は顎関節側面形態の観察とともに、開口障害を有する患者に、下顎頭の前方移動量低下を説明する上で有用である。

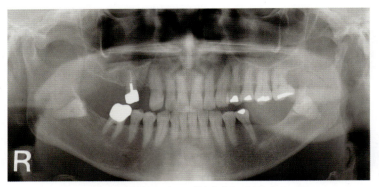

図V-7-1 左側下顎頭の顕著な変形（縮小化）を認める

❷ 顎関節症以外の疾患の診断

- **先天異常・発育異常** 下顎関節突起欠損・下顎関節突起発育不全・下顎関節突起肥大・先天性二重下顎頭などがあり、画像検査などで診断する。
- **外傷** 顎関節脱臼・顎関節骨折などがある。
- **炎症** 非感染性顎関節炎の代表的な疾患は外傷性顎関節炎である。感染性顎関節炎では血液検査などで診断し、MRI は関節液貯留や顎関節周囲の蜂窩織炎の評価、骨髄炎の診断に有用である。偽痛風は、ピロリン酸カルシウム結晶が関節内に漏出することで発症する結晶性関節炎である。
- **腫瘍および腫瘍類似病変** 滑膜性骨軟骨腫症は病因不明の良性病変であり、上関節腔に発生することが多い。臨床症状は、顎関節痛・開口障害・関節音・徐々に進行する耳前部腫脹である。遊離体が石灰化した場合パノラマエックス線写真・CT で点状の石灰化像を認める（**図V-7-2**）が、石灰化がない場合 MRI での診断が必要である。
- **顎関節強直症** 下顎頭の可動性が著しく障害され、重度の開口障害を認める。大半の原因が外傷である。

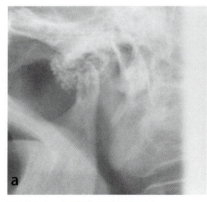
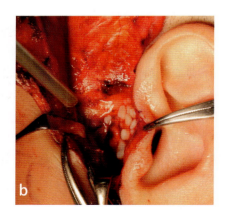

図V-7-2 滑膜性骨軟骨腫症
（a）：左側下顎頭周囲に点状の石灰化像を認める
（b）：術中所見。石灰化した多数の遊離体を上関節腔に認める

●咀嚼筋の疾患・障害　**咀嚼筋腱・腱膜過形成症**は、咀嚼筋（咬筋・側頭筋など）の腱および腱膜が過形成することにより筋の伸展が制限され開口障害をきたす疾患である。顔貌は特徴的な square mandible を呈し、口腔内で下顎枝前縁を触診しようとすると下顎骨に触れず前方に突出した咬筋前縁表層の硬い索状物（腱膜）を触知する（**図V-7-3**）。

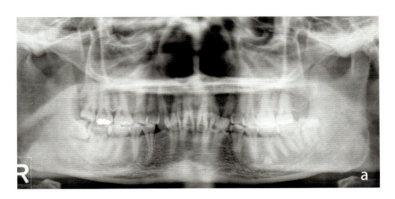

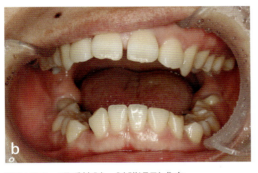 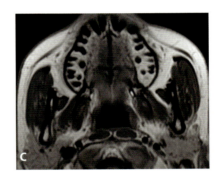

図V-7-3　咀嚼筋腱・腱膜過形成症
（a）：患者に特徴的な square mandible
（b）：重度の開口障害を認める
（c）：MR軸位断T1強調画像。両側咬筋前縁部に腱様の低信号域を認める

2　顎関節症に対する治療法の概要は

・治療法決定の流れ
　①生活指導および習癖の指導　患者自身で改善可能な病的寄与因子、すなわち行動学的因子（**表V-7-1**）を患者に説明し、可能なものは排除するよう指導する。
　②痛みがある場合は消炎鎮痛薬、咀嚼筋痛がある場合、筋弛緩薬での加療を患者に提案する。
　③開口障害を主訴とする関節円板転位症例に対し、患者自身による徒手的開口訓練は有用な可能性がある。
　④スプリント療法は顎関節症の治療法として一般的であるが、すべての顎関節症に有効ではなく、薬物療法や理学療法で著効が認められない場合に適応となる。咀嚼筋痛を主訴とする顎関節症患者において、上顎型スタビライゼーションスプリントは疼痛を軽減する可能性があるが、日中を含めた長時間の使用は避け、違和感や口渇などが出現する可

能性、疼痛がゼロとなるかどうかは分からないことを患者に前もって充分説明する。
⑤顎関節症患者において、症状改善を目的とした咬合調整は行わない。
⑥非復位性関節円板前方転位に起因する関節痛を伴う急性開口障害は、パンピングマニピュレーションの適応となる。

表V-7-1 顎関節症の発症、維持・永続化に関与する寄与因子

1.	解剖学的	顎関節や顎筋の構造学的脆弱性
2.	咬合要因	不良な咬合関係
3.	外傷要因	かみちがい・打撲・転倒・交通外傷
4.	精神的要因	精神的緊張・不安・抑うつ
5.	行動要因	1) 日常的な習癖：上下歯列接触癖・頰杖・受話器の肩ばさみ・携帯電話の操作・下顎突出癖・爪かみ・筆記具かみ・うつぶせ読書 2) 硬固物咀嚼・ガムかみ・片咀嚼 3) 就寝時：ブラキシズム（クレンチング・グラインディング）・睡眠不足・高い枕や硬い枕の使用・就寝時の姿勢・手枕や腕枕 4) スポーツ 5) 音楽：楽器演奏・歌唱（カラオケ）・発声練習 6) 社会生活：緊張する仕事・PC作業・精密作業・重量物運搬

■参考文献

1) 一般社団法人　日本顎関節学会　編：新編　顎関節症　第1版. 永末書店, 京都, 2013.

（明石昌也・渋谷恭之・古森孝英）

日本一高貴な方の抜歯

　だれに尋ねても日本一高貴な方の智歯抜歯（正確には抜歯のアシスト）を経験した。今から30年以上も前のことで、当時在籍していた大学のE教授のところに話があり、大学で抜くかその方のお住まいで抜くかが問題となり、警備などの点からお住まいであるT御所で抜くこととなった。私自身は教授係をしていた関係上、アシストとして同行させていただくこととなった。
　当日は大学で迎えの車に乗り都内をしばらく走ったあと、到着したT御所の門を警備の人に開けてもらって敷地内に入り、玄関の車寄せから建物内に入った。白衣に着替えた後、案内された部屋には歯科ユニットが1台置かれていた。間もなくしてスーツ姿で入って来られた高貴な方の首にバスタオルが巻かれ処置が行われた。
　こちらも緊張してあまり覚えていないが、終わった後「おだいじに」といった言葉のあとに周りにいた人から「なさいませ」という言葉が付け加えられていた。
　後日、「抜歯のお礼にお茶でも」とのことで再びT御所に呼ばれた。抜歯をした部屋を過ぎ、ハープなどが置いてある部屋の横を抜けた奥の応接室に通された。われわれの前には紅茶と白鳥の形などに切られたりんごが置かれ、大きな水槽を背に座られた高貴な方と30分程度だったか、口腔癌や大学で行っている研究などについて話をした。
　それから数日後、今度は大学にお礼の品が届けられた。「菊焼残月」という名の菊の紋章の入った和菓子であった。

8 障害者歯科治療の概要を知る
（障害者を診察するために必要な知識）

1 治療方針を決定するために大事なことは何ですか

① 知的障害者
- 精神発達遅滞（MR）、自閉症、ダウン症など

② 身体障害者
- 脳性麻痺（CP）、脊髄損傷

③ 精神障害者
- 認知症、統合失調症、うつ病、不安神経症、精神科通院患者など

④ 内部臓器疾患患者の歯科治療
- 心疾患、脳血管障害、糖尿病、腎疾患、肝疾患、肺疾患、血液疾患、内分泌疾患、自己免疫疾患、悪性腫瘍治療中、ステロイド服用中、免疫抑制剤服用中など

⑤ 全身麻酔下の歯科治療もしくは鎮静法下の歯科治療
- 近年、地域ごとに低次から高次まで障害者歯科における医療体制の整備が進んでいる（**表V-8-1**）。口腔保健センターや障害者歯科センターなど専門的医療機関の設立や、歯科医師会会員の中から障害者歯科診療に協力してくれる医療機関を募り、かかりつけ歯科医（障害者歯科協力医）を配置している地域もある。障害者歯科治療についての地域における医療体制を把握し、患者のニーズに合わせた歯科治療を提供できるよう協力や連携が必要である。

表V-8-1　障害者歯科医療体制

医療体制	医療機関	対象と内容
1）一次医療	個人診療所（かかりつけ歯科医）	・軽度障害が中心 ・医学的リスクの低い患者 ・歯科相談、高次医療機関への紹介 ・比較的簡単な処置 ・在宅、施設入所者への訪問診療
2）二次医療	口腔保健センター 障害者歯科センター 施設内歯科	・一次医療機関からの紹介患者 ・中等度障害が中心 ・歯科治療、行動調整、医学的管理が比較的困難患者 ・入院には対応していない（静脈内鎮静法下、全身麻酔下治療） ・離島、へき地への巡回診察
3）三次医療	総合病院歯科 大学附属病院	・一次、二次医療機関からの紹介患者 ・重度障害が中心 ・歯科治療、行動調整、医学的管理がきわめて困難な患者 ・全身麻酔下治療 ・入院を必要とする患者

2 外来治療と入院治療の概要は

- 障害者などの歯科治療を外来で行うか入院下で行うかは、治療の内容やリスク、患者や介護者の負担など総合的に考えて最良の方法を選択する。障害者の歯科治療を行う際には、「歯科治療は外来でするもの」という固定観念を捨てる必要がある。
- 広汎性発達障害、精神発達遅滞、脳性マヒの患者が多くを占めるが、嘔吐反射などの患者も含む。全身麻酔下での障害者の歯科治療を選択する場合に、適応行動の問題に加えて肥満や中枢神経系疾患などを合併していることも多く、周術期の全身管理に注意を要する。
- 要介護高齢者に歯科治療を行うときにも、往診で行うか、外来に搬送して行うのか、入院一括治療を行うか迷う場合も少なくない。入院治療の適応についてはいくつかの基準があるが、日本歯科医師会のガイドライン（**表Ⅴ-8-2**）と筆者らの基準（**表Ⅴ-8-3**）の二つを示す。

表Ⅴ-8-2　日本歯科医師会　在宅歯科保健医療ガイドライン　2001

PS1：局所疾患はあるが基礎疾患をもたない、いわゆる健康な患者	訪問歯科治療は安全
PS2：軽度の基礎疾患を合併する患者、あるいは肥満、高齢者など	訪問歯科治療は安全
PS3：中等度から高度の全身疾患を有し、日常生活に制限のある患者	義歯修理などは可能であるが、それ以上は病院歯科を紹介
PS4：生命が脅かされるような重篤な全身疾患を有し、動いてはいけない患者	訪問歯科治療は禁忌
PS5：24 時間以内に死亡の可能性のある瀕死の患者	訪問歯科治療は禁忌

表Ⅴ-8-3　入院歯科治療の適応

A. 要介護の原因疾患	
・脳血管障害、心不全などの循環器疾患による要介護状態	リスク：大
・明らかな原因疾患は不明であるが、高齢による要介護状態	リスク：大
・関節リウマチなど上記以外の身体的疾患による要介護状態	リスク：中
・痴呆など精神的疾患による要介護状態	リスク：小

B. 処置内容	
・抜歯、切開などの観血処置	処置：大
・麻酔、歯牙切除など疼痛を伴ったり緊張を与える処置	処置：大
・印象採得など疼痛は与えないが多少の苦痛を伴う処置	処置：中
・義歯修理、口腔ケアなど	処置：小

	リスク：小	リスク：中	リスク：大
処置：小	訪問	訪問	訪問
処置：中	訪問	訪問／入院	訪問／入院
処置：大	訪問／入院	入院	入院

■参考文献

1) 高橋　温，他：大学病院障害者歯科治療部における全身麻酔下歯科治療の推移．日本障害者歯科学会雑誌37：66-73，2016．
2) 日本歯科医師会：健康長寿社会に寄与する歯科医療・口腔保健のエビデンス．260-263，2015．
3) 日本障害者歯科学会　編集：スペシャルニーズデンティストリー．2013．
4) 日本歯科医師会：在宅歯科保健医療ガイドライン．2001．

（松本耕祐・梅田正博・古森孝英）

口腔外科を志して

　高校3年生のときに、歯肉の腫れで3カ月の間、近くの歯科に通ったが治らないので別の歯科を受診し、そこで大学病院を紹介された。『こうくうげか』初めて聞く言葉だった。その大学病院の関連病院に入院して手術を受けた。ICUで全麻から醒めたときのことははっきりと記憶に残っている。術後経過観察で大学病院に通院したが、受験生だったこともあり、特別待遇で正規の診療時間外に診察を受けた。医局で秘書さんにお茶を入れてもらって、担当医のS先生が外から戻ってこられるのを待っていたこともあった。口腔外科の専門書も何冊か見せてもらい、また自分の病気についての興味もあったので、それまでの医学部志望から歯学部志望へ、そして口腔外科志望へと気持ちが固まっていった。

　歯学部を卒業して在籍した口腔外科の教室は和気藹々とした雰囲気のよい教室で、外来も病棟もチームとして行動し、居心地がよかった。上の先生がそろっていて、何でも親切に指導してくれた。1年目よりは2年目、2年目よりは3年目のほうが力があるといったピラミッドのような教室で、E教授の指導のもと、経験を積み、学位、認定医（現在の専門医）と着実にとらせてもらった。

　口腔外科に携わるようになって35年以上が経過したが、診断や治療方針を決定するにあたってまだまだ判断に迷うことも多く、自分の未熟さとともに、口腔外科の奥の深さも感じている。手術をするときには、これまでの失敗例などが頭をよぎって不安な気持ちにもなるが、終わったときの充実感は何ともいえない。医科と歯科の狭間で苦労しながらも、口腔外科医として仕事を続けていられる幸せを感じる毎日である。

索引

◆欧文索引

A

AIDS　21
ARONJ　54

B

BRONJ　53、130
buttress　299
B型肝炎　20

C

COX-2　48
C型肝炎　20

E

esthetic line　139

G

gummy smile　140

H

HBV　23
Hippocrates法　172
HIV　21

J

Jグラフト　257

L

Le Fort I　155

M

MRI　71
MRONJ（薬剤関連顎骨壊死）
　130

P

Partsch弓状切開　207
PET　77
PT-INR　36、40

S

Smile line　139

T

TCH　170

W

Wassmund歯肉縁切開　208
Waters法　125

◆和文索引

ア

アスピリン喘息　49
アナフィラキシーショック　43
アフタ　76
アペキシフィケーション　157

イ

異常嚥下癖　145
移植　212
糸結び　182
インプラント　251
インフルエンザ脳症　49

エ

壊死性筋膜炎　116
エナメル上皮腫　105
エピペン　43
エプーリス　235
嚥下　146
炎症性吸収　159

オ

オトガイ孔　14
男結び　182
女結び　182
オンレーグラフト　257

カ

外斜線　15
開窓　225
カウザルギー　201
下顎孔　14
下顎枝矢状分割術（SSRO）　153
下顎枝垂直骨切り術（IVRO）
　153
化学放射線療法　287
下顎隆起　228
化学療法　286
角化細胞　9
顎関節症　301
顎関節脱臼　172
仮骨延長術　257
下歯槽神経　14
ガス壊疽　115

顎下隙　18
顎骨骨髄炎　128
滑膜性骨軟骨腫症　302
観血的整復固定術　298
含歯性嚢胞　102
カンジダ症　76
関節突起骨折　163、298
感染性心内膜炎（IE）　122
陥入　161
顔面動脈　15

キ

逆根充　206
キャリア　31
頬小帯　239
狭心症　34
強度変調放射線治療　286
虚血性心疾患　34
菌血症　117
金属アレルギー　253

ク

クリック　301
クレピタス　301

ケ

頸部郭清術　284
外科結び　182
血圧計　42
血管腫　109
血小板　40

コ

高気圧酸素療法　136
抗凝固薬　35
抗菌薬　45
口腔細胞診　246
口腔習癖　144
口腔上顎洞瘻孔閉鎖術　238
口腔粘膜炎　278
高血圧症　33
抗血小板薬　36
抗血栓薬　51
抗血栓療法　35
口呼吸　145
口唇ヘルペス（単純疱疹）　84
紅板症　76
コーンビーム　68
黒毛舌　83
鼓索神経　12
個性正常咬合　144
骨再生誘導法　257

骨髄炎　97
骨髄抑制　278
骨性癒着　159
骨粗鬆症　252
骨年齢　150
骨膜反応　97
骨隆起　90
コプリック斑　85
根尖分岐　205

サ

再植　159、215
在宅歯科　306
サイナスリフト　256
錯角化　9
残留囊胞　102

シ

自家歯牙移植　212
歯牙腫　105
耳下腺乳頭　16
シクロオキシゲナーゼ　48
止血鉗子　188
止血法　184
歯根端切除術　203
歯根囊胞　102
持針器　177
歯性上顎洞炎　125
歯槽骨延長　234
歯槽骨整形術　230
歯槽堤形成術　231
歯槽部骨切り術　155
周術期口腔機能管理　272
術後出血　200
障害者歯科　305
上顎洞　17
上顎洞根治術　127
上顎洞底挙上術（サイナスリフト）　233
上顎洞瘻孔　238
蒸散　266
上唇小帯　239
小帯切除　239
小唾液腺　13
消毒　26
上皮異形性　81
褥瘡性潰瘍　76、91
歯列接触癖　170
心筋梗塞　34
神経麻痺　198、201
心臓弁膜症　34
心電図計　42

心不全　35

ス

スタンダードプレコーション　27
ステノン管　16
ステロイド　50
スプリットクレスト　257
スプリント　169

セ

正角化　9
生検　246
正根充　206
静止性骨空洞　104
星状神経節ブロック　201
正中菱形舌炎　86
生物学的幅径　161
舌咽神経　12
舌下隙　18
舌下小丘　16
舌下神経　12
切歯管　15
舌小帯　239
舌神経　12、14
舌乳頭　90
セメント質腫　105
線維腫　109
前癌状態（潜在的悪性疾患）　76
前癌病変　76、92
腺腫様歯原性腫瘍　102
洗浄　26

ソ

即時型再植　159
ソケットリフト　256
咀嚼筋腱・腱膜過形成症　303
咀嚼粘膜　9

タ

大口蓋孔　15
帯状疱疹　76
唾石摘出術　243
脱臼歯　157
単純性骨囊胞　104
単純疱疹　76

チ

遅延型再植　159
置換性吸収　159
超音波　72

直接経口抗凝固薬（DOAC）　36、52

テ

低位舌　145
デブリードマン　115
デンタルCT　68
点滴　119

ト

糖尿病　35、39
ドライソケット　202
ドレーン　120

ナ

内斜線　15

ニ

乳頭腫　109
妊娠性エプーリス　236

ネ

粘液囊胞　108

ノ

膿瘍切開　120

ハ

ハードレーザー　261
バイオフィルム　47
敗血症　117
白板症　76、81
ハサミ　177
抜歯窩治癒不全　94
抜歯後出血　185
針　178
針刺し切創　21
パルスオキシメーター　42

ヒ

非観血的整復固定術　297
非ステロイド系消炎鎮痛薬（NSAIDs）　43
ビスフォスフォネート（BP）　53、130
被覆粘膜　9
病的骨折　135
ピンセット　176

フ

フォーダイス斑　86
腐骨　97

309

不整脈　35
プロスタグランジン　48
分界溝　90
分子標的薬　286

ヘ

平滑舌　77
βラクタマーゼ　46
ベーチェット病　79
ベニヤグラフト　234
ヘモグロビンA1c　38
ヘルペス性口内炎　85
扁平苔癬　76

ホ

蜂窩織炎　115
縫合　183
縫合糸　178
放射線性骨髄炎　135
放射線治療　286
放射線被曝量　69
訪問歯科　306
拇指尺側種子骨　150
母斑　84

マ

マットレス縫合　183

メ

迷入　162
メス　176
滅菌　26
メラニン産生細胞　9
メラニン色素沈着　83
メルケル細胞　9

ヤ

薬剤関連顎骨壊死（MRONJ）
　　54

ヨ

葉状乳頭　86

ラ

ラテックスアレルギー　25
ラヌーラ　108
ランゲルハンス細胞　9

リ

リキャップ　22
リンパ管腫　109

ル

涙管ブジー　244
類皮嚢胞　108
ルゴール染色　82

レ

レーザー　260

ワ

ワルトン管　16
ワルファリン　36、52
ワンハンドテクニック　22

● 著者略歴

古森孝英（こもりたかひで）

1953年	岡山県出身
1972年	大阪府立天王寺高校卒業
1979年	東京医科歯科大学歯学部卒業
1986年	東京医科歯科大学大学院歯学研究科修了（歯学博士）
1987年	東京大学医学部口腔外科学講座助手
1996年	東京大学保健センター講師（医学部口腔外科講師併任）
1998年	神戸大学医学部口腔外科学講座教授
2001年	神戸大学大学院医学系研究科器官治療医学講座顎口腔機能学分野教授（名称変更）
2008年	神戸大学大学院医学研究科外科系講座口腔外科学分野教授（名称変更）
	現在に至る

この度は弊社の書籍をご購入いただき、誠にありがとうございました。
本書籍に掲載内容の更新や訂正があった際は、弊社ホームページ「追加情報」にてお知らせいたします。下記のURLまたはQRコードをご利用ください。

http://www.nagasueshoten.co.jp/extra.html

改訂版 日常の口腔外科　病診連携SMART&SMOOTH　　ISBN 978-4-8160-1341-6

ⓒ 2004. 11.20　第1版　第1刷
　 2018. 3.24　第2版　第1刷（改題）

編　著　古森孝英
発行者　永末英樹
印　刷　株式会社 サンエムカラー
製　本　新生製本 株式会社

発行所　株式会社 永末書店

〒602-8446　京都市上京区五辻通大宮西入五辻町69-2
（本社）電話 075-415-7280　FAX 075-415-7290　　（東京店）電話 03-3812-7180　FAX 03-3812-7181
永末書店 ホームページ　http://www.nagasueshoten.co.jp

＊内容の誤り、内容についての質問は、編集部までご連絡ください。
＊刊行後に本書に掲載している情報などの変更箇所および誤植が確認された場合は、弊社ホームページにて訂正させていただきます。
＊乱丁・落丁の場合はお取り替えいたしますので、本社・商品センター（075-415-7280）までお申し出ください。

・本書の複製権・翻訳権・翻案権・上映権・譲渡権・貸与権・公衆送信権（送信可能化権を含む）は、株式会社永末書店が保有します。

JCOPY　＜(社)出版者著作権管理機構　委託出版物＞

本書の無断複写は著作権法上での例外を除き禁じられています。複写される場合は、そのつど事前に、(社)出版者著作権管理機構（電話 03-3513-6969, FAX 03-3513-6979, e-mail: info@jcopy.or.jp）の許諾を得てください。